# LE LIVRE DES XXIV PHILOSOPHES

## Derniers ouvrages parus dans la même collection

BERMON E., *Le cogito dans la pensée de saint Augustin*, 2001, 432 p.

ZAMBON M., *Porphyre et le Moyen-Platonisme*, 2002, 400 p.

SAFFREY H.D., *L'Héritage des Anciens au Moyen Âge et à la Renaissance*, 2002, 318 p.

PLOTIN, *Sur le ciel* [*Ennéade* II, 1 (40)]. Introduction, texte grec, traduction et commentaire par R. Dufour, 2003, 190 p.

PRADEAU J.-F., *L'imitation du principe. Plotin et la participation*, 2003, 188 p.

SCHNIEWIND A., *L'éthique du sage chez Plotin, Le paradigme du spoudaios*, 2003, 238 p.

*L'alchimie et ses racines philosophiques. La tradition grecque et la tradition arabe*, VIANO C. (dir.), 2005, 242 p.

PORPHYRE, *Sentences*. Édition sous la direction de L. Brisson, 2005, 2 tomes, 874 p.

PONTIER P., *Trouble et ordre chez Platon et Xénophon*, 2006, 528 p.

BÉNATOUÏL Th., *Faire usage : la pratique du stoïcisme*, 2006, 364 p.

COLLETTE-DU»IΔ B., *Plotin et l'ordonnancement de l'être*, 2007, 288 p.

*L'Embryon : formation et animation. Antiquité grecque et latine, traditions hébraïque, chrétienne et islamique*, BRISSON L., CONGOURDEAU M.-H., SOLÈRE J.-L. (éd.), 2008, 288 p.

KÜHN W., *Quel savoir après le scepticisme ? Plotin et ses prédécesseurs sur la connaissance de soi*, 2009, 480 p.

PRISCIEN, *Grammaire*. Livre XVII – Syntaxe, 1. Texte latin, traduction introduite et annotée par le Groupe *Ars Grammatica*, 2010, 352 p.

– *Grammaire*. Livres XIV, XV, XVI – Les invariables. Texte latin, traduction introduite et annotée par le Groupe *Ars Grammatica*, 2013, 330 p.

HUSSON Suzanne, *La* République *de Diogène. Une cité en quête de la nature*, 2011, 236 p.

RENAUT Olivier, *Platon, la médiation des émotions. L'éducation du θυμός dans les dialogues*, 2014, 376 p.

HISTOIRE DES DOCTRINES DE L'ANTIQUITÉ CLASSIQUE
Fondateur : Jean Pépin
Directeur : Luc Brisson

XXXIX

# LE LIVRE DES XXIV PHILOSOPHES
## Résurgence d'un texte du IVe siècle

Introduction, texte latin, traduction et annotations
par

**Françoise HUDRY**

PARIS
LIBRAIRIE PHILOSOPHIQUE J. VRIN
6, Place de la Sorbonne, Ve
—
2015

*Imprimé en France*
ISSN 0153-0828
ISBN 978-2-7116-1956-6
*www.vrin.fr*

## AVANT-PROPOS

Ce livre ne laissera pas indifférent, car il attribue à un auteur du IVᵉ siècle un opuscule que sa tradition manuscrite devrait amener à situer à l'époque médiévale. Mais pourquoi abaisser d'un millénaire ou presque la date de ces vingt-quatre définitions commentées de Dieu ? La réponse de Madame Françoise Hudry porte sur la forme et le fond de cet opuscule. Alors que son témoin le plus ancien est un manuscrit de la Bibliothèque Municipale de Laon, qui date du début du XIIIᵉ siècle, le contexte de ce recueil de définitions n'est pas, pour l'essentiel, aristotélicien, car on y retrouve des traces de Philon d'Alexandrie, de Numénius, des *Oracles chaldaïques* et surtout de Porphyre (et donc de son maître Plotin). Comment expliquer la chose? En considérant que l'auteur de cet opuscule est Marius Victorinus. « Rhéteur de la ville de Rome », Marius Victorinus vécut au IVᵉ siècle, traduisit en latin des œuvres de Plotin et de Porphyre, que put ainsi lire Augustin; après sa conversion, il rédigea des ouvrages de controverse théologique sur la Trinité dont on peut trouver quelques signes avant-coureurs dans les définitions de Dieu ici traduites et commentées. Par ailleurs, ce même Marius Victorinus rédigea sur la forme littéraire de la définition le seul traité théorique qui nous soit parvenu.

Ainsi aurait été découvert dans un manuscrit du Moyen Âge un opuscule de la fin de l'Antiquité. Spectaculaire en soi, cette découverte aurait également le mérite de remettre en cause la représentation d'un univers médiéval ignorant presque tout du néoplatonisme. C'est cet étonnement que Madame Françoise Hudry, qui a beaucoup travaillé sur les *Sentences* de Porphyre dans le cadre de l'Équipe de recherche 76 du CNRS, cherche ici à faire partager à ses lecteurs, qui ne manqueront pas de réagir à l'audace des conclusions qu'elle tire d'une étude des sources menée avec une rigueur exemplaire.

Luc BRISSON
CNRS – Paris (Villejuif)

Haec per Dei gratiam expleta sunt
Ceci a été accompli à l'aide de la grâce de Dieu
(*Liber XXIV philosophorum*, c. XXIV)

# INTRODUCTION

Le *Liber XXIV philosophorum* est un opuscule latin anonyme, apparu au Moyen Âge sans titre constant et constitué de vingt-quatre définitions commentées de Dieu, dont la plus célèbre est certainement la deuxième, « Dieu est une sphère infinie, dont le centre est partout et la circonférence nulle part »[1]. Or, malgré les travaux dont il a été l'objet[2], cet ouvrage n'a pas encore livré le secret de son origine.

Il fut révélé et signalé en 1886 pour son importance dans l'œuvre de Maître Eckhart[3], au XIV^e siècle. Sa première édition, en 1927[4], en situa la composition au tournant des XII^e et XIII^e siècles, dans la tradition médiévale. Les recherches entreprises plus tard en vue d'une nouvelle édition ont permis de souligner les différences entre le témoin le plus ancien, le manuscrit de Laon, Bibliothèque municipale 412 (*L*), du début du XIII^e siècle, provenant de la cathédrale Notre-Dame de Laon, et le reste de la tradition manuscrite qui donne une sorte de *versio communis* du texte. Les singularités du manuscrit de Laon ont ainsi suggéré l'hypothèse d'une origine antique du texte, sans que celle-ci puisse être alors exactement précisée[5]. En effet, les thèmes aristotéliciens fortement présents[6] ne constituant cependant pas l'essentiel des sources du *Liber XXIV philosophorum*, ils ont alors mené à une

1. Elle a été explorée par D. Mahnke, *Unendliche Sphäre und Allmittelpunkt*, Halle, 1937 (réimpr. Stuttgart-Bad Canstatt, 1966).

2. Voir bibliographie *infra*.

3. H. Denifle, « Meister Eckeharts lateinischen Schriften und die Grundanschauung seiner Lehre », *Archiv für Literatur- und Kirchengeschichte des Mittelalters*, 2 (1886), p. 427-429.

4. Cl. Baeumker, *Das pseudo-hermetische « Buch der vierundzwanzig Meister » (Liber XXIV philosophorum). Ein Beitrag zur Geschichte des Neupythagoreismus und Neuplatonismus im Mittelalter*, dans *Studien und Charakteristiken zur Geschichte der Philosophie insbesondere des Mittelalters*. Gesammelte Vorträge und Aufsätze, « BGPMA 25.1-2 », Münster 1927, p. 194-214.

5. *Le Livre des XXIV philosophes*, traduit du latin, édité et annoté par F. Hudry. Postface de Marc Richir, Grenoble, Jérôme Millon, 1989. D'après le texte de Laon 412.

6. Voir Z. Kaluza, « Comme une branche d'amandier en fleurs. Dieu dans le *Liber XXIV philosophorum* », dans *Hermetism from Late Antiquity to Humanism. La tradizione ermetica dal mondo tardo-antico all'umanesimo*. Atti del Convegno internazionale di studi, Napoli, 20-24 novembre 2001, edd. P. Lucentini, I. Parri, V. Perrone Compagni, « Instrumenta Patristica et Mediaevalia, 40 », <Turnhout>, 2003, p. 99-126 (115-118).

impasse, d'autant plus que l'intention de l'ouvrage demeurait obscure. L'édition critique du *Liber XXIV philosophorum*, publiée en 1997[1] d'après l'ensemble de la tradition médiévale, tant directe qu'indirecte, a certes montré le cheminement du texte au Moyen Âge, mais n'a rien révélé sur son origine, les médiévaux semblant avoir été aussi embarrassés que nous devant cet ouvrage de compréhension difficile, qu'ils ont parfois attribué à Hermès Trismégiste, attestant ainsi du moins qu'ils étaient conscients d'une possible origine antique. L'état actuel de la question met donc en présence deux thèses : la première, admise depuis la redécouverte du texte, qui le situe à l'époque médiévale[2]; la seconde, celle d'une origine antique, même si le texte n'est réapparu qu'au XIIe-XIIIe siècle[3], qui mérite toujours d'être posée.

Pourquoi, en effet, la thèse d'une origine médiévale n'est-elle pas satisfaisante ? L'étude des sources du *Liber XXIV philosophorum*, menée successivement selon la première hypothèse par Clemens Baeumker dans son édition, et par Zénon Kaluza[4], a montré une grande dispersion des sources possibles de ce petit ouvrage : Aristote, saint Augustin, Boèce, Jean Scot Érigène, Avicenne, le *Liber de causis* etc. D'après Z. Kaluza, son cas serait analogue à celui du *Liber de causis primis et secundis*[5] et se situerait dans le courant de l'avicennisme latin, mélange de néo-platonisme et de christianisme, au tournant des XIIe-XIIIe siècles. Mais, dans ces cas, les auteurs s'appuient sur des sources explicites, dont ils citent des passages entiers.

Dans le *Liber XXIV philosophorum*, rien de tel. Aucune source n'est précisée, on ne repère aucun texte latin suivi sous-jacent, les rapprochements dans l'expression même sont extrêmement divers et ponctuels. Bien sûr, on peut retrouver trace, par exemple, de la sentence V chez Anselme de Cantorbéry[6]. Mais les rapprochements possibles, toujours extrêmement dispersés, ne permettent pas de rendre compte de l'ensemble des définitions, encore moins de leurs commentaires, ni *a fortiori* de la raison d'être de l'ouvrage, et n'orientent vers aucun auteur médiéval déterminé. Or, cette difficulté à préciser la ou les sources médiévales de l'ouvrage peut aussi susciter l'hypothèse d'une origine bien antérieure à ces « sources » dispersées et disparates.

La vraie question, toutefois, vient du texte même de l'ouvrage, tel que le transmet le manuscrit le plus ancien Laon 412 (*L*)[7]. C'est pourquoi, en raison de

1. *Liber viginti quattuor philosophorum*, éd. F. Hudry, *Corpus Christianorum Continuatio Mediaevalis* 143A (Hermes latinus III/1), <Turnhout>, 1997, citée ensuite CCCM 143A.

2. Voir *Il libro dei ventiquattro filosofi*, a cura di P. Lucentini, Milano, 1999.

3. Voir *DPhA*, dir. R. Goulet, Suppl., Paris, 2003, p. 745-747 (F. Hudry).

4. Z. Kaluza, art. cité *supra*.

5. Éd. R. de Vaux, *Notes et textes sur l'avicennisme latin aux confins des XIIe-XIIIe siècles*, « Bibliothèque thomiste, XX », Paris, 1934, p. 81-140. Pour un avis critique, voir J. Jolivet, « The Arabic Inheritance », dans *A History of Twelfth-Century Western Philosophy*, ed. by P. Dronke, Cambridge University Press, 1988, p. 145-146.

6. Anselme de Cantorbéry, *Proslogion* 18, éd. Schmitt, I, p. 114, 21-22.

7. Pour la description de Laon 412, voir CCCM 143A, p. LXI-LXIII. Ses variantes y sont signalées dans l'apparat critique commun. Son texte est repris à nouveaux frais dans l'édition qui suit.

l'impasse du travail de 1989 et par-delà la version commune éditée en 1997, il faut réexaminer d'un œil neuf le texte de Laon 412. On y observe en effet des variantes propres et des notions originales, que l'on ne retrouve pas dans les autres témoins de la tradition médiévale du *Liber*[1].

Une notion comme *infinitum in se*, en particulier, est tout à fait surprenante. Qu'est-ce que cet infini en soi qui se trouve opposé à la lumière divine ? Ce ne peut être l'Infini en soi avec majuscule, car il ne serait pas opposé à la lumière divine[2]. D'ailleurs, si l'on consulte la *versio communis*, on voit que le commentaire XXIV a été en partie réécrit :

| Laon 412, comm. XXIV | *Versio communis*, comm. XXIV |
|---|---|
| Sicut lux creata cum cadit super rem tenebrosam ita quod fit tantae tenebrositatis ita quod non sit potens lux illa purgare tenebrosum propter sui vehementem densitatem, tunc frangitur lux in radiis, et sic cum sic, in maxime se multiplicantibus, pertransit illud densum medium, contrari<e> infinitum in se in ipsis creaturis respectu lucis divinae. | Lux creata sicut cadit super rem tenebrosam tantae tenebrositatis quod non sit potens lux illa purgare tenebrosum propter sui vehementem possibilitatem, tunc frangitur lux in radiis, in maximo scilicet sui acuti, et pertransit in accidentia, essentialis cum ista fractio accidentia multiplicat. Et haec claritas est. |
| Cum enim non sit tanta possibilitas in creaturis, non in rebus creatis, quae frangat lucem divinam in sui actione, immo animam pertransit. Sed cum sit in re aliqua deformitas, scilicet respectu sui creatoris, tunc in illa claritatem aliquam generat, in se vero nullam. | Lux divina non invenit in rebus creatis tantam possibilitatem quae eam frangat in sui actione, unde omnia pertransit. Sed sola deiformitas (*sive* deformitas) in re illa multiplicat et claritatem in re generat, in se nullam, CCCM 143A, p. 33-34. |
| * | * |
| Si, lorsque la lumière créée tombe sur un objet opaque qui en devient d'une si grande opacité que la lumière est impuissante à la dissiper à cause de la forte densité de sa substance, la lumière se brise alors en rayons, et d'une manière ou d'une autre, du fait qu'ils se multiplient au maximum, traverse ce milieu dense, c'est à l'inverse que se comporte l'indéterminé en soi, à l'intérieur même des créatures, face à la lumière divine. | La lumière créée, si elle tombe sur un objet opaque d'une si grande opacité que cette lumière est impuissante à dissiper l'opaque à cause de la forte potentialité de sa substance, la lumière se brise alors en rayons, à savoir au maximum de son acuité, et passe en accidents, comme cette diffraction essentielle multiplie les accidents. Et voilà une clarté. |
| Comme, en effet, il n'y a pas dans les créatures, pas dans les choses créées, de potentialité assez grande pour briser la lumière divine dans l'action de ce qu'elle est, celle-ci tout au contraire passe au travers de l'âme. Mais comme il y a dans cette réalité une | La lumière divine ne trouve pas dans les choses créées de potentialité assez grande pour la briser dans l'action de ce qu'elle est, par conséquent elle passe au travers de tout. Mais seule l'image divine (*ou* l'image déformée) dans cette réalité les |

1. Voir CCCM 143A, p. X et A. Fidora et A. Niederberger, *Vom Einen zum Vielen* ..., p. 149-150.

2. Voir L. Sweeney, *Divine Infinity in Greek and Medieval Thought*, New York, 1992, p. 321-336 ; A. Côté, *L'infinité divine dans la théologie médiévale (1220-1255)*, Paris, 2002.

image déformée, par rapport précisément à son créateur, la lumière alors engendre en celle-là quelque clarté, mais sur elle-même aucune.

multiplie <les accidents> et engendre dans cette réalité une clarté, <mais> sur elle-même aucune.

On le voit, dans la version commune médiévale l'*infinitum in se* a disparu sans laisser de trace, tandis que l'âme subsiste vaguement sous la forme d'une *res* qui porte en elle une image de Dieu. L'*infinitum in se* pourrait donc nous être un indice important pour préciser l'origine du texte.

Par ailleurs, les images du *Liber* sont inconnues du Moyen Âge avant l'apparition de l'ouvrage : Dieu comme sphère sans limite bien sûr (sent. II), mais aussi celle, encore plus extraordinaire, de Dieu « comme emprisonné au centre de la sphère divine » (comm. XIV), alors que la *versio communis* y a situé *nihil*, le rien. De manière générale, il y a dans ce texte, outre des images très fortes, une grande subtilité de pensée métaphysique, d'expression très concise, voire laconique, tout à fait inhabituelle dans les écrits médiévaux. Enfin, pour un texte traitant de Dieu, on n'y trouve aucune référence explicite à l'Écriture ni au Christ ni à la Rédemption. Ces observations conjuguées renforcent l'hypothèse d'une origine beaucoup plus ancienne de l'ouvrage.

Les définitions proprement dites, bien tournées, évoquent le latin classique, alors qu'il règne une grande obscurité dans les commentaires et que l'on bute même parfois sur une apparente incohérence entre définition et commentaire. On s'est demandé pour cette raison si l'ouvrage n'avait pas deux auteurs différents. Mais le fait, révélé par l'étude de la tradition manuscrite, que ce sont les témoins les plus anciens qui donnent conjointement sentences et commentaires, alors que les plus récents réduisent peu à peu le texte aux seules sentences, engage à considérer le *Liber* comme d'un seul bloc.

Une question se pose alors, majeure : quel est le but de l'auteur ? Certainement donner une expression rationnelle justifiée des caractères de Dieu, mais pour quoi faire ? Dans le manuscrit Laon 412, le texte est rapproché de l'*Ars catholicae fidei* de Nicolas d'Amiens, un texte de la fin du XII<sup>e</sup> siècle qui s'inspire de la méthode des *Éléments d'Euclide* pour exposer la foi [1]. Dans le *Liber XXIV philosophorum*, Dieu est traité de manière conséquente certes, mais qui semble incomplète du point de vue chrétien, car l'Esprit-Saint n'y apparaît pas clairement.

Il faut donc reprendre le texte du *Liber XXIV philosophorum* dans sa version la plus ancienne connue, en reconsidérer la forme, en rechercher les sources autant qu'il est possible, afin de comprendre le texte plus en profondeur, en retrouver l'intention et peut-être l'auteur.

1. CCCM 143A, p. LXII. Voir Ch. Burnett, « Scientific Speculations », dans *A History of Twelfth-Century Western Philosophy*, ed. by P. Dronke, Cambridge University Press, 1988, p. 164-165.

CHAPITRE PREMIER

# LA FORME

## 1. LA DÉFINITION

Le *Liber XXIV philosophorum* est constitué de vingt-quatre courtes sections, comprenant chacune une définition de Dieu et sa justification sous forme de commentaire. La définition étant une forme littéraire rare en latin, une comparaison avec le *Liber de definitionibus* de Marius Victorinus, rhéteur romain du IV^e siècle de notre ère, seul auteur, semble-t-il, à en avoir donné un traité théorique, peut être intéressante[1].

Voici la description que celui-ci fait de la définition :

> Omnis definitio – hoc est oratio quae explicat de quo quaeritur quid sit – his membris partibusque teneatur: primum uti breviter id de quo quaeritur quid sit oratio nostra contineat – et haec appellatur definitio; deinde eius definitionis supponatur approbatio, qua illud ostendimus, ut id ipsum quod breviter in definitione posuimus id ita esse argumentorum rationibus approbemus. Deinde, tertio loco, inducimus deductionem eiusdem definitionis in eam speciem de qua quaestio est et de qua iudicium est constitutum : ut, cum generaliter rem definierimus et ita esse de quo quaeritur dixerimus, postea approbatione constituerimus verum esse quod definimus, tertio loco ostendamus hoc esse quod gestum est vel id esse de quo quaeritur – quae orationis pars appellatur deductio generis ad speciem, Victorinus, *Liber de definitionibus*, éd. T. Stangl, p. 5, 1-13[2].
>
> Que toute définition – c'est-à-dire le discours qui explique ce qu'est l'objet recherché – se tienne dans les membres et parties suivants : d'abord, que notre discours contienne brièvement ce qu'est l'objet recherché – et c'est ce qu'on appelle « la définition » ; puis que l'on ajoute « l'approbation » de cette définition, par laquelle nous montrons que cela même que nous avons posé brièvement dans la définition, nous le prouvons par des raisonnements argumentés. Ensuite, en troisième lieu, nous amenons « la déduction » de cette même définition sur le

1. Je reprend ici une partie des résultats atteints dans ma recherche de 1989 sur ce texte.

2. Les références sont celles de l'édition T. Stangl, 1888, seule existante à ce jour, reproduite avec sa pagination propre tant par P. Hadot, *Marius Victorinus. Recherches*, pp. 329-362 que par A. Pronay, C. Marius Victorinus : *Liber de definitionibus. Eine spätantike Theorie...*, p. 51-82 ; cf. *infra*, bibliographie. Les traductions sont ajoutées.

concept dont il est question et sur lequel on a établi le débat : en sorte que, lorsque nous avons défini la chose de façon générale et dit que c'était bien l'objet recherché, et qu'ensuite nous avons établi par l'approbation que la définition était vraie, nous montrions en troisième lieu que c'est ce qui s'est passé ou que c'est l'objet recherché – partie du discours que l'on appelle « déduction du genre à l'espèce ».

Le prologue du *Liber XXIV philosophorum* nous présente en effet « un concept dont il est question et sur lequel on a établi le débat », celui de Dieu, puis chaque section comprend la « définition » ou sentence, suivie de son « approbation » par « raisonnement argumenté » (*argumentorum rationibus*) : c'est le commentaire. Mais la « déduction du genre à l'espèce » est absente, puisque Dieu est hors de tout genre.

Un procédé assez constant ici est la caractérisation, dès l'abord, de chaque définition selon le point de vue envisagé. Et là, l'ouvrage de Victorinus nous permet une utile confrontation, car il donne une liste de quinze sortes de définitions, qui paraissent tirées d'une source grecque, difficile à préciser. Pour A. Pronay, il faut la chercher parmi les stoïciens antérieurs à Cicéron, étant donné l'accord que l'on peut observer sur la dialectique entre les stoïciens, Cicéron et Victorinus, et l'importance de la définition chez ces philosophes[1].

Voici le tableau comparatif entre les définitions du *Liber XXIV philosophorum* et la liste dressée par Victorinus dans le *Liber de definitionibus*[2].

| *Liber XXIV philosophorum* | *Liber de definitionibus* |
|---|---|
| Sentence I<br>« secundum imaginationem » | Neuvième définition<br>καθ' ὑποτύπωσιν,<br>per quamdam imaginationem |
| Sentence II<br>« per modum imaginandi ut » | Dixième définition<br>ὡς τύπος, veluti |
| Sentence III<br>« secundum consignificationem » | Deuxième définition<br>ἐννοηματική, sola notio |
| Sentence IV<br>« secundum rationes diversas » | |
| Sentence V<br>« a fine » | |
| Sentence VI<br>« sub relatione » | Quatorzième définition<br>κατὰ τὸ πρός τι,<br>per id quod ad aliquid est |
| Sentence VII<br>« secundum speciem » | |

1. Voir A. Pronay, C. Marius Victorinus : *Liber de definitionibus*..., p. 139-147.
2. Victorinus, *ibid.*, éd. Stangl, p. 16, 18-29, 2.

| | |
|---|---|
| Sentence VIII<br>« per effectum » | |
| Sentence IX<br>« secundum formam » | |
| Sentence X<br>« per IV et VII » | |
| Sentence XI<br>« formalis » | |
| Sentence XIII | Sixième définition<br>κατὰ διαφοράν, per differentiam |
| Sentence XIV<br>« imaginari ... ut » | Dixième définition<br>ὡς τύπος, veluti |
| Sentence XVI | Sixième définition<br>κατὰ διαφοράν, per differentiam |
| Sentence XVII | Sixième définition<br>κατὰ διαφοράν, per differentiam |
| Sentence XVIII<br>« ex II » | |
| Sentence XX | Sixième définition<br>κατὰ διαφοράν, per differentiam |
| Sentence XXI | Huitième définition<br>κατ' ἀφαίρεσιν τοῦ ἐναντίου,<br>per privantiam contrarii |
| Sentence XXII | Deuxième définition<br>ἐννοηματική, sola notio |
| Sentence XXIII<br>« per XXI » | |
| Sentence XXIV<br>« ad essentiam » | Première définition<br>οὐσιώδης, substantialis |

L'ordre des définitions, on le voit, n'est pas le même dans les deux ouvrages, en particulier pour la définition essentielle (οὐσιώδης), qui est dernière dans le *Liber XXIV philosophorum* et première dans le *Liber de definitionibus*, tandis que la définition notionnelle (ἐννοηματική) est bien située au début dans les deux cas. Or, l'ordre du *Liber XXIV philosophorum* correspond à l'avis de Porphyre, tel que le cite Simplicius à partir de son *Commentaire sur les Catégories* à Gédalios, perdu :

> Porphyre dit que « la définition concernant la qualité est notionnelle, et non pas substantielle. Or le logos notionnel est celui qui est pris à partir des traits qui sont familiers à tous et au sujet desquels tout le monde est d'accord ... Les définitions substantielles sont celles qui enseignent en outre la substance même des choses définies ... Et les définitions notionnelles, puisque tout le monde est d'accord à leur sujet, sont partout les mêmes ... Il a donc semblé bon d'avoir recours, dans les premières introductions, aux définitions admises par tous, car elles sont plus

familières et plus adaptées à une première audition. Les autres requièrent la philosophie première, celle qui considère les êtres en tant qu'êtres. C'est pourquoi Aristote a donné la définition essentielle de la qualité dans la *Métaphysique*, et la <définition> notionnelle ici <dans les *Catégories*> », Simplicius, *In Aristotelis Categorias*, éd. Kalbfleisch, CAG VIII, Berlin, 1907, p. 213, 8-28, Smith 70F, traduction Michael Chase, Centre Jean Pépin, CNRS, séminaire « Individus, faisceaux de qualités et descriptions, de Porphyre à Avicenne » (Villejuif, 08/03/2007).

Dans notre texte, la définition notionnelle (*secundum consignificationem*) vient en troisième position, mais les définitions I et II, celles par l'image de la monade et par l'exemple de la sphère, sont également selon la notion de la chose. Porphyre, en effet, indique dans sa *Vie de Pythagore* que les Pythagoriciens ont utilisé le nombre un pour introduire à la nature de la cause première :

<Les Pythagoriciens>, n'arrivant pas à expliquer par la parole les formes immatérielles et les premiers principes, se sont rabattus sur la mise en évidence par les nombres. Et ainsi ils ont appelé « un » la raison de l'unité, de l'identité, de l'égalité, la cause de la conspiration et de la sympathie de l'univers ... en effet l'un dans les parties est tel parce qu'il reste uni et conspire avec elles par participation à la cause première, Porphyre, *Vie de Pythagore*, 49, éd. et traduction Des Places (un peu modifiée), p. 59-60.

et une forme associée au nombre trois pour « nous introduire à la notion » du principe de ce qui est parfait :

Ainsi encore, il existe dans la nature une chose qui comporte commencement, milieu et fin. Eh bien ! c'est à cette forme et à cette nature qu'ils ont appliqué le nombre trois. C'est pourquoi aussi ils appellent ternaire tout ce qui a un milieu. Et selon eux, tout ce qui est parfait a ce principe et est disposé conformément à lui ... et voulant *nous introduire à sa notion*, ils l'ont fait par l'intermédiaire de cette forme, Porphyre, *Vie de Pythagore*, 51, éd. et traduction Des Places (un peu modifiée), p. 60, italique ajouté.

Bien plus, Victorinus, exposant la définition notionnelle, considère que toutes les définitions autres que la substantielle donnent une notion de la chose :

Secunda <definitio> est quae dicitur ἐννοηματική, quam 'notionem', communi non proprio nomine, possumus dicere. In omnibus enim reliquis definitionibus notio rei profertur, non substantia explicatione declaratur, Victorinus, *Liber de definitionibus*, éd. Stangl, p. 17, 9-12[1].
La deuxième définition est celle qui est dite ἐννοηματική, que nous pouvons dire, d'un nom commun, non particulier, 'notion'. En effet, dans toutes les autres définitions (*i. e.* autres que substantielle), on énonce la notion de la chose, sans éclairer d'une explication sa substance.

1. Voir Pronay, ouvr. cité, p. 67 et comm. p. 230-232.

Nous verrons ainsi notre auteur établir sa définition XXII à partir de ce qu'implique la notion d'Un dans le commentaire *In Parmenidem* du manuscrit de Turin (I, 6-10)[1].

Les expressions caractérisant les définitions du *Liber XXIV philosophorum* correspondent à huit catégories grecques de définitions exposées dans le *Liber de definitionibus*. Pour les autres, plusieurs sont déterminées par des catégories aristotéliciennes : *secundum speciem, per effectum, secundum formam* ..., tandis que d'autres se déduisent des précédentes à la façon des théorèmes de géométrie. Parfois, les spécifications ne sont pas bien nettes : ainsi, la définition VI est dite *sub relatione*, mais cette précision s'applique en fait au commentaire. La définition elle-même relèverait plutôt de la catégorie « per privantiam contrarii », comme la sentence XXI, cette catégorie s'appliquant bien aux notions. La définition VII est *secundum speciem*, selon le concept de centre en l'occurrence, mais relève aussi de la quatorzième définition κατὰ τὸ πρός τι, « per id quod ad aliquid est ».

Quelques-unes, enfin, n'ont aucune caractérisation (XII, XIII, XV-XVII, XIX-XXII), bien que l'on puisse en rattacher certaines à la liste de Victorinus : ainsi, la sentence XIII, indiquant les modalités propres de l'action divine, les sentences XVI et XVII, posant l'inadéquation de Dieu avec le mot, l'esprit humain ou le prédicat, et la sentence XX, donnant la nature unique de la vie divine, se rattachent, semble-t-il, à la définition « per differentiam ». Quant à la définition *a fine* (V), on la retrouve chez Ammonius, au v^e^ siècle, à propos des définitions de la philosophie[2].

## 2. Une réunion de philosophes

Le prologue de l'ouvrage nous présente une réunion de vingt-quatre philosophes, qui n'ont plus qu'un seul point en question : qu'est-ce que Dieu ? Ils décident donc de mettre la question en débat et de se réunir ultérieurement pour tenter de donner leur sentiment sous forme d'une définition que chacun d'eux présenterait, afin que de cet ensemble de définitions se dégage une certitude, c'est-à-dire une définition certaine de Dieu. Mais, par la suite, il n'y a plus aucune allusion à cette mise en scène, complètement perdue de vue. Que signifie-t-elle ?

*A priori* la forme choisie, une succession de définitions, semble exclure l'idée d'un banquet à l'antique, qui suppose un dialogue au moins formel entre les convives, un échange de vues, sur des sujets le plus souvent disparates, comme dans le *Banquet des sept sages* de Plutarque qui évoque des jeux de devinettes philosophiques[3]. Dans la *Lettre d'Aristée à Philocrate*, qui met en scène les 72 « philosophes » qui ont traduit la Septante, il s'agit aussi de banquets au cours

1. Voir *infra*, p. 65 et 93-94.
2. Ammonius, *In Isagogen Porphyrii*, intr., éd. Busse, CAG 4/3, Berlin, 1891, p. 3, 7-8 et 4, 15-16.
3. Plutarque, *Septem sapientium convivium* 9, 153C-D, éd. J. Defradas, J. Hani et R. Klaerr, *Plutarque. Œuvres morales*, CUF, II, Paris, 1985, p. 212.

desquels le roi pose à chacun d'entre eux une question différente de morale[1]. La collection syriaque intitulée *Prophecies of the Pagan Philosophers*[2], compilée probablement vers la fin du VIe siècle pour convertir les Harraniens au christianisme, n'a, elle non plus, aucun lien avec le *Liber*. Tous ces textes ont en commun d'être très hétérogènes.

Le *Liber XXIV philosophorum* se présente plutôt comme le préliminaire à un prochain débat latin, dont il faudrait au préalable fixer l'objet par une définition. D'après le *Liber de definitionibus* de Victorinus, en effet, la définition est traditionnellement le point de départ de tout exposé ou discussion :

> Le premier mot d'un exposé et d'une discussion est toujours – et déjà les dialecticiens comme Cicéron lui-même l'ont assez souvent rappelé – ce que l'on appelle la définition, comme de fait pour un affrontement et une controverse rien, de ce qui du moins consiste en paroles, ne peut jamais être gagné si le sujet du combat à venir n'a pas d'abord été fixé par une définition, afin que puisse être clair entre chacun de ceux qui vont engager ce débat, ce qu'est l'objet dont on traitera dans la question à venir[3].

Et pour des philosophes, la seule définition assurée possible est la définition substantielle, qui s'établit à partir du genre et des différences, pour atteindre le propre de l'objet défini :

> Pour plus de clarté, nous professerons ici qu'il n'y a aucune définition, sûre, plénière, qui doive être approuvée, sinon celle que les philosophes appellent substantielle, en grec οὐσιώδης ; quant à ce qu'est 'substantiel', il faudra l'expliquer ailleurs. Pour le faire connaître en attendant, ajoutons ceci : chaque fois que sur quelque chose on se demande ce que c'est, ce peut être alors une définition sûre et substantielle que d'établir à chaque fois le genre de la chose cherchée, comme nous l'avons dit, et d'ajouter de même dans l'exposé les autres <caractères> à l'aide des différences. Il ne paraît pas incongru de donner des exemples et de passer ainsi aux éléments obscurs restants[4].

Dans le *Liber XXIV philosophorum*, il s'agit bien d'établir « quelque chose d'assuré sur Dieu » (*certum id de Deo*), donc une définition substantielle, *ad*

1. *La Lettre d'Aristée à Philocrate*, éd. A. Pelletier, SC 89, Paris, 1962, § 187-300.

2. Éd. S. Brock, « A Syriac Collection of Prophecies of the Pagan Philosophers », *Orientalia Lovaniensia Periodica*, 14 (1983), p. 203-246.

3. « Dicendi ac disputandi prima semper oratio est, et iam dialecticis auctoribus et ipso Tullio saepius admonente, quae dicitur definitio ; quippe cum in certamen contentionemque nihil possit, quod tamen in dictione consistat, aliquando deduci, nisi id de quo futura pugna est prius fuerit ita definitione defixum, ut possit inter utrumque qui inituri sunt eam litem esse manifestum quid sit illud de quo in futura quaestione tractabitur », Victorinus, *Liber de definitionibus*, éd. Stangl, p. 1, 1-7.

4. « Hoc ut apertius fiat, hic docebimus nullam esse definitionem certam, integram, approbandam, nisi eam quam dicunt philosophi substantialem, graece οὐσιώδης appellatur ; quid autem substantiale sit alibi explicandum. Ad cognitionem interim illud accedat : quotiens de aliquo quaeritur quid sit, tunc posse esse certam ac substantialem definitionem, quotiens eius rei de qua quaeritur, uti diximus, genus ponimus et sic cetera per differentias in oratione subiungimus. Non alienum videtur exempla proponere, sic ad reliqua quae sunt obscura transire. », Victorinus, *Liber de definitionibus*, éd. Stangl, p. 7, 14-22.

*essentiam*, qui sera la dernière. Dans cet esprit, ce petit texte qui cherche à définir ce qu'est Dieu pourrait représenter l'introduction à un débat ultérieur de théologie, auquel la philosophie donnerait le point de départ nécessaire. La présence importante de définitions notionnelles s'expliquerait ainsi comme étant l'introduction, sur des bases admises par tous, à une recherche plus approfondie sur la nature divine.

Mais de quel dieu s'agit-il? La réponse n'est pas évidente, car il n'y a guère d'indication religieuse explicite ni sur la Trinité chrétienne, ni sur l'Esprit-Saint; le texte est muet sur l'Incarnation et la Rédemption et n'offre aucune allusion au peuple hébreu ni à l'histoire biblique. C'est un Dieu unique (I) et créateur de tout ce qui est (XIV). Cependant, une recherche précédente[1] a montré que la génération en Dieu de son Intellect/Fils est un thème qui parcourt tout le texte, ce qui nous entraîne vers le dieu philosophique grec, alors que le thème de la création, également présent, concerne le dieu de la Bible. Nous en conclurons, jusqu'à plus ample informé, qu'il s'agit de préciser les caractères généraux de la divinité suprême à partir de sources philosophiques grecques et judéo-grecques.

Quant aux vingt-quatre philosophes, qui sont-ils? Les médiévaux ont pensé parfois que chaque sentence venait d'un philosophe différent, comme l'annonce le prologue. Ils ont attribué, lorsqu'elles étaient à l'état isolé, la sentence I à Hermès Trismégiste et la sentence II à Empédocle ou à Secundus[2]. Mais comme le prologue se termine par « Mais c'est un seul d'entre eux qui présenta ce qui suit », sans qu'apparaisse plus loin aucun autre philosophe, il faut en conclure que le texte n'a pour auteur qu'un seul philosophe, qui s'est mis au nombre des vingt-quatre (*quorum unus*). C'est lui qui se fera leur porte-parole, habillant leur pensée de son propre langage, d'autant plus aisément que le prologue insiste sur l'accord (*communi consensu*) qui doit émerger de ce rapprochement de définitions individuelles. Cette réunion de vingt-quatre philosophes serait donc un artifice littéraire pour annoncer le caractère éclectique de l'ouvrage. Mais, s'agissant de Dieu, cette réunion ne laisse pas d'évoquer aussi les multiples synodes et conciles qui se sont réunis à la fin de l'Antiquité pour établir la nature des personnes de la Trinité chrétienne face aux diverses hérésies.

Le chiffre vingt-quatre renvoie probablement aux vieillards de l'Apocalypse de saint Jean (4, 4 et 10)[3]. Ceux-ci ont parfois symbolisé, notamment au IIIe siècle, les livres de la Loi et des Prophètes[4]. Nos philosophes formeraient leur pendant, représentant pour leur part les *libri philosophorum*.

1. Voir F. Hudry, « Le *Liber XXIV philosophorum* et la génération en Dieu », dans *Hermetism from Late Antiquity to Humanism. La tradizione ermetica dal mondo tardo-antico all'umanesimo*, p. 81-97.

2. CCCM 143A, p. XXIII-XXVI.

3. M.-Th. d'Alverny, « Un témoin muet… », *AHDLMA* 17 (1949), p. 231, n. 1.

4. Voir Victorinus de Poetovio (Ptuj, Slovénie), *Sur l'Apocalypse*, IV, 3, éd. M. Dulaey, SC 423, Paris, 1997, p. 66, 1-3 : « *Sedentes XXIIII seniores habentes tribunalia XXIIII* <4, 4> : libri <sunt> prophetarum et legis referentes testimonia iudicii ».

### 3. VINGT-TROIS OU VINGT-QUATRE DÉFINITIONS ?

Selon le prologue encore, puisqu'il y a vingt-quatre philosophes dont chacun doit donner une définition de Dieu, on devrait compter vingt-quatre définitions. Or, on observe dans la tradition manuscrite de l'ouvrage une incertitude entre vingt-trois ou vingt-quatre définitions, la présence de la dernière n'étant pas constante. Le manuscrit de Laon (*L*) répète la sentence XXIII pour accompagner le commentaire XXIV. Sur les dix manuscrits qui contiennent les vingt-quatre commentaires, sept présentent le commentaire XXIV immédiatement à la suite du commentaire XXIII[1], ce qui laisse supposer que l'absence de définition finale remonte à l'origine de la tradition.

Si, comme nous l'avons dit, l'auteur se compte au nombre des vingt-quatre philosophes et s'il se place, comme il est naturel, en dernière position, ce serait donc lui-même qui refuserait non pas de donner une définition *ad essentiam* de Dieu, puisque le commentaire XXIV commence par ces mots « Haec definitio est ad essentiam data », mais qui signifierait par l'absence de définition XXIV que cette définition *ad essentiam* doit être une non-définition, reconnaissant notre incapacité radicale à définir Dieu, ce qui peut s'exprimer à la rigueur en répétant la sentence XXIII.

Or, c'est précisément la position adoptée par Victorinus :

> Deus est neque corpus neque ullum elementum neque anima neque mens neque sensus neque intellectus neque aliquid quod ex his capi potest. His talibus sublatis quid sit Deus poterit definiri, magis si addas : quod etiam definiri non potest, id Deum esse,
> Dieu n'est ni un corps ni aucun élément, ni une âme, ni un esprit, ni un sens, ni un intellect, ni rien qui peut être saisi à partir de ceux-ci. Tout cela supprimé, on pourra définir ce qu'est Dieu, surtout si l'on ajoute : ce qui précisément ne peut être défini, c'est cela Dieu, Victorinus, *Liber de definitionibus*, éd. Stangl, p. 24, 21-25, dans Hadot, *Recherches*, p. 354, 21-25 et traduction (un peu modifiée) p. 176.

On retrouve ici le même souci de définir *quid est Deus* que dans le prologue du *Liber*, et la même conclusion : il n'y a pas de véritable définition de Dieu. « Tout cela supprimé, on pourra définir ce qu'est Dieu » correspondrait au commentaire XXI : « En écartant loin d'elle toutes les idées des choses, l'âme se tourne vers ce qui est au-dessus d'elle » ; et « surtout si l'on ajoute : ce qui précisément ne peut être défini, c'est cela Dieu » correspondrait à la non-définition XXIV, qui est la vraie définition *ad essentiam*.

Le *Liber de definitionibus* présente donc une intéressante parenté avec notre texte, nous montrant que Victorinus a lui-même étudié de près tant la forme de la définition que son application à Dieu, mais indiquant aussi que le *Liber XXIV philosophorum* ne suit pas aveuglément le *Liber de definitionibus* et s'inspire également d'autres sources, en particulier de Porphyre.

1. Voir CCCM 143A, p. 33-34.

### 4. STYLE ET VOCABULAIRE DES DÉFINITIONS ET DES COMMENTAIRES

On est frappé d'emblée, nous l'avons dit, par la dissonance entre le style des définitions et celui du commentaire. Les premières en effet sont particulièrement soignées. Toutes bâties sur le même modèle, commençant par *Deus est*..., elles apparaissent comme d'un seul auteur. Celui-ci affectionne les membres de phrase rythmés, aux constructions parfois recherchées : « monadem ex se gignens, in se unum reflectens ardorem » (I), « cuius centrum est ubique, circumferentia vero nusquam » (II), « rationem generans, continuationem perseverans » (IV) etc., ou bien les tournures lapidaires : « totus in quolibet sui » (III), « quo nihil melius potest excogitari » (V), « plus habitus magis latet » (VIII), « opposita ut mediatio entis » (XIV). Il recherche un style d'expression qui reste en mémoire, soit par allitération (*monos monadem, in se suum, vita cuius via*), soit par antithèse (*substantia est accidens, movens immobilis, sola ignorantia cognoscitur*). C'est un travail de rhéteur.

À la forme des définitions s'oppose le style maladroit du commentaire. Il semble reproduire l'allure analytique de la phrase grecque, multipliant les participes : « et hoc est cum in quiete movens semper est, quia vivens in se » (XIX), « contemplatur divinitatem abnegando et removendo » (XXI), « rebus speciem dans ... ipsa in se colligens » (XXII) etc., et les hellénismes : ainsi *prius* + génitif (XII) évoque πρότερον + génitif, *in maxime se multiplicantibus* (XXIV) une formule avec ἐν τοῖς μάλιστα, etc.

Le vocabulaire, lui aussi, présente une disparité entre prologue et sentences d'une part, et commentaires d'autre part. Ainsi, le premier groupe utilise un vocabulaire plutôt cicéronien, comme *interpretatio, communi consilio, dare iudicium, ardor, sphaera, centrum, continuatio, perseverare, generare, excogitare, comparatio* etc. D'autres mots se retrouvent chez des auteurs plus tardifs, comme Apulée (*circumferentia, sempiternitas, tenebra, commixtio*) ou Victorinus (*deificus, solum* + génitif). Le second groupe paraît en revanche plus riche en mots d'auteurs chrétiens : Arnobe (*deitas*), Tertullien (*vivificare, unio, abiectio, adhaerentia*), saint Ambroise (*increatus*), Victorinus (*supracaelestis, unitor*), saint Augustin (*caro* adv., *operari, aeternaliter, essentialiter*), Boèce (*consignificatio, verificare, indivisio, alteratio*).

Mais le trait le plus marquant du vocabulaire des commentaires, ce sont les néologismes : *sphaericitas, totalitas, finitas, clausio, clangatio, indigenter, exabundanter*, etc. Le néologisme *superessentialiter* (comm. XX), « sur un mode supérieur à l'essence », est intéressant parce qu'il traduit très précisément le néologisme de Porphyre ὑπερουσίως (*Sententiae* 10)[1]. Le verbe *superest* (comm. XI) au sens de « il 'est' sur le mode supérieur » semble de son côté venir de l'hapax de la langue grecque et de Plotin ὑπερόντως (*Enn.* VI, 8 [39], 14, 42), où le préfixe

1. Voir C. D'Ancona, « Les *Sentences* de Porphyre entre les *Ennéades* de Plotin et les *Éléments de théologie* de Proclus », dans *Porphyre. Sentences*, éd. et traduction L. Brisson *et alii*, Paris, 2005 (cité ensuite *Sentences*), I, p. 189-192.

ὑπερ- signifierait un degré suprême et non un au-delà de[1]. Dans le même commentaire XI, *infinita possibilitate*, à la puissance sans limite, semble traduire un adjectif rare, ἀπειροδύναμος, qui de l'âme chez Plotin (*Enn.* IV, 3 [27], 8, 36-38), puis Porphyre (*Sententiae* 37), est transposé ici à Dieu.

On peut considérer l'étrangeté dans l'expression des commentaires comme le signe d'une traduction[2], à partir de laquelle seraient ensuite formulées en beau langage les définitions elles-mêmes. Cet embarras dans l'expression, joint au goût naturel du latin classique pour la concision, donne au texte une allure très condensée, parfois frappante, mais plus souvent obscure, pour établir des raisonnements rigoureux, selon la méthode dialectique. Cette extrême concision d'arguments pris à des développements philosophiques plus vastes laisse la pensée d'origine chaque fois tronquée, donc très difficile à saisir. Cependant, cette difficulté même de compréhension des commentaires doit nous intriguer et nous pousser à en rechercher les sources, afin d'essayer de situer ce texte.

1. La signification de cet adverbe a été examinée de près par Jean-Marc Narbonne, *Plotin. Les deux matières* [Ennéade, *II 4 (12)*], p. 32, n. 32.

2. Voir M.-T. d'Alverny, « Un témoin muet... », *AHDLMA* 17 (1949), p. 233.

CHAPITRE II

# LES SOURCES

Partant de l'hypothèse que le texte du *Liber XXIV philosophorum* serait peut-être traduit du grec, une recherche menée chez les philosophes grecs qui ont parlé de la divinité permet de percevoir dans le *Liber* des emprunts divers et variés aux textes grecs. La difficulté majeure vient de la méthode de traduction de l'auteur, que nous étudierons plus loin en détail. Celui-ci en effet ne cherche pas nécessairement à rendre l'expression d'origine de l'auteur cité. Nous nous trouvons donc souvent face à des rédactions retravaillées, réduites ou réaménagées en fonction du projet de l'auteur, en sorte que le texte-source est devenu méconnaissable. Néanmoins, l'analyse permet parfois de saisir les équivalences que l'auteur a établies. D'autre part, l'un des fils conducteurs de cette enquête a été l'utilisation fragmentaire et répétée d'une ou deux mêmes sources pour une même section du *Liber*. Le procédé, en effet, laisse supposer la présence des textes cités entre les mains de l'auteur. Enfin, il est évident que bien des rapprochements établis ici ne sont pas satisfaisants et qu'il reste en maints endroits à retrouver des sources plus fines, plus proches dans le détail du texte latin.

Comme le laisse prévoir le prologue, les sources sont diverses. L'auteur a, semble-t-il, recherché systématiquement chez les philosophes grecs, mais aussi chez les auteurs juifs, comme Philon ou les auteurs des textes sapientiaux de la Bible, ceux qui peuvent toucher à la philosophie, ce qu'ils ont dit sur la cause première, le principe, le dieu, l'étant, le divin, le Premier Moteur, l'Intellect, la Sagesse, etc. À côté de sources bien connues, il y en a d'autres plus rares qui surprennent.

Ces sources sont d'utilisation variable. Ce peuvent être des formules assez banales, comme « le dieu est à la fois partout et nulle part » (sent. II), ou bien des formules prises par analogie avec l'âme ou avec l'âme du monde : ainsi *totus in quolibet sui* (sent. III), que l'on trouve chez Porphyre appliquée à l'âme en général. Ou, toujours de Porphyre, la formule concernant l'âme du monde « qui est partout présente de façon semblable », appliquée ici à l'essence divine (comm. III). C'est aussi le cas pour Plotin dont certaines formules sont reprises, ainsi dans la sentence VII : *Deus est primum sine primatu*. Mais le plus intéressant, ce sont les sources principales que nous pouvons suivre à travers le texte, en y joignant les sources connexes perceptibles. C'est en effet un trait caractéristique de notre auteur d'imbriquer étroitement ses sources les unes dans les autres. Les sources grecques repérées sont citées *in extenso* en notes au bas de l'édition du texte latin, et leurs références reprises dans l'Introduction, pour chaque section comportant une définition et son commentaire, en tableaux de correspondance avec le latin.

Nous distinguerons trois thèmes fondamentaux dans le *Liber XXIV philosophorum* : l'essence et la vie divines, la puissance divine et l'incognoscibilité divine, leur rapportant les sections correspondantes. Nous constaterons ainsi que l'auteur accorde douze sections au premier thème, et six à chacun des deux autres. On pourrait aussi observer que l'auteur agence ces thèmes en trois parties : Dieu en lui-même (I-VII), Dieu et la création (VIII-XV), mais la troisième partie, qui concerne Dieu et l'homme (XVI-XVII, XXI, XXIII-XXIV), comprend aussi des sections sur Dieu et son Intellect (XVIII-XX, XXII).

## II. A. L'ESSENCE ET LA VIE DIVINES

L'essence et la vie divines sont précisées dans les sections I-VII, XII, XV et XVIII-XX du *Liber XXIV philosophorum*, soit douze sur vingt-quatre. On peut les regrouper sous deux figures : l'unité numérique et le centre de la sphère. L'auteur semble, en effet, avoir commencé sa recherche sur Dieu par les philosophes pythagoriciens, d'après la *Vie de Pythagore* de Porphyre.

### A. 1. L'unité numérique

1. *Sentence et commentaire I*

La section I *Deus est monos, monadem ex se gignens, in se unum reflectens ardorem*, « Dieu est l'Unique, engendrant au dehors de lui-même l'unité, renvoyant sur lui-même un seul éclat de feu », semble inspirée du passage cité plus haut[1] de la *Vie de Pythagore*, en posant une analogie avec le nombre un et les nombres suivants.

Chez Victorinus, la définition *secundum imaginationem* correspond à la neuvième sorte de définition :

> Nona species definitionis est καθ' ὑποτύπωσιν, id est per quandam imaginationem.
> La neuvième sorte de définition est καθ' ὑποτύπωσιν, c'est-à-dire à l'aide d'une certaine représentation, Victorinus, *Liber de definitionibus*, éd. Stangl, p. 25, 16-18.

Et Victorinus ajoute que cette définition vaut toujours pour des individus[2].

Or c'est bien ici, semble-t-il, le cas, si l'on considère la démarche de nos philosophes dans le prologue :

1. Voir *supra*, p. 16.
2. Voir A. Pronay, *op. cit.*, p. 75 et comm. p. 266-267.

singuli de Deo proprias proponerent interpretationes sub definitione, ut ex propriis definitionibus certum id de Deo communi consensu statuerent,
ils proposeraient chacun une explication appropriée sur Dieu sous forme de définition. Ainsi, à partir de leurs définitions propres, ils établiraient d'un commun accord quelque chose d'assuré sur lui, voir *infra* p. 148-149.

Cette méthode rappelle la définition que donne l'*Isagoge* de Porphyre des individus, « parce que chacun d'entre eux est constitué de caractères propres, dont le rassemblement ne saurait jamais se produire identiquement dans un autre »[1].

a) *Philon d'Alexandrie (m. en 54 apr. J.-C.)*

Dieu est pour Philon, auteur juif de langue grecque, l'Unique et l'Un en soi (*Legum allegoriae* II, 1). Philon considère, d'autre part, la monade ou unité comme « l'image de la cause première » (*De specialibus legibus* III, 180), c'est-à-dire comme le Logos lui-même : « le Logos pour lui (Dieu) est incorporel ... sans différence avec l'unité » (*Quod Deus* 83). C'est pourquoi la sentence I dit de Dieu : « monadem ex se gignens », engendrant au-dehors de lui-même l'unité, le Logos, et continue par « in se unum reflectens ardorem », renvoyant sur lui-même un seul éclat de feu, celui du Logos.

Il n'est donc pas indifférent que le manuscrit Laon 412 dise *Deus est monos*, et non pas *Deus est monas* comme le reste de la tradition médiévale : *monos*, que l'auteur latin ne traduit pas, signifie que Dieu, l'Unique absolu, est au-delà de l'unité (*monas*). C'est à la même constatation[2] que s'arrête aussi le commentaire *In Parmenidem* de Turin (II, 12-13), peut-être de Porphyre.

b) *Porphyre (*Vie de Pythagore *50-51)*

En revanche, le commentaire I se détermine, lui, *secundum imaginationem primae causae*, c'est-à-dire par rapport à la monade qui, en tant qu'image de la cause première, figure le Logos. L'auteur lui applique la multiplication de l'unité par elle-même, qui utilise par trois fois le nombre un (1 x 1 = 1). Il emploie alors les mots *binarius* et *ternarius* qui paraissent correspondre au grec δυοειδής et τριοειδής de Porphyre dans sa *Vie de Pythagore*. Le mot δυοειδής, binaire, y est donné comme désignant « la raison de l'altérité, de l'inégalité, de tout le divisible qui change et revêt diverses formes »[3], et τριοειδής, ternaire, comme applicable à tout ce qui est parfait[4]. Les trois « un » du commentaire pourraient donc peut-être

1. Porphyre, *Isagoge*, II, 15, éd. et traduction Libera et Segonds, p. 9.

2. « L'Un est au-delà non seulement de la multitude, mais même de la notion d'un », cité par M.-O. Goulet-Cazé, « Le système philosophique de Porphyre dans les *Sentences*. A. Métaphysique », dans Porphyre, *Sentences*, I, p. 62.

3. Porphyre, *Vie de Pythagore*, 50, éd. et traduction Des Places, p. 60, 3-6 : Τὸν δὲ τῆς ἑτερότητος καὶ ἀνισότητος καὶ παντὸς τοῦ μεριστοῦ καὶ ἐν μεταβολῇ καὶ ἄλλοτε ἄλλως ἔχοντος δυοειδῆ λόγον ... προσηγόρευσαν, « Quant à la raison de l'altérité, de l'inégalité, de tout le divisible qui change et revêt diverses formes, ils (les Pythagoriciens) l'ont appelée double. »

4. Porphyre, *Vie de Pythagore*, 51, éd. et traduction Des Places (un peu modifiée), p. 60, 21-23 : πᾶν τὸ μεσότητι προσκεχρημένον τριοειδὲς εἶναί φασιν. Οὕτως δὲ καὶ πᾶν τὸ τέλειον προσηγόρευσαν, « ils (les Pythagoriciens) disent que tout ce qui a un milieu est ternaire. Et ils ont appelé ainsi tout ce qui est parfait. »

représenter respectivement le Logos ou monade (1), puis « tout le divisible qui change et revêt diverses formes » comme son double au sens d'un autre lui-même (1 bis), c'est-à-dire toutes les idées des choses qu'il contient, et enfin le principe parfait ternaire correspondrait au retour de ce double vers l'unité de départ (1 ter). Il y aurait là une adaptation à la nature du Logos du symbole numérique pythagoricien, car c'est en fait le nombre deux, la dyade – et non pas le double de l'unité au sens d'image – qui symbolise tout le divisible qui change. Mais, afin d'expliciter comment la multiplicité des idées divines est conciliable avec l'unité du Logos, il y aurait là un jeu sur l'élément -ειδής, qui indique l'image, dans δυοειδής, *binarius*, de même que le mot français 'double' peut avoir ce sens. Ce serait la raison pour laquelle la suite du commentaire explique, à l'aide du même texte de Porphyre, comment tous les nombres, dans leur infinité, ne sont que le reflet autant de fois répété, comme entre deux miroirs, de l'unité essentielle. Ne s'agit-il pas de considérer le Logos comme contenant dans son unité, distincte de l'Unique mais née de lui, la multiplicité infinie des idées divines ?

La section I serait ainsi le préliminaire de la section II, qui va exposer l'expansion sans limite de l'être à partir de la cause première par une autre image symbolique du Logos. Il faut donc ici bien distinguer, semble-t-il, entre le commentaire I, qui cherche à expliquer la nature intrinsèque du Logos, et la sentence I *Deus est monos, monadem ex se gignens, in se unum reflectens ardorem*, qui exprime pour sa part sa relation à Dieu.

c) *Mais d'où vient l'*ardor ?

Il y a, semble-t-il, deux sources possibles :

c. 1. Le *De philosophia* perdu d'Aristote[1]

On peut rapprocher le groupe *in se unum reflectens ardorem* du passage bien connu de Cicéron sur le *De philosophia* perdu d'Aristote (*De natura deorum* I, 13, 33)[2] et considérer ce qui s'y trouve dit de l'*ardor caeli* :

> Aristotelesque, in tertio *De philosophia* libro, multa turbat a magistro suo Platone dissentiens : (1) modo enim menti tribuit omnem divinitatem ; (2) modo mundum ipsum deum dicit esse ; (3) modo alium quemdam praeficit mundo eique eas partes tribuit ut, replicatione quadam, mundi motum regat atque tueatur : (4) tum *caeli ardorem deum dicit esse*, non intelligens caelum mundi esse partem, quem alio loco ipse designarit deum, Cicéron, *De natura deorum* I, 13, 33, italique ajouté.

Cicéron est évidemment très tendancieux, puisqu'il rapporte la critique de l'épicurien Velleius. Il faut probablement considérer que les *modo … modo … modo* ne s'excluent pas, mais font allusion à des passages différents du texte, alors que le *tum* final indique la conclusion du développement : d'après (1), en effet, Aristote attribuait « toute divinité » à un esprit (*mens*), qui se trouve ainsi au-dessus des

1. Pour un point sur ce texte, voir *DPhA*, dir. R. Goulet, Supplément, Paris, 2003, p. 395-409 (R. Laurenti).

2. Voir notamment J. Pépin, *Théologie cosmique et théologie chrétienne*, p. 153-158, 170 ; A. P. Bos, *Cosmic and Meta-cosmic Theology*, p. 185-200 ; R. Laurenti, art. cit., p. 407.

autres dieux ; d'après (2) et (3), il disait aussi que le monde est un dieu et mettait à sa tête un *alius quidam*, un certain autre, ayant pour fonction d'en diriger et garder le mouvement *replicatione quadam*.

Ces mots *replicatione quadam* ont donné lieu à bien des interprétations [1]. On pourrait y ajouter celle que suggère la sentence I de notre texte, où l'on retrouve le mot *ardor* pour parler de l'éclat de feu que retourne vers lui le Dieu unique (*in se reflectens ardorem*). Dans un phénomène de réflexion, le verbe *replicare* s'applique à l'élément qui émet la lumière et signifie « retourner vers soi », par exemple chez Sénèque traduisant Aristote :

> Ab omni, inquit <Aristote, *Meteor.* III 4, 2ss.>, levitate acies radios suos replicat,
> À partir de toute surface lisse, dit-il, le regard retourne vers lui-même ses rayons,
> Sénèque, *Quaestiones naturales*, I, III, 7,

où l'on voit que *replicare* correspond à *reflectere in se*.

Dans le texte de Cicéron (4), l'*ardor caeli*, amené par *tum* dans le prolongement de *replicatione quadam*, serait ainsi l'explicitation de l'*alius quidam* comme étant l'éther céleste qui « par une sorte de réverbération » aurait puissance de régler et de garder le mouvement du monde, en tant que reflet du dieu suprême. On pourrait comprendre le texte ainsi :

> Et Aristote, au livre III du *De philosophia*, dérange bien des choses en s'éloignant de son maître Platon : (1) tantôt, en effet, c'est à un esprit qu'il attribue toute divinité ; (2) tantôt, c'est le monde lui-même qu'il dit être un dieu ; (3) tantôt, il met à la tête du monde « un certain autre » et lui assigne pour rôle que, par une sorte de réverbération, il en règle et garde le mouvement : (4) c'est alors l'éclat de feu du ciel qu'il dit être dieu, sans comprendre que le ciel est une partie du monde, qu'ailleurs (cf. 2) il a lui-même désigné comme un dieu.

La sentence I du *Liber XXIV philosophorum* reprendrait par *in se unum reflectens ardorem* la réverbération, *replicatio*, de Cicéron, en l'appliquant non pas à l'éther céleste, mais au Logos contenant les idées divines dans son unité, qui retourne vers Dieu un seul éclat de feu, *unus ardor*. On retrouve chez Victorinus le Christ comme reflet et éclat de la lumière du Père, *refulgentia splendor luminis* (*Adv. Ar.* I 34, 41-43).

Cette explication rendrait aussi compte de l'attitude des médiévaux, qui ont situé l'origine de la deuxième sentence, *Deus est sphaera infinita*..., chez Aristote à travers Cicéron, probablement par rapprochement entre l'*ardor caeli* et la forme sphérique du ciel. Alain de Lille déclare ainsi dans son *Sermon sur la sphère intelligible*, vers 1177-1179, qui représente la première mention connue du *Liber XXIV philosophorum* :

> *Dieu est la sphère intelligible dont le centre est partout, la circonférence nulle part*.... C'est la trompette sonore du Philosophe qui, dédaignant de balbutier la nature des choses terrestres, eut en effet l'audace d'entonner les secrets d'une plus haute théologie. C'est le grand rhéteur Cicéron dans tout l'éclat de la fleur

1. Voir note ci-dessus.

> d'éloquence humaine, qui entonna les mots plus profonds de la théologie en disant *Dieu est la sphère intelligible* etc.[1].

Alain de Lille a conscience d'une source grecque, en l'occurrence Aristote, transmise à travers le latin de Cicéron, et il est sensible à son expression rhétorique. Mais la sphère est ici intelligible, et non pas sans limite.

c. 2. Les *Oracles chaldaïques* (fr. 3)

La tradition manuscrite du *Liber XXIV philosophorum* donne aussi *suum ardorem*, son propre feu, pour variante assez fréquente de *unum ardorem*. Il y aurait donc peut-être une autre source possible de l'*ardor* divin de la sentence I.

Les *Oracles chaldaïques* sont des poèmes inspirés philosophico-religieux, écrits en grec au IIe siècle de notre ère et disparus au XIe siècle[2], après le philosophe byzantin Michel Psellos[3]. On ne les connaît que par fragments. Or le fr. 3 dit ceci :

> ὁ πατὴρ ἥρπασσεν ἑαυτόν, οὐδ' ἐν ἑῇ δυνάμει νοερᾷ κλείσας ἴδιον πῦρ.
> Le père s'est dérobé lui-même, sans avoir enfermé dans sa puissance intellective le feu qui lui est propre, éd. et traduction Des Places (un peu modifiée), fr. 3, p. 67.

Puisque les *Oracles chaldaïques* ont influencé d'autres éléments du *Liber*, comme nous le verrons, il se pourrait que, dans certains manuscrits, la sentence I rappelle par *suum ardorem* l'ἴδιον πῦρ, le feu propre du Père des *Oracles*. Mais comme ces derniers ne disent rien du thème de la réverbération (*in se reflectens*), on peut considérer le *De philosophia* perdu d'Aristote, à travers Cicéron, comme une meilleure source pour *in se unum reflectens ardorem* de la sentence I.

| | |
|---|---|
| Philon, *Legum allegoriae* II, 1 | *Deus est monos* |
| Philon, *Quod Deus* 83 | *monadem (Logos)* |
| Porphyre, *In Timaeum*, fr. 40 | *ex se gignens* |
| cf. Aristote, *De philosophia* III in Cicéron, *De natura deorum* I, 13, 33<br>ou *Oracles chaldaïques*, fr. 3 | *in se unum reflectens ardorem*<br>ou<br>*in se suum reflectens ardorem* |
| Philon, *De specialibus legibus* III, 180 | *(monas) imaginatio primae causae* |
| Porphyre, *Vie de Pythagore* 50 et 51 | *binario, ternario* |

1. Alain de Lille, *Règles de théologie suivi de Sermon sur la sphère intelligible*, p. 283-284. Texte latin dans M.-Th. d'Alverny, *Alain de Lille. Textes inédits*, Paris 1965, p. 297.

2. *Les Oracles chaldaïques*, éd. et traduction É. Des Places, Paris, 1971, 1999³; W. Kroll, *De oraculis chaldaicis*, Breslau, 1894, réimpr. Hildesheim, 1986 et H. Lewy, *Chaldean Oracles and Theurgy*, nouv. éd. par M. Tardieu, Paris, 1978. Voir L. Brisson, « Le commentaire comme prière destinée à assurer le salut de l'âme. La place et le rôle des *Oracles chaldaïques* dans le commentaire sur le *Timée* de Platon par Proclus », dans *Le Commentaire entre tradition et innovation*. Actes du Colloque international de l'Institut des Traditions textuelles (Paris et Villejuif, 22-25 septembre 1999), Paris, 2000, p. 329-353 (332 avec bibliographie).

3. Michel Psellos (1018-apr. 1078), écrivain et homme politique byzantin, qui remit à l'honneur le néo-platonisme et tenta de rationaliser le christianisme. Il restaura les lettres grecques. Son œuvre est abondante.

| | |
|---|---|
| Porphyre, *Vie de Pythagore* 51 | *Sic quidem etiam est in multis : unaquaeque unitas* |
| Plotin, *Enn.* VI, 6 [34], 9, 34-35 | *proprium habet numerum quia super diversum ab aliis reflectitur* |

2. *Sentence et commentaire III*

La section III *Deus est totus in quolibet sui*, « Dieu est tout entier en n'importe quel point de lui-même », précise ce qui est cosignifié dans l'essence divine en sa simplicité (*secundum consignificationem essentiae divinitatis in sua simplicitate*). Ce cosignifié renvoie probablement au commentaire *In Parmenidem* (IX, 1-5) que nous avons déjà rencontré. Contenu dans l'ancien manuscrit palimpseste de Turin F VI 1 (ve-vie siècle), qui a disparu dans l'incendie de la bibliothèque en 1904, ce commentaire, que Pierre Hadot a proposé d'attribuer à Porphyre, est certainement postérieur à Plotin (m. en 270)[1]. Le passage en question fait précisément allusion au fr. 3 des *Oracles chaldaïques* cité plus haut :

> οἱ δὲ ἁρπάσαι ἑαυτὸν ἐκ πάντων τῶν ἑαυτοῦ εἰπόντες, δύναμίν τε αὐτῷ διδόασι καὶ νοῦν ἐν τῇ ἁπλότητι αὐτοῦ συνηνῶσθαι καὶ ἄλλον πάλιν νοῦν,
>
> D'autres (*i. e.* les *Oracles*), lorsqu'ils disent qu'il s'est dérobé lui-même à tout ce qui est à lui, lui accordent que puissance et intellect sont co-unifiés en sa simplicité, et <lui accordent> encore un autre intellect, <Porphyre>, *In Parmenidem* IX, 1-5, éd. et traduction Hadot (un peu modifiée), *Porphyre et Victorinus*, II, p. 90-93.

« Puissance et intellect co-unifiés » correspondraient à « la puissance intellective » du fr. 3 des *Oracles*, car il s'agit bien dans le commentaire III de la puissance intrinsèque de l'essence divine, à laquelle rien ne s'oppose (*cum non sit aliquid ipsi resistens*). Cette puissance est exprimée par le mot *virtus* qui joue aussi sur le sens de 'vertu', à l'aide sans doute d'un passage du *De caelo* d'Aristote (I 9, 279a 32-35) qui allie l'idée de force et l'idée de vertu.

Pour la formulation, l'auteur s'inspire d'abord de l'être incorporel chez Porphyre, qui est « tout entier en un tout » (*Sententiae* 38), c'est-à-dire que non seulement il ne se distribue pas par parties, mais qu'intrinsèquement il n'en a aucune; puis, s'agissant de la puissance, il s'inspire de l'âme en général (*Sententiae* 37) dont la puissance est la même en tout point (*in quolibet sui*). L'âme du monde lui donne l'expression *ipsa simile ubique data ens*. Quant à la description figurée de Dieu dans la section II par la sphère sans limite de l'être, elle est rappelée par *et etiam similiter super et extra*.

1. Pour la bibliographie et un état de la question, voir *Commentarium in Platonis Parmenidem*, éd. A. Linguiti, dans *Corpus dei papiri filosofici greci e latini (CPF)*. Parte III : Commentari, 6, Firenze, 1995, p. 63-91 et M. Zambon, *Porphyre et le moyen-platonisme*, p. 35-42. J'ai suivi l'édition française de Pierre Hadot, mais la traduction en est parfois modifiée. Les éditions italienne de A. Linguiti et anglaise de G. Bechtle (cf. bibliographie *infra*) ont été consultées en complément.

Cette sentence III se situe entre les images analogiques de Dieu et de son Logos, Un/unité et centre/sphère, et la sentence IV, qui introduit le thème de la génération de l'Intellect. En affirmant que « Dieu est tout entier en n'importe quel point de lui-même », elle souligne qu'il n'y a aucune fragmentation possible de Dieu, pas plus entre les éléments de ses figures symboliques qu'entre l'engendrant et l'engendré.

| | |
|---|---|
| Porphyre, *Sententiae* 38, Lamberz, p. 46, 10. | *Deus est totus* |
| Porphyre, *Sententiae* 37, Lamberz, p. 43, 9-10 | *in quolibet sui* |
| *In Parm.* IX, 3-5 | *secundum consignificationem in sua simplicitate* |
| Aristote, *De caelo* I 9, 279a32 | *essentiae divinitatis* |
| Porphyre, *In Tim. ... fragm.*, fr. 61 | *ipsa simile ubique data ens* |
| Porphyre, *Sententiae* 11, Lamberz, p. 5, 1-2 | *non distrahitur defectu virtutis* |
| Aristote, *De caelo* I 9, 279a33-35 | *virtutis alicuius in ipsa deficientis nec stat etiam aliter sic virtute alieni dominantis* |

3. *Sentence et commentaire IV*

La section IV, *Deus est mens rationem generans, continuationem perseverans*, « Dieu est l'esprit qui engendre la raison et garde continuité avec elle », expose l'essence de la divinité selon la relation entre l'intellect de la puissance intellective du Père et l'Intellect engendré, qui pourrait être « l'autre intellect » de l'*In Parmenidem* IX, 1-5[1].

C'est Plotin cependant qui semble ici sous-tendre l'affirmation, dans un passage[2] très important pour notre auteur. Pour expliquer l'origine de l'Intellect et de l'étant, Plotin distingue deux états de l'Intellect : « un quasi-intellect dans l'Un, qui n'est pas l'Intellect, car <l'Un> est un » (*Enn.* VI, 8 [39], 18, 21-22); et l'Intellect proprement dit, devenu tel par la multiplicité des objets de pensée et des formes et engendré par la puissance intellective de l'Un, laquelle est comme l'archétype de sa propre image et intellect dans l'Un (*Enn.* VI, 8 [39], 18, 26-30). Ce « quasi-intellect » doit sortir de l'Un sous peine que celui-ci ne soit plus un. Cette génération permet donc à l'Un de se poser comme tel (*numerat se*) et à l'Intellect engendré de témoigner de son existence antérieure cachée (*verificat se*). L'Un et l'Intellect engendré demeurent néanmoins en contact, selon *Enn.* VI, 8 [39], 17, 18-19, où l'on remarque le mot rare λελογωμένῳ, « devenu logos ». L'Intellect, en tant que Logos, préside à l'ordonnancement des êtres et représente

1. Sur le double Intellect, voir P. Hadot, *Porphyre et Victorinus*, I, p. 135-136.
2. Voir une analyse de ce passage dans S. Roux, *La recherche du principe*, p. 306-308.

l'achèvement formel de l'être intelligible[1] : c'est pourquoi il est traduit ici par *ratio*.

Et si l'être provient de l'Un, il doit être nombre à la manière de l'Un, d'après Plotin (*Enn.* VI, 6 [34], 9, 31-33). Dieu n'a donc pas de difficulté à garder contact avec l'engendré, son égal (*adaequatur vero per modum continuationis*), d'autant plus qu'il est tout entier en tout point de lui-même, comme l'a dit la sentence III. Victorinus aussi dit : « Hic est Deus, λόγος totus, νοῦς totus, tota Sapientia », C'est Dieu, tout entier Logos, tout entier Intellect, tout entier Sagesse (*Adv. Ar.* I 60, 27-28).

| | |
|---|---|
| Plotin, *Enn.* VI, 8 [39], 18, 25-27, 29-30 | *Deus est mens rationem generans* |
| Plotin, *Enn.* VI, 8 [39], 17, 18-19 | *continuationem perseverans* |
| Plotin, *Enn.* VI, 8 [39], 18, 18-22 | *genitura verificat se quia gignitur, numerat se genitor gignendo* |
| Plotin, *Enn.* VI, 6 [34], 9, 31-33 | *adaequatur* |
| Plotin, *Enn.* VI, 8 [39], 18, 5-7 | *per modum continuationis* |

4. *Sentence et commentaire V*

La section V, *Deus est quo nihil melius potest excogitari*, « Dieu est ce dont rien de meilleur ne se peut concevoir », induit de l'unité radicale de l'Un qu'il correspond au Bien absolu qu'est le principe, tel que le définit Aristote : « L'intellection en elle-même est intellection du meilleur en lui-même, et l'intellection à son plus haut point est intellection du meilleur au plus haut point » (*Metaph.* Λ, 7, 1072b18-19). Cette définition V est dite ici prise du point de vue de la fin, c'est-à-dire de la cause finale. Aristote, en effet, définit ailleurs la cause finale de tout ce qui existe comme « globalement le meilleur dans la nature entière » (*Metaph.* A 2, 982b5-7).

Dans le commentaire, la méthode de l'auteur latin est assez perceptible, à la fois dans le choix des extraits et dans l'expression. Le commentaire retient deux thèmes : le bien et la vie. Pour chacun d'eux, l'auteur recourt à des passages de Plotin dans lesquels celui-ci montre que le bien d'un côté, la vie de l'autre, sont étroitements liés à l'unité : « Car le bien c'est, pour cette nature qui est une, de s'appartenir à elle-même et d'être elle-même : c'est d'être une » (*Enn.* VI, 5 [23], 1, 18-20), renforcé par « Si en vérité un être est lui-même aussi un bien pour lui-même, ce qui serait beaucoup plus un bien pour lui, c'est son parfait achèvement » (*Enn.* VI, 7 [38], 27, 13-14), d'où l'auteur tire *unitas* et *perfectio*.

Or, cette perfection dans l'unité de nous-mêmes est ce que nous désirons, parce que c'est la vie véritable (*Enn.* VI, 7 [38], 30, 36-40). En effet, la vie de l'âme « est une vie une au sens où les vies sont toutes ensemble ... parce qu'elles ont leur commencement dans une seule et unique chose » (*Enn.* VI, 4 [22], 14,

1. Voir G. Leroux, dans Plotin, *Traité sur la liberté et la volonté de l'Un* [Ennéade VI, 8 (39)], note p. 369.

8-11), qui « si on la <cette vie unique> divise à l'infini par la pensée, présente toujours la même puissance, d'une profondeur illimitée » (*Enn.* VI, 5 [23], 12, 1, 3-5). L'auteur revient ainsi à l'unité du principe. Dans les deux cas, il y a corrélation (*quanto magis ... tanto magis*), exprimée en chiasme : plus l'unité est grande, plus le bien est parfait; plus la puissance de vie est profonde, plus l'unité est grande, jusqu'à en être suprême. Donc, l'Un est le Bien suprême.

On observera toutefois qu'il s'agit dans cette sentence V d'un point de vue objectif sur la nature de Dieu en lui-même, exprimée à propos du principe par Aristote comme pensée absolue du bien absolu, alors que la définition a souvent été comprise du point de vue subjectif de l'esprit humain et de l'idée qu'il peut se faire de Dieu, à savoir le meilleur qu'il puisse concevoir. L'auteur latin a sans doute été embarrassé pour exprimer cet absolu, tout comme Aristote lui-même, mais la pensée de celui-ci reste claire alors que la formule *potest excogitari* est ambiguë.

| | |
|---|---|
| Aristote, *Metaph.* Λ 7, 1072b 18-19 | *Deus est quo nihil melius potest excogitari* |
| Aristote, *Metaph.* A 2, 982b5-7 | *Haec definitio data est a fine* |
| Plotin, *Enn.* VI, 5 [23], 1, 18-20 | *Unitas finis est : quod ergo sonat hoc, bonum* |
| Plotin, *Enn.* VI, 7 [38], 27, 13-14 | *perfectio bonum, et quanto magis unitas, tanto magis bonum* |
| Plotin, *Enn.* VI, 7 [38], 30, 29-30 et 36-40<br>cf. aussi *Enn.* V, 5 [32], 2, 18-19. | *Gaudium ergo veritatis omnis essentiae sua vita est* |
| Plotin, *Enn.* VI, 4 [22], 14, 8-11 | *Vita quidem omnis ab unitate, hoc ... unum* |
| Plotin, *Enn.* VI, 5 [23], 12, 1, 3-5 | *hoc unum ab inferiori indivisione* |

5. *Sentence et commentaire VI*

La section VI, *Deus est cuius comparatione substantia accidens est, et accidens nihil*, « Dieu est celui en comparaison de qui la substance est accident et l'accident n'est rien », vient écarter toute diversité substantielle dans la nature divine, puisque la distinction substance/accident ne lui est pas applicable.

a) In Parmenidem *de Turin (IV, 24, 28-29)*

La sentence VI semble provenir de l'*In Parmenidem* de Turin, où il est dit :

> μηδέν ἐστιν πάντα τὰ ἄλλα πρὸς αὐτόν (τὸν θεὸν) ... οὐδεμίαν ἔχων πρὸς αὐτὰ παραβολὴν,
> toutes les autres choses ne sont rien par rapport à lui (le dieu) ... (celui-ci) n'ayant aucune comparaison avec elles, <Porphyre>, *In Parm.* IV, 24, 28-29, éd. Hadot, *Porphyre et Victorinus*, II, p. 76 et Linguiti, CPF, p. 104-105.

Cette définition *sub relatione* renvoie à la quatorzième sorte de définition de Victorinus, celle κατὰ τὸ πρός τι[1]. Mais la sentence VI elle-même pourrait correspondre aussi à la huitième définition, celle κατ' ἀφαίρεσιν τοῦ ἐναντίου, par suppression du contraire, dont Victorinus dit :

> Sub hanc definitionem cadunt etiam notiones, cum accidentia tolluntur et alia omnia quae diversa sunt, et cum contraria accidentis vel consequentis accidentia tolluntur. Ut, si quis id esse substantiam dicat, quod neque qualitas neque quantitas neque alia accidentia sit, cum omnia alia quae diversa sunt tolluntur. ... Quo genere definitionis deus definiri potest, *De definitionibus*, éd. Stangl, p. 24, 11-18.
> Sous cette définition se rangent aussi des notions, lorsque les accidents sont enlevés et toutes les autres choses qui sont différentes, et lorsque les contraires de l'accident ou les accidents du conséquent sont enlevés : ainsi, si l'on disait substance ce qui n'est ni qualité, ni quantité, ni d'autres accidents, alors que toutes les autres choses qui sont différentes sont enlevées. ... Par ce genre de définition on peut définir Dieu.

De même que l'on pourrait définir la substance par élimination de tout ce qui lui est adventice, de même on peut définir Dieu en éliminant tout le reste, qui n'a aucun rapport avec lui. On a suggéré un rapprochement entre ces expressions de Victorinus *alia omnia* ou *omnia alia* et l'expression τὰ ἄλλα πάντα des *Catégories* d'Aristote, qui désigne tous les à-côtés d'une substance première[2] :

> Tous les autres <termes>, ou bien se disent des substances premières sujets, ou bien sont dans ces substances sujets mêmes, Aristote, *Catégories* 5, 2a34-35, traduction Pellegrin et Crubellier (modifiée).

On peut aussi, s'agissant de Dieu, les rapprocher des πάντα τὰ ἄλλα dans le texte cité plus haut de l'*In Parmenidem* (IV, 24). Il y a ici cette conjonction entre les *Catégories* d'Aristote, l'*In Parmenidem* de Turin et une définition de Dieu.

b) *Plotin*

Le commentaire VI, pour sa part, semble s'appuyer sur Plotin (*Enn.* VI, 1 [42], 27, 14-17) pour expliquer que l'accident a aussi sa substance, qui s'ajoute à celle du sujet. Rien de tel en Dieu, où substance et accident ne se distinguent pas dans l'idée des êtres (*Enn.* V, 9 [5], 10, 10-14), puisque lui-même, totalement éloigné de ce qui combine substance et accidents, est une nature qui ne s'écoule pas (*Enn.* VI, 4 [22], 5, 5-6).

| | |
|---|---|
| *In Parm.* IV, 24, 28-29 | *Deus est cuius comparatione nihil* |
| Plotin, *Enn.* VI, 1 [42], 27, 14-17 | *sub relatione. Subiectum quoque accidentis propria substantia est cum aliena. Quae aliena recedit ? Perit accidens, id est proprietas agens* |

1. Pour ce genre de définition, voir *infra*, p. 42.
2. Voir A. Pronay, *C. Marius Victorinus* ..., p. 261.

| | |
|---|---|
| Plotin, *Enn.* V, 9 [5], 10, 10-14 | *Relatione ergo ad primam causam omnis substantia accidens est* |
| Plotin, *Enn.* VI, 4 [22], 5, 5-6 | *est substantia quae non fluit* |

6. *Sentence et commentaire XII*

Il faut joindre ici la section XII, *Deus est cuius voluntas deificae et potentiae et sapientiae adaequatur*, « Dieu est celui dont la volonté est égale tant à la puissance qu'à la sagesse divine », qui explicite aussi l'essence divine dans son unité.

a) In Parmenidem *de Turin (IX, 3-4)*

Notre auteur semble reprendre ici le passage cité de l'*In Parmenidem* de Turin (IX, 3-5), exposant les *Oracles chaldaïques* :

> δύναμιν τε αὐτῷ διδόασι καὶ νοῦν ἐν τῇ ἁπλότητι αὐτοῦ συνηνῶσθαι, καὶ ἄλλον πάλιν νοῦν,
> ils (*i. e.* les *Oracles chaldaïques*) lui <au dieu> accordent que puissance et intellect à la fois sont co-unifiés en sa simplicité, et <lui accordent> encore un autre intellect, <Porphyre>, *In Parm.* IX, 3-5, éd. et traduction Hadot, *Porphyre et Victorinus*, II, p. 90-93 ; Linguiti, CPF, p. 118-119 et comm. p. 167-171.

Il exprime donc l'essence divine par ces deux caractères, puissance et intellect : *deificae et potentiae et sapientiae*, liées par le τε … καὶ grec rendu par *et … et*, avec en facteur commun l'adjectif rare *deificus* que l'on trouve chez Victorinus (*Adv. Ar.* II 11, 10 et *In Eph.* 4, 8). C'est la puissance intellective que nous avons vue dans la section III. Mais, pour rendre δύναμις l'auteur n'utilise plus *virtus*, mais *potentia*, comme Victorinus dans *Adv. Ar.* I 50, 27-32 que nous verrons plus loin[1], car dans l'intervalle la section X aura permis de clarifier la notion de puissance divine.

Cependant, le texte de l'*In Parmenidem* ajoute : καὶ ἄλλον πάλιν νοῦν, « et encore un autre intellect », lequel n'est donc pas inclus dans la simplicité de Dieu.

b) *Plotin (*Enn. *VI, 8 [39])*

L'auteur trouve alors chez Plotin le thème de l'identité de la volonté divine avec son essence exprimée en actes (*Enn.* VI, 8 [39], 13, 6-8). L'« autre intellect » serait donc l'Intellect divin qui extériorise la volonté en acte de Dieu. La sentence XII utilise le même verbe *adaequatur* que dans le commentaire IV (*genitura vero… adaequatur per modum continuationis*), pour exprimer l'égalité du Père et de son Intellect, signifié ici par la volonté.

Cette identification entre la volonté de Dieu et son Logos est clairement affirmée, de son côté, par Victorinus, qui considère la volonté comme une filiation : « Est igitur Dei voluntas λόγος, cum ipso qui semper est et ad ipsum. Ipsa voluntas filietas est » (*Adv. Ar.* I 31, 28-30). On rapprochera aussi la sentence XII de la parole de saint Paul définissant le Christ comme « puissance et sagesse

1. Voir *infra*, p. 58.

de Dieu » : *Nos autem praedicamus Christum... Christum Dei virtutem et Dei sapientiam* (1 Cor. 1, 23-24).

Afin de préciser cette nature divine de la volonté, l'auteur du *Liber* prend appui, pour la première fois dans l'ouvrage, sur l'expérience psychologique. Le commentaire XII, s'inspirant du même traité *Enn.* VI, 8 [39], 5, 22-24, souligne ainsi que, dans les créatures, la volonté, le savoir et le pouvoir y précèdent l'action (*prius actionis*), ce qui les différencie du créateur, étudié dans les sections précédentes X et XI. Il y a un écart de temps entre ce que l'on veut, ce que l'on sait, ce que l'on peut et ce que l'on fait. Mais, alors que savoir et pouvoir sont soumis à des contraintes (*coartavit*) et au déclin de la vie (*correptio*), la volonté peut rester libre (*non coacta*) telle une résonance sans fin (*clangatio perpetua*). Car la volonté est « souveraine et disposant d'elle-même » (*Enn.* VI, 8 [39], 6, 27-28), ce qui la rend *deiformior*, de forme plus divine. Le traité *Ennéade* VI, 8 [39] de Plotin semble ainsi avoir fourni le fil de cette section XII.

| | |
|---|---|
| Plotin, *Enn.* VI, 8 [39], 13, 6-8 | *Deus est cuius voluntas deificae (essentiae) adaequatur* |
| *In Parm.* IX, 3-5 et comm. III *supra* | *et potentiae et sapientiae* |
| Plotin, *Enn.* VI, 8 [39], 5, 22-24 | *Voluntas, scire sunt prius actionis in creaturis* |
| Plotin, *Enn.* VI, 8 [39], 6, 27-28 | *voluntas est deiformior...non coacta* |
| Porphyre, *De abstinentia* I, 43, 1 ? | *clangatio* |

## A. 2. Le centre de la sphère

### 1. *Sentence et commentaire II*

La section II, *Deus est sphaera infinita cuius centrum est ubique, circumferentia vero nusquam*, « Dieu est une sphère sans limite, dont le centre est partout et la circonférence nulle part », prend pour figure de la vie de la cause première le centre de la sphère. C'est la dixième sorte de définition de Victorinus qui semble concernée ici, celle par l'exemple :

> Decima species est ὡς τύπος ; hanc 'veluti' diximus, ut si quaeratur quid sit 'animal', respondeatur 'ut homo'. Sic Aristoteles dicit (*Categ.* 4, 1b27-28) : οὐσία ἐστίν, ὡς τύπῳ εἰπεῖν, οἷον ἄνθρωπος ; rem enim quaesitam subiunctum declarat exemplum, et hoc est proprium definitionis quid sit illud quod quaeritur declarare, Victorinus, *Liber de definitionibus*, éd. Stangl, p. 26, 7-11.
>
> La dixième sorte est ὡς τύπος ; nous l'avons dite 'par l'exemple', en sorte que si l'on demande ce qu'est 'l'animal', on réponde 'comme l'homme'. Aristote dit ainsi (*Categ.* 4, 1b27-28) : « la substance, c'est par exemple comme 'homme' » ; l'exemple joint éclaire en effet la chose cherchée, et c'est le propre de la définition d'éclairer ce qu'est la chose que l'on cherche.

L'exemple est annoncé ici par *per modum imaginandi ut*, « par manière de représenter comme ... ».

a) *Porphyre (*Vie de Pythagore *51) et Aristote (*Phys., *VIII 9, 265b3-4)*

Les pythagoriciens, selon la *Vie de Pythagore* de Porphyre, de même qu'ils ont pris le nombre un pour désigner la cause première, ont privilégié, nous l'avons vu[1], une figure parfaite correspondant au nombre trois :

> Ainsi encore, il existe dans la nature une chose qui comporte commencement, milieu et fin. Eh bien ! c'est à cette forme et à cette nature qu'ils ont appliqué le nombre trois. C'est pourquoi aussi ils appellent ternaire tout ce qui a un milieu. Et selon eux, tout ce qui est parfait a ce principe et est disposé conformément à lui, Porphyre, *Vie de Pythagore*, 51, éd. et traduction (un peu modifiée) Des Places, p. 60.

Or, cette chose qui comporte commencement, milieu et fin n'est rien d'autre que le centre de la sphère, selon la *Physique* d'Aristote VIII 9, 265b3-4 :

> καὶ γὰρ ἀρχὴ καὶ μέσον τοῦ μεγέθους καὶ τέλος ἐστίν,
> car <le centre> est le commencement et le milieu de la grandeur (*i.e.* la sphère), ainsi que sa fin, Aristote, *Physique*, VIII 9, 265b3-4, traduction Pellegrin.

La sphère est la forme géométrique parfaite. Et, dans cette forme, le centre est le plus parfait : on peut lui appliquer le nombre trois, puisqu'il est à lui seul le milieu et les deux extrêmes de la figure. Ce qui se comprend ainsi, d'après Jean Philopon (v. 490-v. 566) : le centre est commencement au sens de principe parce qu'on peut engendrer la sphère à partir du centre, et il est fin parce que c'est sur le centre que finit la sphère en rétrécissant[2].

Cette définition d'Aristote va se révéler fondamentale dans le *Liber XXIV philosophorum*. Dès le commentaire II, le centre de la sphère est mis en relation avec la cause première dans sa vie. Mais d'où vient la vie divine située au centre ? Sans doute de cet autre texte, tout aussi fondamental pour le *Liber* : le commentaire anonyme *In Parmenidem* du manuscrit de Turin.

b) In Parmenidem *de Turin (XIV, 15-16)*

Dans le commentaire *In Parmenidem* de Turin, que nous avons déjà rencontré, la nature de l'Un est déterminée selon deux angles, d'une part comme l'Un simple, incompréhensible et inexprimable s'il est pris en lui-même (XIV, 10-12 et 14-15), et d'autre part comme ni Un ni simple s'il est considéré κατὰ τὴν ὕπαρξιν καὶ ζωὴν καὶ τὴν νόησιν, « selon l'existence, la vie et la pensée » (XIV, 15-16)[3]. Étant donné l'importance que ce texte aura dans notre recherche, il semble bon de le donner ici *in extenso* :

1. Voir *supra*, p. 16.
2. Voir Aristote, *Physique*, traduction P. Pellegrin, Paris, 2000, p. 440, n. 2.
3. Éd. Hadot, *Porphyre et Victorinus*, II, p. 110 ; Linguiti, CPF, p. 132-133, comm. p. 188-191.

ἓν ὂν καὶ ἁπλοῦν ʽτὸ αὐτὸ τοῦτοʼ <ὅμως> ἐνεργείᾳ ἑαυτοῦ διαφέρει καὶ ὑπάρξει, καὶ κατὰ ἄλλο ἄρα ἕν ἐστιν ἁπλοῦν, κατʼ ἄλλο δὲ αὐτὸ ἑαυτοῦ διαφέρει· τὸ γὰρ τοῦ ἑνὸς διαφέρον οὐχ ἓν καὶ τὸ τοῦ ἁπλοῦ (10) ἕτερον οὐχ ἁπλοῦν. Ἓν μὲν οὖν ἐστιν καὶ ἁπλοῦν κατὰ τὴν πρώτην καὶ ʽαὐτὸ τοῦτοʼ αὐτοῦ τούτου ἰδέαν, δύναμις ἢ ὅτι καὶ χρὴ ὀνομάζειν ἐνδείξεως <χ>άριν, ἄρρητον οὖσαν καὶ ἀνεννόητον, (15) οὐχ ἓν δὲ οὐδὲ ἁπλοῦν κατὰ τὴν ὕπαρξιν καὶ ζωὴν <καὶ> τὴν νόησιν.

Étant Un et simple, ce « Lui-même » diffère <pourtant> de lui-même par l'acte et par l'existence, c'est-à-dire que, dans un cas, il est en vérité Un simple, mais, dans l'autre, Lui-même diffère de lui-même : car ce qui diffère de l'un n'est pas un et ce qui est (10) autre que le simple n'est pas simple. Il est donc Un et simple selon l'idée première de Lui-même pris en lui-même, puissance ou quel que soit le nom dont il faille aussi la nommer pour la désigner, elle qui est indicible et inconcevable. (15) Mais il n'est ni Un ni simple selon l'existence, la vie et la pensée.

(16) Καὶ τὸ νοοῦν καὶ τὸ νοούμενον ὑπάρξει. Τὸ δὲ νοοῦν, ἣν ὁ νοῦ[ς μετε]ξ[έλθῃ] ἀπὸ τῆς ὑπάρξεως εἰς τὸ νοοῦν, ἵνα ἐπανέλθῃ εἰς τὸ νοητὸν καὶ ἑαυτὸν ἴδῃ, ἐστὶν ζωή· (21) διὸ ἀόριστος <ὁ> κατὰ τὴν ζωήν. Καὶ πασῶν οὐσῶν ἐνεργειῶν καὶ ὡς κατὰ μὲν τὴν ὕπαρξιν ἑστῶσα ἂν εἴη ἡ ἐνέργεια, κατὰ δὲ τὴν νόησιν εἰς αὐτὴν στραφεῖσα ἐνέργεια, κατὰ δὲ τὴν ζωὴν ἐκ τῆς ὑπάρξεως ἐκνεύσασα ἐνέργεια, <Porphyre>, *In Parm.* XIV, 5-26, éd. et traduction Hadot (modifiée), *Porphyre et Victorinus*, II, p. 110-113.

(16) Selon l'existence, le pensant est à la fois le pensé. Mais, si l'Intellect est sorti de l'existence pour aller vers le pensant, afin de revenir vers l'intelligible et de se voir lui-même, le pensant est la vie : (21) c'est pourquoi, selon la vie, l'Intellect est indéterminé. Et toutes <trois> étant des actes, ce serait aussi dans l'idée que selon l'existence l'acte serait immobile, selon la pensée il serait l'acte tourné vers lui-même, et selon la vie l'acte sorti de l'existence.

Donc, si l'on rapproche le centre de la sphère décrit dans la *Vie de Pythagore* comme étant commencement, milieu et fin de la figure – ce qui est précisé comme une triade correspondant à la disposition du principe – de l'existence, la vie et la pensée dans l'*In Parmenidem* – qui explicitent la disposition de l'Un – on peut situer la vie divine « quasi citra centrum », au cœur du centre de la sphère en quelque sorte (comm. XIV). Elle est de fait désignée dans le *Liber* tantôt comme *medium*, tantôt comme *centrum*.

c) *Philon d'Alexandrie et Aristote*

Comme pour la monade, le premier recours du commentaire va à Philon, d'autant que celui-ci connaît aussi le dit pythagoricien sur le chiffre parfait trois (*Quis rerum* 126). Pour Philon, le ciel, de grandeur infinie, a Dieu pour limite et l'incommensurabilité de l'être est analogue à celle du ciel sphérique (*Quis rerum* 227-229)[1] :

1. Voir M. Harl, *Philon. Quis rerum divinarum heres sit*, p. 93-99.

Ὥσπερ οὖν ἀπερίληπτον τὸ ὄν, οὕτως καὶ τὸ ὁριζόμενον ὑπ' αὐτοῦ μέτροις τοῖς εἰς τὴν ἡμετέραν ἐπίνοιαν ἥκουσιν οὐ μεμέτρηται, καὶ τάχα ἐπεὶ κυκλοτερὴς ὢν καὶ ἄκρως εἰς σφαῖραν ἀποτετορνευμένος μήκους καὶ πλάτους οὐ μετέχει, Philon, *Quis rerum divinarum heres sit* 229, éd. et traduction (un peu modifiée) M. Harl, p. 278-279.

De même donc que l'être est impossible à circonscrire, de même ce qui est délimité par lui <le ciel> n'est pas mesuré par les mesures parvenues dans notre sens commun ; peut-être aussi parce qu'il est circulaire et que, étant parfaitement tourné de façon à former une sphère, il n'a ni longueur ni largeur.

C'est cette analogie qui semble à l'origine de la section II. Le *circulus suae ostensionis*, qui correspond à « ce qui est délimité par le ciel », serait donc la manifestation de la vie divine, puisqu'il est l'expansion du centre. Ce cercle ne pourra trouver sa marque (*terminans*) qu'au-delà du monde (*supra ubi et extra*), c'est-à-dire dans la région du divin selon Aristote (*De caelo* I 9, 279a20). C'est pourquoi le centre est partout, puisque la circonférence n'est nulle part.

Le centre figurant la vie de la cause première et la sphère infinie l'incommensurabilité de l'être, l'opposition partout/nulle part exprimerait le lien causal entre Dieu et ses effets, comme par exemple chez Porphyre, *Sententiae* 31, 11-13 : « Toutes choses viennent à l'être à cause de lui et sont en lui parce que celui-là est partout, tout en étant autres que lui parce que, lui, il n'est nulle part »[1].

Le *Liber* enchaîne ensuite sur quelqu'un qui dira (*dicet*) que la circonférence de cette sphère céleste (*circumferentia suae sphericitatis*) est élevée à l'infini.

### d) *Le* Livre de la Sagesse[2] *et le* Siracide

Le commentaire, mentionnant ensuite le créateur (*creans*), nous permet de comprendre, à l'aide de Sg. 9, 9 : « Près de toi se tient la Sagesse ... qui était présente lorsque tu créais le monde », que cette sphère sans limite pourrait être l'image, la figuration symbolique, de la Sagesse créatrice de Dieu[3]. Elle s'exprime dans le *Siracide* (ou *Ecclésiastique*), l'un des livres sapientiaux de la Bible, œuvre de Ben Sira à Jérusalem, vers 200-180, en disant *Gyrum caeli circuivi sola*, « Seule j'ai fait le tour du cercle du ciel » (Si. 24, 5) et *Ego in altissimis habitavi*, « Moi, j'ai habité dans les régions les plus élevées » (Si. 24, 4). L'auteur du *Liber* transcrit ces paroles en termes rationnels :

> Cum quaerit circumferentiam suae sphaericitatis, elevatam in infinitum dicet,
> Lorsqu'elle <la cause première> cherche la circonférence de sa sphéricité, elle la dira élevée à l'infini,

1. Éd. et traduction Porphyre, *Sentences* 31, 11-13 et I, p. 41-43 (M.-O. Goulet-Cazé).

2. Dernier livre de l'Ancien Testament, composé en grec par un juif d'Alexandrie, après l'an 50 ou même 30 avant notre ère. Dans la Bible, il est traité de la Sagesse principalement dans les *Proverbes* 8, 1-9, 6, le *Siracide* 24 et le *Livre de la Sagesse*.

3. On trouve la sphère sans limite comme image de la Sagesse et de l'essence de Dieu dans une figure illustrant le *Vexillum christianae fidei* de Georgius Benignus de Salviatis (xve siècle), ms. Vienne, Bibl. nationale d'Autriche, cod. Palatinus 4797 (theol. 28), f. 6v°, ainsi que dans l'organisation de la fresque de Raphaël dite *La dispute du Saint-Sacrement*, voir H. W. Pfeiffer, *La Chapelle Sixtine révélée. L'iconographie complète*, Paris, 2007, p. 12-13.

c'est-à-dire que cette sphère est *infinita* au sens de l'illimité, de l'ἄπειρον. C'est un sens quantitatif: la circonférence de la sphère de la Sagesse créatrice, repoussée à l'infini, englobera un nombre infini d'êtres.

e) *Porphyre (*Sententiae *34)*

Le texte reprend alors *quicquid est, sine dimensione*, en rappel de l'être incommensurable de Philon, *nullam habens dimensionem*. Il y a peut-être lieu de le rapprocher ici de Porphyre, *Sententiae* 34, qui examine la relation au monde de « l'être qui est réellement » (τὸ ὄντως ὂν) :

> <Τὸ ὄντως ὂν> σύνεστι τῷ μεγέθει τοῦ κοσμοῦ κατὰ τὴν αὐτοῦ ἰδιότητα, ἀμερῶς τε καὶ ἀμεγέθως,
> L'être qui est réellement est associé à la grandeur du monde selon sa nature propre, sans partie ni grandeur, Porphyre, *Sentences* 34, 16-17.

Sachant que « τὸ ὄντως ὂν correspond au contenu de l'Intellect, c'est-à-dire à l'Intelligible qui est l'Être véritable »[1], on pourrait voir dans la phrase *quicquid est, sine dimensione sicut creans, fuit et in initium*, « l'être, sans dimension comme le créateur, était là aussi dès le commencement », l'être confondu avec la Sagesse « qui était présente lorsque Dieu créait le monde » (*cf.* Sg. 9, 9). *Quicquid est, sine dimensione* correspondrait à τὸ ὂν, ἀμεγέθως, « l'être, sans grandeur » de la citation précédente. Et *fuit et*, « était là aussi » rendrait le σύνεστι de Porphyre.

f) In Parmenidem *de Turin (XIV, 16-21), Porphyre,* Sententiae *40 et* Histoire de la philosophie *IV, fr. 18*

Ayant suivi le chemin qui nous a menés de l'être incommensurable à la Sagesse créatrice de Dieu, nous voyons, en reprenant le commentaire *In Parmenidem* de Turin, que l'Intellect y est dit ἀόριστος κατὰ τὴν ζωήν, « indéterminé selon la vie » (XIV, 16-21) :

| | |
|---|---|
| Καὶ τὸ νοοῦν καὶ τὸ νοούμενον ὑπάρξει. Τὸ δὲ νοοῦν, ἣν ὁ νοῦ[ς μετε]ξ[έλθῃ][2] ἀπὸ τῆς ὑπάρξεως εἰς τὸ νοοῦν, ἵνα ἐπανέλθῃ εἰς τὸ νοητὸν καὶ ἑαυτὸν ἴδῃ, ἐστὶν ζωή· διὸ ἀόριστος <ὁ> κατὰ τὴν ζωήν, <Porphyre>, *In Parm.* XIV, 16-21, éd. et traduction Hadot, *Porphyre et Victorinus*, II, p. 110-111. | Selon l'existence, le pensant est à la fois le pensé. Mais, si l'Intellect est sorti de l'existence pour aller vers le pensant, afin de revenir vers l'intelligible et de se voir lui-même, le pensant est la vie : c'est pourquoi, selon la vie, l'Intellect est indéterminé (traduction Hadot modifiée). |

Si l'Intellect divin, le pensé, quitte l'existence où il est uni au pensant, à l'Un, pour prendre son autonomie[3], le pensant, demeuré seul, est vie, et l'Intellect, qui est

1. Voir Porphyre, *Sententiae* 35, 9, dans Porphyre, *Sentences*, II, p. 677 (L. Brisson).
2. Ne peut-on lire ὁ νοῦ[ς προε]ξ[έλθῃ], qui marquerait davantage le mouvement de sortie ?
3. Transposée à la psychologie humaine, cette démarche pourrait peut-être correspondre à la nécessité pour chacun de quitter ses parents, de se reconnaître lui-même en ce qu'il veut et ce qu'il peut, de conquérir sa personnalité, avant de retourner vers eux sur un pied d'égalité.

allé voir l'intelligible dans le pensant, c'est-à-dire lui-même dans son état d'union au pensant, est alors indéterminé selon la vie. Il est totalement et absolument ouvert à tout contenu de pensée.

Or, si l'on rapproche ce passage de l'*In Parmenidem* de la démarche humaine analogue que décrit Porphyre en *Sententiae* 40, 51-56, on voit que l'Intellect divin pourrait ainsi trouver l'être :

Τοῖς μὲν γὰρ δυναμένοις χωρεῖν εἰς τὴν αὑτῶν οὐσίαν νοερῶς καὶ τὴν αὑτῶν γινώσκειν οὐσίαν ἐν αὐτῇ τῇ γνώσει, καὶ τῇ εἰδήσει τῆς γνώσεως αὑτοὺς ἀπολαμβάνειν καθ' ἑνότητα τὴν τοῦ γινώσκοντος καὶ γινωσκομένου, τούτοις παροῦσιν αὑτοῖς πάρεστι καὶ τὸ ὄν, Porphyre, *Sententiae* 40, éd. Lamberz, p. 50, 16-21 ; *Sentences* 40, 51-56.

En effet, à ceux qui sont capables de s'avancer intellectivement dans leur propre essence et de reconnaître leur propre essence dans cette connaissance même et de se reprendre eux-mêmes par le savoir de cette connaissance, en vertu de l'unité du connaissant et du connu, à ceux-là qui sont présents à eux-mêmes, l'être aussi est présent.

Dans le processus indiqué dans l'*In Parmenidem*, il y a bien reprise de l'Intellect par lui-même et reconnaissance de l'intelligible dans l'Un, c'est-à-dire reconnaissance de lui-même, « en vertu de l'unité du connaissant et du connu ». L'Intellect divin se trouve ainsi être. C'est pourquoi *l'Histoire de la philosophie* de Porphyre, IV, fr. 18, peut dire :

> ἀπὸ δὲ τούτου, τρόπον τινὰ ἀνθρώποις ἀνεπινόητον, νοῦν γενέσθαι τε ὅλον καὶ καθ' ἑαυτὸν ὑφεστῶτα, ἐν ᾧ δὴ τὰ ὄντως ὄντα καὶ ἡ πᾶσα οὐσία τῶν ὄντων,
> À partir de lui (le Bien), d'une manière inconcevable aux hommes, naît l'Intellect total qui subsiste en lui-même, dans lequel en vérité se trouvent tous les êtres réellement être et toute la substance des étants, Porphyre, *Histoire de la philosophie* IV, fr. 18, éd. Nauck, p. 14, 21-24, Smith 223F; traduction Segonds (un peu modifiée), p. 193.

L'Intellect, ayant acquis son autonomie et devenu ἀόριστος, indéterminé dans son contenu, par la démarche décrite dans *In Parmenidem* XIV, 16-21, « subsistant en lui-même », pourrait alors s'identifier de manière figurative et symbolique à la sphère sans limite de l'être véritable, sans partie ni mesure, issue du centre qui est vie de la cause première. La sphère divine serait donc *infinita* au double sens du caractère infini en nombre (ἄπειρον) de l'être et indéterminé (ἀόριστος) quant à son contenu de l'Intellect.

*L'Histoire de la philosophie* n'est plus connue aujourd'hui que par des citations ou des allusions chez les apologétistes chrétiens des IVᵉ et Vᵉ siècles, notamment dans le *Contra Iulianum* de Cyrille d'Alexandrie († 444)[1]. *La Vie de Pythagore* de Porphyre faisait partie du premier livre.

1. Voir Porphyre, *Les fragments de l'Histoire de la philosophie*, traduction A.-Ph. Segonds, dans Porphyre, *Vie de Pythagore. Lettre à Marcella*, CUF, Paris, 1982, p. 163.

Pierre Hadot a retrouvé trace chez Victorinus (*Adv. Ar.* I 57, 9-13)[1] de l'*In Parmenidem* XIV, 16-21, moyennant une légère correction du texte latin :

> Spiritu enim moto a semet ipso, hoc est vitae perfectae in motione existentis, volente [*éd.* volentis] videre semet ipsum [*éd.* ipsam], hoc est potentiam suam, patrem scilicet, facta est ipsa manifestatio sui, quae generatio est et dicitur, et iuxta hoc foris exsistens,
> En effet l'Esprit s'étant mû de lui-même, c'est-à-dire l'Esprit de la vie parfaite dans son mouvement d'existence, voulant se voir lui-même, c'est-à-dire voir sa puissance, le Père, il s'est alors réalisé la manifestation de lui-même, qui est comme l'on dit génération, et qui en conséquence existe au-dehors, Victorinus, *Adv. Ar.* I 57, 9-13, traduction Hadot (modifiée).

Où l'on voit que Victorinus assimile la sortie volontaire de l'Intellect de l'*In Parmenidem* à l'autogénération de l'Esprit – qu'il tend à confondre avec le Verbe – à l'extérieur du Père, tout comme *l'Histoire de la philosophie* citée plus haut pose la génération volontaire de l'Intellect, contenant toute la substance des étants. Et Victorinus en arrive ainsi à la figure de la sphère (*Adv. Ar.* I 60, 12-15) :

> Si igitur prima motio vita, inquam, et intelligentia – ista enim illud perfectum Unum et Solum – non solum circularis motio ista, sed sphaerica, et magis sphaera, et vere omnimodis perfecta sphaera,
> Si donc le premier mouvement est vie, dis-je, et intelligence – car ce sont là l'Un et Seul parfait – ce mouvement n'est pas seulement circulaire, il est sphérique, bien plus, il est la sphère, la sphère vraiment parfaite sous tous rapports, Victorinus, *Adv. Ar.* I 60, 12-15, éd. et traduction Hadot un peu modifiée, I, p. 374-375.

Ce sont ces mêmes caractères de Dieu, vie et esprit, que l'auteur du *Liber XXIV philosophorum* voit dans le centre et la circonférence sans tracé de la sphère de la sentence II : de même que la circonférence sans limite d'une sphère est l'expansion indéfinie de son centre, de même l'unique vie originelle de la cause première s'épanouit en pensée toujours ouverte et être sans fin. C'est une image très forte, audacieuse, que l'auteur associe aussitôt au christianisme en recourant au langage concret de la Sagesse biblique.

| | |
|---|---|
| Porphyre, *Vie de Pythagore* 51 | commencement, milieu et fin : figure du nombre trois, propre à ce qui est parfait |
| Aristote, *Physique*, VIII 9, 265b3-4 | le centre de la sphère est commencement, milieu et fin de la figure |
| Philon, *Quis rerum* 227-228<br>*In Parm.* XIV, 21 | *Deus est sphaera infinita* |
| *In Parm.*, XIV, 15-16 | existence, vie, pensée en l'Un : *ut centrum ipsam primam causam in vita sua* |
| Philon, *Quis rerum* 229 | *circulus suae ostensionis est nullam habens in communia dimensionem* |

1. Hadot, *Porphyre et Victorinus*, I, p. 142.

| | |
|---|---|
| Aristote, *De caelo* I 9, 279a20 | *supra ubi et extra* |
| Philon, *Quis rerum* 229 | *suae sphericitatis* |
| Si. 24, 5 et 24, 4 | *Cum quaerit circumferentiam, elevatam in infinitum dicet* |
| Porphyre, *Sententiae* 34<br>Sg. 9, 9 | *quicquid est, sine dimensione, fuit et in initium* |

Comme nous l'avons fait pour la notion d'un, il nous faut maintenant considérer les sections qui explicitent la notion de centre.

2. *Sentence et commentaire VII*

Dans la section VII, *Deus est primum sine primatu, processus sine variatione, finis sine fine*, « Dieu est le premier sans primauté, la procession sans modification et la fin sans fin », on retrouve les trois éléments réunis dans le concept de centre de la sphère : commencement (*primum*), milieu (*processus*) et fin (*finis*). C'est pourquoi il est dit que cette définition est *secundum speciem <centri>*, selon le concept de centre de la sphère. L'expression *primum sine primatu* est reprise de Plotin (*Enn.* VI, 8 [39], 20, 31-32), où elle fait allusion à la souveraineté et à la puissance de l'Un, et se trouve transposée ici au rapport père-fils.

Le commentaire VII disant

> Genitor vero *primum* capit ratione geniturae, sed non primo ut non prius. Genitus vero procedit generatione in *finem*, sed non recipit variationem natura *medii*.
> Le géniteur prend le premier rang en raison de sa progéniture, mais non pas à partir d'un commencement temporel, comme il n'y a pas d'avant. L'engendré, de son côté, s'avance en s'engendrant pour aller vers la fin, mais sans recevoir de modification de la part du moyen terme.

combine en effet deux extraits de Porphyre :

a) un extrait de son commentaire *Sur les Catégories* (Busse, p. 118, 8-9, *cf.* p. 162, note 3) à propos de la paternité en général, qui explique que les termes 'père' et 'fils' sont relatifs, donc concomitants. Le père n'a aucune antériorité, en tant que père, sur le fils, puisqu'il ne devient père qu'avec la naissance effective du fils. Mais, ici, une fois le fils né (*ratione geniturae*), le père passe devant (*primum capit*), sans prééminence (*sine primatu*), car il n'a aucune préséance due à l'âge, puisqu'il s'agit d'une génération hors du temps.

Cette source montre que cette définition pourrait relever de la quatorzième sorte de définition dans le *Liber de definitionibus* de Victorinus, celle κατὰ τὸ πρός τι :

> Quarta decima species est definitionis κατὰ τὸ πρός τι, id est ad aliquid, ut 'pater est cui est filius', Victorinus, *Liber de definitionibus*, éd. Stangl, p. 28, 9-10,
> La quatorzième sorte de définition est κατὰ τὸ πρός τι, c'est-à-dire par rapport à quelque chose, par exemple 'est père celui qui a un fils'.

b) un fragment de *l'Histoire de la philosophie*, IV, fr. 18 :

> οὐ γὰρ ἐκείνου κινουμένου πρὸς γένεσιν τὴν τούτου ἡ πρόοδος γέγονεν, ἀλλὰ τούτου προελθόντος [éd. παρελθόντος] αὐτογόνως ἐκ θεοῦ, προελθόντος [éd. παρελθόντος] δὲ οὐκ ἀπ' ἀρχῆς τινὸς χρονικῆς· οὔπω γὰρ χρόνος ἦν.
> En effet, ce n'est pas parce que celui-là s'est mû à la génération de celui-ci que la procession s'est produite, mais parce que celui-ci a procédé en s'engendrant de lui-même à partir du dieu, et il a procédé non pas à partir d'un commencement temporel, car le temps n'existait pas encore, Porphyre, *Histoire de la philosophie* IV, fr. 18, éd. Nauck, p. 15, 3-6, Smith 223F, traduction et corrections Segonds, p. 194.

Le texte vient d'exposer l'autogénération de l'Intellect à partir du dieu-cause, le Bien :

> προῆλθε δὲ προαιώνιος, ἀπ' αἰτίου τοῦ θεοῦ ὡρμημένος, αὐτογέννητος ὢν καὶ αὐτοπάτωρ,
> Et, prééternel, il a procédé en s'étant élancé à partir du dieu-cause, car il est de lui-même fils et père, Porphyre, *Histoire de la philosophie* IV, fr. 18, éd. Nauck, p. 15, 1-3, Smith 223F, traduction Segonds (modifiée), p. 193-194.

où l'expression ἀπ' αἰτίου τοῦ θεοῦ ne peut, semble-t-il, signifier que le dieu soit la cause de l'Intellect. En raison de l'absence d'article devant le mot cause, elle désigne plutôt le dieu-cause que Porphyre identifiait au Bien, au Père[1]. Car, précisément, Porphyre souligne ici que l'Intellect s'est élancé d'un mouvement spontané, « étant de lui-même <à la fois> fils et père » et insiste sur cette autonomie de l'Intellect dans sa procession : « Celui-ci a procédé en s'engendrant de lui-même (προελθόντος αὐτογόνως) à partir du dieu ». L'auteur latin l'exprime ici par *genitus vero procedit generatione in finem*, où l'ajout de *in finem* est un rappel de l'image du centre en trois éléments : début, milieu et fin. Le fragment de Porphyre se termine en insistant sur le fait que l'Intellect, venu à l'être hors du temps, « demeure dans l'identité de sa réalité éternelle », ἐν ταυτότητι μένων τῆς ἑαυτοῦ αἰωνίας ὑποστάσεως[2], rendu ici par *non recipit variationem natura medii*, afin d'introduire la vie divine comme *medium*, second élément figuré du centre.

Le *medium*, indiqué dans la sentence VII comme *processus sine variatione*, est précisé dans le commentaire par rapport à la fin (*finis*) :

> idem est finis vero nomine generantis et geniti, quia non est vita divina nisi unum medium tantum.
> la fin est la même pour l'engendrant comme pour l'engendré, puisque la vie divine n'est seulement que l'unique moyen terme.

On remarque combien la qualité de moyen terme de la vie divine est soulignée par *non ... nisi, unum, tantum*, comme si l'auteur craignait qu'elle ne soit hypostasiée

1. P. Hadot, *Porphyre et Victorinus* I, p. 258 et 264.
2. Éd. Nauck, p. 15, 13-14 ; traduction (modifiée) Segonds, p. 194.

en divinité intermédiaire[1]. Puisque le centre de la sphère est figure de la cause première dans sa vie, il correspond au Dieu-Père, principe et commencement d'après le mot ἀρχή d'Aristote (*Phys.* VIII 9, 265b3-4). Il est milieu (μέσον) en tant que vie divine, identique dans le Père et dans le Fils. Et il est fin (τέλος) au sens de terme, pour le Père comme pour le Fils, en tant que point de retour du second vers le premier; ce n'est pas une fin au sens de l'arrêt d'un mouvement, ce qui justifie l'expression de la sentence *finis sine fine*.

| | |
|---|---|
| Plotin, *Enn.* VI, 8 [39], 20, 31-32 | *Deus est primum sine primatu* |
| Aristote, *Phys.*, VIII 9, 265b3-4 | *secundum speciem <centri>* |
| Porphyre, *In Categ. Arist.*, éd. Busse, p. 118, 8-9; Bodéüs, p. 380-381 | *Genitor primum capit ratione geniturae* |
| Porphyre, *Histoire de la philosophie* IV, fr. 18, Nauck, p. 15, 3-6 | *sed non primo ut non prius. Genitus vero procedit generatione* |
| Porphyre, *Histoire de la philosophie* IV, fr. 18, Nauck, p. 15, 13-14 | *non recipit variationem natura medii* |

Ici, il peut être intéressant de citer le texte bien connu de saint Augustin, *Cité de Dieu* X, 23[2]:

> Quae autem dicat <Porphyrius> esse principia tamquam platonicus novimus. Dicit enim deum patrem et deum filium, quem graece appellat paternum intellectum vel paternam mentem. De Spiritu autem Sancto aut nihil aut non aperte aliquid dicit, quamvis quem alium dicat horum. Non intellego: si enim tertiam, sicut Plotinus ubi « De tribus principalibus substantiis » disputat, animae naturam etiam iste vellet intellegi, non utique diceret *horum medium, id est patris et filii medium.* Postponit quippe Plotinus animae naturam paterno intellectui; iste autem cum dicit medium, non postponit, sed interponit. Et nimirum hoc dixit ut potuit, sive ut voluit, quod nos Sanctum Spiritum, nec Patris tantum nec Filii tantum, sed utriusque spiritum dicimus,
> Mais quels sont les principes que dit <Porphyre> en tant que platonicien, nous le savons. Il dit en effet un dieu-père et un dieu-fils, qu'il appelle en grec intellect paternel ou esprit paternel. Mais du Saint-Esprit il ne dit rien ou rien de clair, bien qu'il parle d'un autre que ceux-là. Je ne comprends pas: si en effet, il voulait que l'on comprenne aussi la nature de l'âme, comme Plotin quand il traite « Des trois principales substances <Enn. V, 1> », de toute façon il ne dirait pas « *le milieu* » *de ceux-là, c'est-à-dire le milieu du Père et du Fils.* Plotin, de fait, met la nature de l'âme après l'intellect paternel; mais lui, lorsqu'il dit « le milieu », il ne le met pas après, mais entre. Et sans doute il a dit, comme il a pu ou comme il a voulu, ce que nous, nous disons Esprit Saint, esprit ni seulement du Père, ni seulement du Fils, mais de l'un et de l'autre, éd. et traduction (un peu modifiée) Bardy et Combès, Bibliothèque Augustinienne 34, p. 505-506, italique ajouté.

1. Voir *infra*, p. 64 et 66.

2. Voir H. Lewy, *Chaldean Oracles*, p. 455-456; P. Hadot, *Porphyre et Victorinus*, I, p. 265-267; J. M. Dillon, « Logos and Trinity », dans *The Great Tradition*, VIII, 10-11, n. 12; etc.

Augustin indique clairement que Porphyre « tanquam platonicus » ne parle que de deux principes : un dieu-père et un dieu-fils. Pour le troisième, qu'Augustin recherche dans l'espoir de trouver une triade annonciatrice de la Trinité chrétienne, il ne voit que le mot *medium*. Dans ce que lit Augustin, il ne s'agit pas d'une troisième entité qui formerait triade avec l'engendrant et l'engendré ; c'est un moyen terme, un *medium* entre le Père et le Fils, qu'Augustin comprend bien comme étant *utriusque*, commun aux deux.

Or, dans sa section VII, le *Liber XXIV philosophorum* affirme précisément ce qui fait difficulté pour Augustin, à savoir que le *medium* n'est qu'un moyen terme entre le *genitor* et le *genitus*, identique en chacun d'eux, étant l'unique vie divine qui n'apporte aucune modification. La source du commentaire VII, nous l'avons vu, semble être un passage de *l'Histoire de la philosophie* de Porphyre. L'expression « Intellect (ou esprit) paternel » qu'Augustin attribue à Porphyre relève d'un autre contexte porphyrien, exposé plus loin dans son ouvrage (*Cité de Dieu*, X, 28). Ce qui frappe dans le *Liber*, c'est l'occurrence précise du mot *medium* placé entre le Père et le Fils. Il se pourrait donc que la source d'Augustin, en ce passage de la *Cité de Dieu*, soit identique à notre texte, à moins d'une source commune inconnue. Nous verrons plus loin le sens possible de la curieuse précision d'Augustin sur Porphyre « tamquam platonicus ». *A priori* en effet, Porphyre est par état philosophe platonicien.

Victorinus, pour sa part, explicite davantage les choses. Il parle précisément de l'« esse vitae secundum identitatem », l'être de la vie selon l'identité, dans un passage (*Adv. Ar.* I 52, 20-22) qui paraît tiré du même texte de *l'Histoire de la philosophie* de Porphyre :

> quiescente quod est esse patricum (οὐ γὰρ ἐκείνου κινουμένου), <hoc quod est vitam esse, l. 18>, eo quod est esse vitae secundum identitatem, motum est ex sua potentia (αὐτογόνως), a patrica potentia dependens (ἐκ θεοῦ),
> Tandis que ce qui est l'être paternel demeure en repos, ce qui est 'être la vie', du fait qu'il est l'être de la vie selon l'identité, s'est mû par sa propre puissance, dans la dépendance de la puissance paternelle, Victorinus, *Adv. Ar.* I 52, 20-22, traduction Hadot (modifiée), grec ajouté.

Victorinus explique ainsi que la vie divine, qui est 'être la vie' en acte, est le moteur de la procession de l'Intellect, qui lui-même est l'être de la vie selon l'identité, lui qui « demeure dans l'identité de sa réalité éternelle ». De ce point de vue, les trois moments figurés par le centre seraient l'*esse patricum*, le *vitam esse* et l'*esse vitae*. Victorinus souligne encore que cette vie divine *est* le Fils comme elle *est* le Père, sans provenir d'ailleurs, pas même du Père au Fils. Pour ce dernier également, elle est *ex se vita, vis vivendi* :

> Ut pater, ita filius vita est et ex se vita. Ipsa est enim vita quae sibi et aliis est vis vivendi, non aliunde,
> Comme le Père, le Fils aussi est la vie et la vie par elle-même. Car cette vie-même est, pour soi et les autres, force de vivre, sans venir d'ailleurs, Victorinus, *Adv. Ar.* III 3, 8-10, traduction Hadot (un peu modifiée).

C'est donc bien un moyen terme commun, un *medium* entre le Père et le Fils.

3. *Sentence et commentaire XV*

Dans la section XV, *Deus est vita cuius via in formam est unitas, in unitatem bonitas*, « Dieu est la vie dont la voie vers la forme est l'unité, et vers l'unité la bonté », nous retrouvons la vie divine comme *medium*. La sentence XV elle-même apparaît tirée de Porphyre, *Sententiae* 37[1], qui traite des différences entre les âmes et les corps. Notre auteur en a déjà tiré, pour l'appliquer à Dieu, l'expression *totus in quolibet sui* de la sentence III. Porphyre y indique la nature de la vie incorporelle propre, qui rejoint ici le *medium* : « La vie incorporelle propre, chez laquelle ... rien n'est sous-jacent qui soit différent de la forme, et de laquelle vient l'unité, même pour les corps ».

D'après Aristote (*De caelo* I 3, 270b30), il y a deux sortes de mouvement par rapport au milieu : un mouvement qui part du milieu et un mouvement qui va vers le milieu. Ici, le mouvement à partir du milieu (*motus a medio*) donne d'être, avec l'unité de la forme, et le mouvement vers le milieu (*motus ad medium*) donne de vivre. En Dieu, le premier va à l'engendré (*via generantis ad genitum*) avec l'être ; le second, qui va en sens inverse (*in via conversa*) de l'engendré à l'engendrant, est la bonté, c'est-à-dire l'amour du Fils pour le Père. L'engendré et la bonté sont donc sur le même plan, tous deux expressions de l'unique vie divine : l'engendré l'extériorise dans une forme, la bonté la ramène à l'engendrant. Le commentaire X a précisé précédemment que cette bonté n'a pas plus de borne que la sphère sans limite de l'être :

> Unde sequitur quod etiam redeundo interminata bonitas via securior ab esse in unionem centri,
> D'où il suit en retour que c'est aussi la bonté sans borne qui est la voie la plus sûre pour aller de l'être vers l'union avec le centre.

Ce mouvement va de l'être vers le milieu, *medium*, qui est le lieu de l'unité de l'engendrant et de l'engendré, de leur union vitale (*in unitatem, in unionem centri*).

| | |
|---|---|
| Porphyre, *Sententiae* 37, Lamberz, p. 44, 6-8 | *Deus est vita cuius via in formam est unitas* |
| Aristote, *De caelo* I 3, 270b30 | *Est motus a medio et ad medium* |

Il y a ici, sous le nom de *bonitas*, une notion étrangère, semble-t-il, au néoplatonisme, pour lequel l'Un est certes le Bien, que l'âme recherche (section VIII), mais sans qu'il y ait dans la divinité un amour actif, débordant, suscitant un acte personnel, comme la création ou bien le retour de l'être vers le Père. C'est par Philon d'Alexandrie, dans le contexte de la Genèse biblique, que cette notion apparaît ici, comme nous le verrons dans la section X.

1. Voir *Sentences*, I, p. 354-359.

Entre le Fils et le Père, la *bonitas* devient ainsi l'esquisse de l'Esprit-Saint, dans une théologie chrétienne particulière, au sens où dans tout le *Liber*, l'accent est mis sur le rapport Dieu/Intellect. La Trinité n'y apparaît qu'en deux mouvements contraires de l'Intellect précisément, qui se fait Fils dans un mouvement de sortie de la vie divine, puis en sens inverse, dans un mouvement de retour au centre, qui est bonté, amour du Fils pour le Père. Or, ce schéma correspond d'assez près à la Trinité chez Victorinus, telle que la résume Pierre Hadot :

> Jusqu'ici nous n'avons parlé que du Père et du Fils. Et tel est bien l'usage presque constant de Victorinus. C'est que pour lui, le Fils est double : Christ et Esprit-Saint. Il y a *une seule génération*, un seul mouvement en Dieu. C'est cet unique mouvement qui se distingue en Christ et Esprit-Saint. L'Esprit-Saint est engendré dans le Fils .... Victorinus pense assurer la distinction hypostatique entre le Christ et l'Esprit-Saint ... par *l'opposition entre deux directions du même mouvement*. Le Christ représente la direction du mouvement vers l'extérieur ..., l'Esprit-Saint représente le retour du mouvement à l'intérieur, P. Hadot, *Marius Victorinus. Traités théologiques*, I, SC 68, p. 81 (italique ajouté).

Nous verrons plus loin, sous l'angle de la puissance divine, la section XIV, qui nous parle encore du centre et de la sphère.

4. *Sentence et commentaire XVIII*

La section XVIII, *Deus est sphaera cuius tot sunt circumferentiae quot puncta*, « Dieu est une sphère qui a autant de circonférences que de points », ce qui veut dire que tout point y est un centre, est le corollaire de la définition II (*ista sequitur ex secunda*), « Dieu est une sphère sans limite, dont le centre est partout et la circonférence nulle part ». Cette sphère décrivant le rapport du centre-cause première (Dieu) à son développement en sphère de l'être (Verbe/Logos), il est nécessaire de préciser en corollaire que cette représentation n'a rien de spatial et que l'essence de Dieu est immatérielle et sans extension, sans étendue.

Pour l'expression, la définition s'inspire de Plotin, *Enn.* VI, 5 [23], 5, 16-17, bien que celui-ci considère les rayons de la sphère et non ses points. Or, pour Plotin, les rayons sont inférieurs au centre (*Enn.* VI, 8 [39], 18, 13-14). L'auteur préfère donc ici suivre, semble-t-il, Aristote, *Phys.* VIII 9, 265b3-7, expliquant que le centre de la sphère, commencement, milieu et fin de la figure, est situé hors de sa surface sphérique. La sphère divine sans dimension, qui est sphère de l'être, n'ayant pas d'extension, tous ses points seront situés hors de toute surface sphérique, et seront donc des centres, ce qui désigne des réalités intelligibles, comme le dit Plotin (*Enn.* VI, 5 [23], 5, 6-9) :

> Là où l'intervalle ne renvoie même pas à une seule et même surface, là où les puissances et les réalités sont dépourvues de dimensions, on dira avec raison que toutes ces réalités se rapportent à des centres qui convergent tous ensemble vers un seul et même centre, Plotin, *Enn.* VI, 5 [23], 5, 6-9, traduction R. Dufour, dir. Brisson et Pradeau.

| | |
|---|---|
| *cf.* Plotin, *Enn.* VI, 5 [23], 5, 15 | *tot sunt circumferentiae quot puncta* |
| Aristote, *Phys.*, VIII 10, 267b25-26 | *totus, sine dimensione* |
| Aristote, *Phys.*, VIII 9, 265b4-5 | *exterius sit circuli circumferentia* |

Quelles peuvent être ces réalités contenues dans la sphère de l'essence de Dieu, sinon ce qui peut expliciter à nos yeux la nature de l'Un ? C'est à nouveau l'*In Parmenidem* de Turin (XIV, 15-16), parlant de l'Un selon l'existence, la vie et la pensée, qui semble pouvoir le dire, comme nous le verrons plus loin à propos de la sentence XVI[1].

Victorinus considère bien que être, vivre et penser sont chacun en Dieu un centre, c'est-à-dire la figure du nombre trois qui convient au principe, puisque chaque centre contient les deux autres, soit trois termes : les extrêmes et le milieu (*Adv. Ar.* I 60, 15-20), mais à eux trois, être, vivre, penser ne forment qu'un seul centre, selon la nature trinitaire de Dieu :

> Si enim *esse et vivere et intelligere*, et si vita ipsum esse est et intelligentia, *et summitates et medium* est in unoquoque – sic et intelligentia. Unum igitur istorum tria : sunt in se circulata et participantia invicem sibi, magis autem simul exsistentia sine aliquo intervallo.
> Si en effet être est à la fois vivre et penser, et si la vie est l'être même et l'intelligence, les extrêmes et le milieu sont à la fois en chacun – et de même pour l'intelligence. Donc chacun d'eux est trois : ils circulent entre eux et participent les uns des autres, ou plutôt ils existent ensemble sans aucune discontinuité, Victorinus, *Adv. Ar.* I 60, 15-20, traduction Hadot modifiée, p. 374-375, italique ajouté.

5. *Sentence et commentaire XIX*

La section XIX, *Deus est semper movens immobilis*, « Dieu est immobile et meut toujours », semble poser Dieu comme Premier Moteur, mais le mot important ici est *immobilis*. Le commentaire commence d'ailleurs par *Immobilis dicitur Deus* ...

a) *Aristote (*Physique, *VIII 6)*

Le caractère immobile et constant du Premier Moteur d'Aristote (*Phys.*, VIII 6, 260a3) est tout d'abord souligné en tant que mouvement interne du vivant qui lui permet de mouvoir continûment, tout en étant au repos et sans changer de disposition (*Phys.*, VIII 6, 259b1-3 et 260a17-19). Ce n'est pas le problème de la transmission du mouvement, comme dans la sentence XIII, qui intéresse ici l'auteur, mais la conjonction de mouvement et d'immobilité.

b) *Porphyre (*Sententiae *44)*

De la même manière, mais cette fois, semble-t-il, à l'aide de Porphyre, *Sententiae* 44, c'est la nature simple et immuable de l'Intellect divin qui donne à Dieu de se penser lui-même :

1. Voir *infra*, p. 71-73.

Il n'y a pas dans l'Intellect le passage d'un point à un autre, ni par conséquent mouvement, mais une activité sur le mode de l'unité dans l'unité, soustraite à toute croissance, tout changement, tout parcours, Porphyre, *Sentences* 44, 26-28,

puisque « c'est l'Intellect qui constitue l'objet intelligible » (*Intellectus perficit intellectum*).

L'immutabilité de Dieu, à la fois comme Moteur (*semper secundum unam dispositionem*) et comme Intellect (*sine etiam alteratione*), est soulignée et caractérisée comme vie et/ou « fonctionnement » autonome et constant. C'est le changement d'origine interne, désigné par le mot *alteratio*, qui est ici exclu, alors que le mot *variatio* exprime ailleurs le changement d'origine externe, qui pourrait venir soit de la procession et affecter l'engendré (*genitus ... non recipit variationem*, VII), soit des idées des choses créées et modifier le créateur (*per quem est non variatione*, XXII). L'impossibilité d'une altération interne a déjà été soulignée dans le commentaire III, affirmant l'intégrité absolue de l'essence divine dans sa simplicité, susceptible ni d'une déficience intérieure (*defectu virtutis alicuius in ipsa deficientis*) ni d'une altération de son état par un élément étranger (*nec stat etiam aliter virtute alieni dominantis*).

On observera dans le tableau ci-dessous la démarche à rebours de l'auteur dans le commentaire, correspondant à l'induction propre à des définitions justifiées :

| | |
|---|---|
| Aristote, *Phys.*, VIII 6, 260a3-4 | *Deus est semper movens immobilis* |
| Aristote, *Phys.*, VIII 6, 260a17-19 | *Immobilis dicitur Deus quia est semper secundum unam dispositionem, et hoc est cum in quiete movens semper est* |
| Aristote, *Phys.*, VIII 6, 259b1-3 | *quia vivens in se* |
| Porphyre, *Sententiae* 44, Lamberz, p. 58, 4-6 | *Sine etiam alteratione intelligit se* |
| Porphyre, *Sententiae* 44, Lamberz, p. 57, 13 | *intellectu simplici* |
| Porphyre, *Sententiae* 44, Lamberz, p. 57, 10-11 | *intellectum est forma intelligentis* |
| Porphyre, *Sententiae* 44, Lamberz, p. 57, 7-8 | *et Intellectus perficit intellectum* |

c) In Parmenidem *de Turin (XIV, 15-17 et 21-25)*

Mais, pour rendre compte plus profondément de la conjonction ici de l'immobilité du Premier Moteur et de l'immutabilité de l'Intellect divin, il faut se tourner à nouveau vers l'*In Parmenidem* de Turin et le point de vue sur l'Un κατὰ τὴν ὕπαρξιν καὶ ζωὴν καὶ τὴν νόησιν, selon l'existence, la vie et la pensée (XIV, 15-16), avec les précisions données en XIV, 21-25 :

Καὶ πασῶν οὐσῶν ἐνεργειῶν καὶ ὡς κατὰ μὲν τὴν ὕπαρξιν ἑστῶσα ἂν εἴη ἡ ἐνέργεια, κατὰ δὲ τὴν νόησιν εἰς αὐτὴν στραφεῖσα ἐνέργεια, ...

> Et toutes <trois> étant des actes, ce serait aussi dans l'idée que selon l'existence l'acte serait immobile, selon la pensée il serait l'acte tourné vers lui-même ..., <Porphyre>, *In Parm.*, XIV, 21-25, éd. et traduction Hadot (modifiée), *Porphyre et Victorinus*, II, p. 110-113.

et en XIV, 16-17 :

> Καὶ τὸ νοοῦν καὶ τὸ νοούμενον ὑπάρξει, ... Selon l'existence, le pensant est aussi le pensé, ... <Porphyre>, *In Parm.*, XIV, 16-17, éd. et traduction Hadot, *Porphyre et Victorinus*, II, p. 110-111.

La section XIX, exposant parallèlement en Dieu l'immobilité active du Vivant et l'auto-intellection de l'Intellect, semble expliciter les modalités de l'existence divine selon l'*In Parmenidem* de Turin, et l'on peut se demander à ce propos si la présence d'un seul article dans l'expression κατὰ τὴν ὕπαρξιν καὶ ζωὴν ne serait pas intentionnelle, tant cette existence divine n'est que vie immobile en acte, où pensant et pensé ne font qu'un.

6. *Sentence et commentaire XX*

Cette section parachève, semble-t-il, la précédente.

a) *Aristote (*Metaph. *Λ 7, 1072b26-28)*

La définition *Deus est qui solus sui intellectu vivit*, « Dieu est le seul qui vit de la pensée de lui-même », pourrait reprendre Aristote (*Metaph.* Λ 7, 1072b26-27) pour exprimer la nature de la vie divine. Mais, en disant que Dieu vit de la pensée de lui-même, il ne s'agit pas bien sûr, comme pour les humains, de penser *à* lui-même comme *à* quelque chose d'extérieur. Puisqu'il est pur esprit, se penser doit lui être aussi simple et vital, toutes proportions gardées, que pour nous, respirer.

Le commentaire relève le mot *vivit* pour exposer très brièvement les différents niveaux de la vie, d'après les *Oracles chaldaïques*[1], non pas dans un souci cosmologique, mais pour montrer que Dieu est le seul vivant à tenir la vie de lui-même (*a se ipso vivit*) : les vivants corporels ont besoin d'aliments extérieurs pour survivre; les vivants supracélestes, c'est-à-dire les astres, sont mus par des esprits; et le monde de feu des intelligences, c'est-à-dire des êtres spirituels, est soutenu par l'unité divine. Mais Dieu « vit par lui-même, et c'est en se pensant lui-même qu'il vit », ce qui reprend Aristote, *Metaph.* Λ 7, 1072b26-28. Cependant, la conclusion *et est superessentialiter*, « et il 'est' sur un mode supérieur à l'essence/substance », vient d'ailleurs.

b) *Porphyre (*Sententiae *10)*

Nous avons signalé plus haut ce néologisme latin *superessentialiter*, calqué sur le grec ὑπερουσίως de Porphyre en *Sententiae* 10. Porphyre y précise le mode d'être des choses en fonction de leur essence; ainsi, dans l'au-delà sont-elles sur le

1. Voir L. Brisson, « Le commentaire comme prière destinée à assurer le salut de l'âme. La place et le rôle des *Oracles chaldaïques* dans le commentaire sur le *Timée* de Platon par Proclus », dans *Le Commentaire entre tradition et innovation*, p. 333 et H. Lewy, *Chaldean Oracles*, p. 137 et 141.

mode de la non-intellection et de la suressence, ἐν δὲ τῷ ἐπέκεινα ἀνεννοήτως τε καὶ ὑπερουσίως. L'esprit humain ne peut ni comprendre les choses de l'au-delà ni en définir une essence. Nous verrons plus loin[1] l'importance de ce mode d'être de Dieu, qui répond à une préoccupation précise de notre auteur.

Ce mode d'être prolonge, semble-t-il, l'*In Parmenidem* de Turin, lorsque celui-ci dit τὸ δὲ νοοῦν ... ἐστὶν ζωή, « et le pensant ... est la vie » (XIV, 17 et 20). C'est cette situation de l'Un/Dieu, décrite après la sortie de l'Intellect mais indépendante de celle-ci, que notre auteur semble privilégier ici. Comme dans l'*In Parmenidem* (XIV, 21-22)[2], tout ici est acte : *a se ipso vivit – in se ipsum intelligendo vivit – et est superessentialiter.* Mais nous avons la succession vie, pensée, 'être' au-delà de l'essence/substance, c'est-à-dire au-delà de la forme, ce qui revient à l'ὕπαρξις, l'existence, antérieure à la sortie de l'Intellect, puisque, selon la formule d'A. Linguiti[3], l'ὕπαρξις s'oppose à l'οὐσία, l'essence/substance, comme l'être pur au sujet défini. Le point de vue semble être celui de l'Un, alors que la succession existence, vie, pensée serait plutôt celui de l'Intellect. L'Un s'exprime ainsi comme nature divine dont le mode d'être est supérieur à celui de l'essence/substance. C'est pourquoi il ne pourra y avoir, à la fin du *Liber XXIV philosophorum*, de définition essentielle de Dieu.

| | |
|---|---|
| Aristote, *Metaph.* Λ 7, 1072b26-27 | *Deus est qui solus sui intellectu vivit* |
| Porphyre, *De abstinentia* I, 34, 4 | *quae recipiunt aliena intra se* |
| Aristote, *Metaph.* Λ 7, 1072b26-28 | *A se ipso vivit et in se ipsum intelligendo vivit* |
| Porphyre, *Sententiae* 10 | *et est superessentialiter* |

## II. B. La puissance divine

Le rapport de Dieu « aux choses qui sont » occupe les sections IX-XI, XIII-XIV et XXII du *Liber XXIV philosophorum*, soit six sur vingt-quatre.

### 1. *Sentence et commentaire IX*

La section IX, *Deus est soli praesens quicquid cuius temporis est*, « Dieu est, pour lui seul, le présent de tout ce qui appartient au temps » se réfère tout d'abord directement à Porphyre.

#### a) *Porphyre (*Histoire de la philosophie *IV, fr. 18)*

Dans ce passage de *l'Histoire de la philosophie*, notre auteur a trouvé non seulement le thème de l'autogénération de l'Intellect (voir comm. VII), mais aussi celui de son rapport au temps, premier élément pour aborder les divers aspects de la relation de Dieu à sa création. Si l'Intellect en lui-même est seul et hors du

1. Voir *infra*, p. 103.
2. Voir le texte *supra*, p. 37.
3. A. Linguiti, CPF, p. 185-186.

temps, pour les créatures qui sont dans le temps, il est le temps, c'est-à-dire le présent, seul mode possible du temps pour un être éternel :

> ὥσπερ δὲ ὁ θεὸς ὁ πρῶτος καὶ μόνος ἀεί, κἂν ἀπ' αὐτοῦ γένηται τὰ πάντα, τῷ μὴ τούτοις συναριθμεῖσθαι μηδὲ τὴν ἀξίαν συγκατατάττεσθαι δύνασθαι τῇ ἐκείνου ὑπάρξει, οὕτω καὶ ὁ νοῦς αἰώνιος, μόνος καὶ ἀχρόνως ὑποστάς, καὶ τῶν ἐν χρόνῳ αὐτος χρόνος ἐστίν, ἐν ταυτότητι μένων τῆς ἑαυτοῦ αἰωνίας ὑποστάσεως,
> Et de même que le premier dieu est aussi toujours seul, même si toutes les choses viennent de lui, du fait qu'il n'est pas compté avec elles et que leur valeur ne peut être mise en rapport avec son existence à lui, *de même aussi l'Intellect éternel, seul et s'étant réalisé hors du temps, est aussi lui-même le temps de ce qui est dans le temps*, lui qui demeure dans l'identité de sa réalité éternelle, Porphyre, *Hist. de la philos.* IV, fr. 18, éd. Nauck, p. 15, 8-13, Smith 223F, traduction Segonds (modifiée), p. 194 avec la correction en n. 6, italique ajouté.

ce que reprend, dans une traduction assez précise du texte grec, *Deus est soli praesens quicquid cuius temporis est*, « Dieu est, pour lui seul, le présent de tout ce qui appartient au temps ». On remarquera que notre auteur désigne indifféremment l'Un ou l'Intellect par le mot *Deus*.

b) *Plotin (*Enn. *III, 7 [45], 3) et Porphyre (*Sententiae *44)*

Le commentaire, se plaçant du point de vue de Dieu, amène sans transition le thème du regard global porté sur toutes choses en même temps, que l'on trouve à la fois chez Plotin, *Enn.* III, 7 [45], 3 et chez Porphyre, *Sententiae* 44. Cet apparent hiatus entre la sentence et le commentaire se voit comblé, si on le rapproche d'un passage de Victorinus :

> Dictus est et sedere quasi in centro τῶν πάντων ὄντων, id est omnium quae sunt, unde universali oculo – id est lumine substantiae suae, qua vel esse est vel vivere vel intellegere – ideas τῶν ὄντων non versabili aspectu videt, quia et quies est et a centro simul in omnia unus est visus. Haec Deus,
> On a dit aussi qu'il (Dieu) siège comme au centre de tous les étants, c'est-à-dire de tout ce qui est, d'où, de son œil universel – c'est-à-dire par la lumière de sa substance, grâce à laquelle il est être ou vivre ou penser – il voit d'un regard immuable les idées des étants, parce qu'il est le repos et que, du centre, un seul regard se dirige sur toutes choses en même temps. C'est cela Dieu, Victorinus, *Adv. Ar.* IV 24, 34-39, traduction Hadot (un peu modifiée).

Prenant en effet au même chapitre de Plotin l'expression οἷον ἐν σημείῳ ὁμοῦ πάντων ὄντων, « comme au point de rassemblement de tous les étants » (*Enn.* III, 7 [45], 3, 19), Victorinus l'adapte pour dire que « Dieu siège comme au centre de tout ce qui est », ce qui rejoint le thème du *centrum*, image de la vie de la cause première, caractéristique du *Liber XXIV philosophorum* (comm. II). C'est par la contemplation éternelle des idées des choses que Dieu assure leur permanence dans un éternel présent : *propter hoc deitas est successivorum totalitas*, « c'est pourquoi la divinité est la totalité des éléments successifs », dit notre texte, traduisant ainsi le résumé de Porphyre :

ὥστε τὸ ὁμοῦ κατά τε τὸ πλῆθος κατά τε τὸ χρονικὸν διάστημα ἐπ' αὐτοῦ, en sorte que pour lui <l'Intellect> c'est l'ensemble, à la fois sous l'angle de la pluralité et sous l'angle de l'étendue temporelle, Porphyre, *Sentences* 44, 23-25.

| | |
|---|---|
| Porphyre, *Hist. philos.*, IV, fr. 18, Nauck, p. 15, 12-13 | *Deus est soli praesens quicquid cuius temporis est* |
| Porphyre, *Sententiae* 44, Lamberz, p. 58, 19-20<br>Plotin, *Enn.* III, 7 [45], 3, 16-19 | *Totum uno aspectu omnes partes videt, pars vero totum non videt nisi diversis respectibus et sucessivis* |
| Porphyre, *Sententiae* 44, Lamberz, p. 58, 1-3 | *Propter hoc deitas successivorum totalitas* |
| Plotin, *Enn.* III, 7 [45], 3, 19, 20-22 | *unicus et non consequenter factus* |

2. *Sentence et commentaire X*

Ici, la sentence *Deus est cuius posse non numeratur, cuius esse non clauditur, cuius bonitas non terminatur*, « Dieu est celui dont le pouvoir n'est pas nombré, dont l'être n'est pas fermé, dont la bonté n'est pas bornée », semble plutôt un résumé du commentaire.

a) *Plotin (*Enn. *VI, 8 [39], 1, 8-13)*

Comme point de départ de sa réflexion sur la puissance de Dieu, l'auteur du *Liber* prend, semble-t-il, le texte de Plotin, *Enn.* VI, 8 [39], 1, 8-13. Celui-ci se demande en effet ce qu'il faut entendre par 'pouvoir', s'agissant de « ce qui se tient en haut au-dessus de tout », dans l'idée qu'il faudrait s'écarter de la distinction aristotélicienne entre l'en-puissance et l'acte :

> Il nous faut faire cette recherche et avoir l'audace de la pousser jusqu'aux premières des réalités, et jusqu'à ce qui se tient en haut au-dessus de tout : alors même que nous convenons que l'Un a le pouvoir de tout accomplir, nous pouvons demander comment quelque chose dépend de lui. Et l'on doit également examiner en quel sens on emploie ce terme de 'pouvoir', afin d'éviter que nous n'exprimions par là ce qui est tantôt puissance et tantôt acte, c'est-à-dire un acte à venir, Plotin, *Enn.* VI, 8 [39], 1, 8-13, éd. Leroux, p. 132 et traduction L. Lavaud, dir. Brisson et Pradeau, p. 203 [1].

b) *Plotin (*Enn. *VI, 6 [34], 9, 22-24) et Porphyre (*In Timaeum, *fr. 69)*

Comme s'il répondait à cette interrogation, notre auteur débute le commentaire X par une réflexion sur le concept du verbe 'pouvoir', montrant la nécessité de connaître le nombre des choses ou des êtres à réaliser, avant qu'ils n'adviennent, selon ce que dit Plotin en *Enn.* VI, 6 [34].

Or, le nombre implique un ordre, comme l'a précisé Porphyre (*In Timaeum*, fr. 69), ce qui semble exclure *a priori* pour Dieu la possibilité d'une création instantanée.

1. Voir l'exposé de la pensée plotinienne dans G. Aubry, *Dieu sans la puissance.* Dunamis *et* energeia *chez Aristote et Plotin*, p. 234 *sq.*

c) *Philon (De opificio mundi 13)*

Les philosophes grecs ne concevant pas de création *ex nihilo*, il faut se tourner vers Philon, philosophe juif qui s'appuie aussi sur la Bible et qui soutient de ce fait la création instantanée du monde.

d) *Aristote (*De interpretatione *13, 23a23-24)*

Mais si tout advient d'un coup, il n'y a plus d'écart de temps entre la substance et l'existence du créé. C'est aussi qu'il n'y a plus de résistance du nombre infini au passage en acte (*ubi enim est infinitus numerus ordinatus ad actum et vincitur resistens*). Chaque être aussitôt « pensé » existe à son rang. Du point de vue humain au contraire, la distinction pour tout être entre sa substance, c'est-à-dire sa nature propre (ἡ οὐσία), et son existence (τὸ τί ἦν εἶναι), est la marque de sa finitude, selon Aristote (*Metaph.* Δ 17, 1022a8-10). Mais, dans l'être de Dieu lui-même, il ne peut y avoir de distinction entre essence et existence, car son être n'est limité par aucune finitude comme les autres êtres; il n'est pas clos : *unde sua clausio est infinita et actu, non possibilis*, « par conséquent, son caractère clos est sans limite et en acte, sans en-puissance » d'après le *De interpretatione* d'Aristote (13, 23a23-24) :

> τὰ μὲν ἄνευ δυνάμεως ἐνέργειαί εἰσιν, οἷον αἱ πρῶται οὐσίαι,
> et dans certains cas, on a des actes sans en-puissance, ainsi pour les substances premières, Aristote, *De interpretatione* 13, 23a23-24, traduction Dalimier (un peu modifiée)

En Dieu qui crée tout d'un seul coup, il n'y a pas lieu de distinguer entre ce qui est en-puissance et ce qui est en acte, acte qui serait à venir à son tour, plus tard, *operationis futurae* selon l'expression de Plotin (ἐνέργειαν μέλλουσαν VI, 8 [39], 1, 13), si le nombre, c'est-à-dire l'ordre et le temps, freinait le 'pouvoir'. Il n'y a en Dieu ni passé ni avenir, il est le seul présent, comme l'a montré la section IX; donc la distinction entre en-acte et en-puissance est pour lui inadéquate, puisque dans les essences premières tout est acte. Et cela sans parler du fait que, par ailleurs, tout être nécessaire est en acte, d'après le même texte d'Aristote : τὸ ἐξ ἀνάγκης ὂν κατ' ἐνέργειάν ἐστιν, « ce qui est par nécessité est en acte » (*De interpretatione* 13, 23a21-22). Ainsi Dieu est-il de par sa nature tout acte. Sa puissance ne peut qu'être en acte.

L'originalité de notre auteur semble venir de ce qu'il tire la puissance divine, agent instantané de la création, de la même autorité qui pose la distinction entre l'en-puissance et l'acte, entre la substance/essence et l'existence des êtres finis, c'est-à-dire d'Aristote.

Or, nous observons que Victorinus s'appuie sur ce même argument du *De interpretatione* pour déterminer que la puissance est constituée d'acte, et que Dieu, d'où tout vient, se situe au-dessus de la distinction entre en-puissance et en-acte :

> Et quoniam diximus confici ab actu potentiam – sic enim se prima habent ut, cum sint omnia divina, *energeia*, id est actus et operationes (cf. Arist., *De interpret.* 13, 23a23-24) – necessarium est ut, a deo principio, omnium potentiarum universa-

liter universalium fons et origo nascatur. Iste namque rerum progressus est ut, cum omnia a deo, et potentiae et actus, a deo, qui supra potentias et actus accipitur, orta haec esse credantur,

Et puisque nous avons dit que la puissance est constituée d'acte – les réalités premières en effet, comme elles sont toutes divines, se comportent comme ἐνέργεια, c'est-à-dire actes et opérations (cf. Arist., *De interpret.* 13, 23a23-24) – il est nécessaire que de ce principe qu'est Dieu naisse la source originelle de toutes les puissances universellement universelles. Car ce développement des choses exige que, puisque tout vient de Dieu, les puissances aussi bien que les actes, on les considère comme sortis de Dieu, qui lui-même est tenu pour au-dessus des puissances et des actes, Victorinus, *Adv. Ar.* IV 22, 20-27, traduction Hadot modifiée.

Les « puissances universellement universelles » correspondent, semble-t-il, à ce que Philon appelle, en *De specialibus legibus* I, 329, « les puissances incorporelles dont 'les idées'sont le nom véritable »[1]. Par « puissances et actes » conjoints, il faut entendre au contraire ce qui est en-puissance ou en acte en fonction de ce « développement des choses », c'est-à-dire du cours du temps. On sait que Victorinus avait traduit le *De interpretatione*, traduction aujourd'hui perdue[2]. Mais où avait-il dit précédemment, à l'aide de ce passage 13, 23a23-24, que la puissance est faite d'acte sans en-puissance, ce que précisément l'on trouve dans le commentaire X du *Liber XXIV philosophorum*?

d) *À nouveau Porphyre (*Histoire de la philosophie *IV, fr. 18)*

Pour finir, notre auteur revient à la *sphaera infinita* de la sentence II, sous les termes *interminata bonitas*, bonté sans limite. La *bonitas*, nous l'avons vu[3], est l'amour qui lie le Père et le Fils. Venant du Fils, « l'Intellect total qui subsiste en lui-même, dans lequel se trouvent tous les êtres réellement être et toute la substance des étants » (*Histoire de la philosophie* IV, fr. 18), figuré ici par la sphère sans limite de l'être, cette *bonitas* est la voie la plus sûre (*via securior*) pour revenir de la diversité des existants à l'union avec le centre (*ab esse in unionem centri*), figure de la vie de la cause première, dans le mouvement de retour indiqué dans la sentence XV (*in unitatem bonitas*).

| | |
|---|---|
| Plotin, *Enn.* VI, 8 [39], 1, 11-13 | *posse* |
| κυρίως τε καὶ πρώτως | *et caro et primo* |
| Plotin, *Enn.* VI, 6 [34], 9, 22-24 | *inventus est numerus secundum plura aut pauciora opera educentia possibile ad accidentia* |
| Porphyre, *In Timaeum*, fr. 69 | *si sint infinita impossibile dicitur* |
| Philon, *De opificio mundi* 13 | *subito operatur* |
| Aristote, *Metaph.* Δ 17, 1022a8-10 | *omne esse dicit clausionem finitatis alicuius* |

1. Cf. *infra*, p. 66.
2. Voir *DPhA*, R. Goulet (dir.), suppl., Paris, 2003, p. 129.
3. Voir *supra*, p. 46-47.

| | |
|---|---|
| Plotin, *Enn.* VI, 8 [39], 1, 13 | *operationis futurae* |
| θύραζε | *ad ostium* |
| Aristote, *De interpret.* 13, 23a23-24 | *actu, non possibilis* |
| Aristote, *De interpret.* 13, 23a21-22 | *necessario existens* |
| cf. Porphyre, *Histoire de la philosophie* IV, fr. 18, Nauck, p. 14, 21-24 | *interminata bonitas via securior ab esse* |

### 3. *Sentence et commentaire XI*

Comme le précise le début du commentaire, nous avons là, dans *Deus est super ens, necesse, solus, sibi abundanter, sufficienter*, « Dieu est au-dessus de l'étant, nécessaire, seul, à lui-même en abondance, en suffisance », la suite du thème précédent tiré de la *Métaphysique* d'Aristote, selon lequel « tout être dit le caractère clos d'une limite ». La section X nous a montré que l'être de Dieu est sans en-puissance et en acte; la section XI en tire les conséquences.

#### a) *Plotin (*Enn. *VI, 8 [39]) et Philon (*Legum allegoriae *I, 44)*

La sentence XI pourrait reprendre la suite de caractères divins exprimés pour partie chez Plotin, *Enn.* VI, 8 [39], 9, 9-10 et 13-14 (*super ens, necesse, solus*), et pour partie chez Philon, *Legum allegoriae* I, 44 (*sibi abundanter, sufficienter*), l'auteur latin aimant, comme Victorinus, rendre les adjectifs par des adverbes[1].

Le commentaire indique que Dieu, n'étant pas fermé, n'étant pas clos, est sur le mode supérieur d'être (*superest*). Le *superest* du commentaire ne répète pas le *super ens* de la sentence, il le justifie : Dieu est au-dessus de l'étant (*super ens*) parce qu'il 'est' sur le mode supérieur, où l'acte d'être n'a ni limite ni contour : *superest igitur qui non clauditur*, « il 'est' donc sur le mode supérieur celui qui n'est pas clos ». C'est l'adverbe ὑπερόντως qui exprime chez Plotin l'idée du mode supérieur d'être, d'après le sens du préfixe ὑπερ- dégagé par Jean-Marc Narbonne[2] : καὶ γὰρ πρώτως αὐτὸς καὶ ὑπερόντως αὐτός, « car il est lui-même à la fois à titre premier et sur le mode supérieur d'être » (*Enn.* VI, 8 [39], 14, 42)[3].

On peut remarquer que les deux adverbes grecs qui, dans le *Liber*, permettent de préciser la nature de Dieu, ὑπερόντως (XI) et ὑπερουσίως (XX), n'ont pas un sens analogue malgré une forme similaire. Si le second signifie au-delà de l'essence/substance, c'est parce que, dans sa traduction de ὑπερουσίως, l'auteur latin a rendu par *essentia* l'οὐσία grecque[4], qui s'applique à un être bien défini par une forme, des limites et des déterminations qui en permettent la connaissance (Aristote, *Metaph.* Δ 17, 1022a8-10). Mais, si l'être en question est sans limite, sans finitude, il n'aura pas d'*ousia* qui en donne la connaissance et il ne pourra être

1. Voir Victorinus, *In Eph.*, prol., éd. F. Gori, CSEL 83/2, p. 1, 11.

2. Voir *supra*, p. 22, n. 1.

3. Autres traductions : « un mode supérieur à l'être » (traduction L. Lavaud, dir. Brisson et Pradeau, p. 230), « au-delà de l'être » (éd. et traduction G. Leroux, p. 174-175).

4. Sur le mot *essentia*, voir ci-dessous p. 99-100.

désigné que par son acte d'être : il sera alors sur le mode supérieur, absolu, du verbe être (ὑπερόντως), sans limitation, sans attribut ni qualificatif, sans détermination.

L'indication 'à titre premier' contenue dans *Enn.* VI, 8 [39], 14, 42 amène, semble-t-il, notre auteur à poursuivre à l'aide du *De caelo* d'Aristote : « le divin immuable, nécessaire, est tout ce qui est premier et le plus élevé. ... En effet ... il n'a rien de mal » (I 9, 279a32-35), en disant *est necesse* et *quia malum non habet*.

Il ajoute ensuite un dernier caractère de l'être sans limite : *infinita possibilitate*. Mais là, nous nous heurtons à ce qui semble une inconséquence de l'auteur. Il nous a dit, en effet, au commentaire X, que l'être de Dieu n'est pas clos, qu'il est sans limitation et en acte, sans en-puissance, ce qu'il a exprimé par *actu, non possibilis*; et il dit ici, au commentaire XI, qu'il n'est pas clos, mais est d'une *infinita possibilitate*. Faut-il comprendre une « en-puissance sans limite », ce qui serait contradictoire dans les termes ? Cette difficulté a été ressentie par le copiste du *Liber* dans le manuscrit Laon 412 (*L*) ou bien dans un manuscrit antérieur : *non possibilis* est devenu *impossibilis*, et *possibilitas* s'y lit *impossibilitas* pour exprimer la « non en-puissance » en Dieu. Mais ce serait appauvrir le sens du texte.

b) *Plotin (*Enn. *IV, 3 [27], 8, 36-38) et Porphyre (*Sententiae *37)*

L'*infinita possibilitas* dont il est question dans le commentaire XI pourrait provenir de l'adjectif ἀπειροδύναμος, « à la puissance sans limite », appliqué à l'âme chez Plotin (*Enn.* IV, 3 [27], 8, 36-38) et plus spécialement dans Porphyre, *Sententiae* 37[1], d'où notre auteur a déjà tiré l'expression *in quolibet sui*, qu'il a transposée de l'âme à Dieu dans la sentence III, dont le commentaire porte aussi sur la notion de puissance.

c) *Porphyre (*Sententiae *11) et Plotin (*Enn. *VI, 5 [23], 12, 8-9)*

Ce qui confirme le caractère porphyrien de l'*infinita possibilitas*, c'est la suite du commentaire XI : *nec sic distrahitur suum et esse, cum redeat a se in se*, où se trouvent sous-jacentes les expressions porphyriennes ὕφεσις δυνάμεως, relâchement de puissance, et περιουσία δυνάμεως, surabondance de puissance (*Sententiae* 11)[2], qui concernent les réalités incorporelles. Ce sont leurs conséquences, amenées par *sic*, qui sont ici exprimées : ces réalités se divisent quand elles descendent dans l'individuel tandis qu'elles se recentrent sur elles-mêmes en sens inverse. Il y a corrélation entre l'intensité de leur puissance et celle de leur être.

Mais, en Dieu, la puissance est si illimitée que son être ne peut s'éparpiller par division (*nec sic distrahitur suum et esse*) et que sa puissance ne faiblit pas. Et, comme la surabondance de puissance donne aux réalités incorporelles de revenir à leur être, de se recentrer sur elles-mêmes : εἰς τὸ ὁμοῦ ἀντιχωροῦσι, « par un mouvement inverse du précédent, elles vont vers leur rassemblement » (*Sententiae* 11), l'être nécessaire fait retour de soi sur soi (*cum redeat a se in se*).

1. « En effet, la nature de l'âme est d'une puissance infinie et, dans n'importe quelle partie d'elle-même, elle est âme », Porphyre, *Sententiae* 37, éd. et traduction *Sentences* 37, 13-14.

2. Voir les textes dans l'édition qui suit, section XI.

On notera au passage que la leçon ἀντιχωροῦσι des manuscrits de Porphyre n'est pas sûre et a fait l'objet de diverses suggestions. Le latin *redeat* engagerait à favoriser la lecture ἀναχωροῦσι, « elles font retour », proposée par Mommert[1], d'autant que ce second verbe grec est bien plus usité que le premier.

Quant à l'opposition manque/surabondance, *non totum indigenter, sed exabundanter*, elle paraît tirée de Plotin, qui lie la puissance intelligible à la vie, la disant οὐδαμῇ ἐλλείπουσαν, ἐν αὐτῇ οἷον ὑπερζέουσαν ζωῇ, « pas du tout en manque, en elle-même comme bouillonnante de vie » (*Enn.* VI, 5 [23], 12, 8-9)[2]. L'adjectif ὑπερζέουσαν est rendu ici par l'adverbe *exabundanter*, ce qui indique que l'auteur latin prend bien en compte qu'en Dieu il s'agit de la puissance de vie. Nous examinerons plus loin comment il paraît avoir travaillé sa traduction, en combinant le texte de Plotin avec sa reprise par Porphyre, en *Sententiae* 40[3].

d) *Que signifie* possibilitas *appliqué à la puissance divine ?*

Nous demeurons cependant devant le texte latin dans la même perplexité que le copiste de Laon 412, à savoir pourquoi parle-t-on au commentaire XI de l'*infinita possibilitas* de Dieu, alors que *possibilis* lui a été refusé au commentaire X, parce qu'exprimant l'en-puissance aristotélicienne ?

Nous avons vu, dans le *De interpretatione* d'Aristote, que la notion d'en-puissance ne s'applique pas aux substances premières. Mais, s'agissant de la divinité, elle pourrait peut-être s'y transposer en un certain sens. C'est ainsi que Victorinus fait bien la distinction entre l'en-puissance aristotélicienne, qu'il appelle *secundum operationem*, selon l'acte, et l'en-puissance divine, qu'il qualifie de *secundum veritatem*, selon la vérité. Mais, par l'utilisation du même terme *potentia*, il montre que cette en-puissance divine est identique à sa puissance : c'est sa perception qui en varie selon qu'on la considère par rapport au temps humain ou dans l'absolu (*Adv. Ar.* I 50, 27-32) :

> Habet enim potentia et magis habet quod ei futurum est *secundum operationem* esse; et *secundum veritatem* non habet sed est, quoniam potentia, qua actio actuosa fit, omnia est sine molestia et vere omnimodis, non egens quae sit ad hoc ut sint omnia : potentia etenim, qua potens nata actio agit, agens ipsa,
> Car l'en-puissance possède, et au plus haut degré, l'être qui sera le sien *selon l'acte*; mais *selon la vérité*, elle ne le possède pas, elle l'est, car la puissance par laquelle l'acte s'actue est toutes choses sans difficulté et véritablement sous tous les modes, sans avoir besoin d'être pour que toutes choses soient : en effet l'en-puissance par laquelle l'acte qui naît d'elle a le pouvoir d'agir est elle-même en acte, Victorinus, *Adv. Ar.* I 50, 27-32, traduction Hadot (modifiée), italique ajouté.

1. Voir éd. et traduction Porphyre, *Sentences*, I, p. 312-313 et II, p. 405 (M.-O. Goulet-Cazé).

2. Ou bien : puissance « qui ne se fait en aucune manière défaut à elle-même, car cette puissance est pour ainsi dire bouillonnante de vie », traduction R. Dufour, sous la direction de L. Brisson et J.-F. Pradeau, *Plotin. Traités 22-26*, p. 71. Je traduis mot à mot pour faire le rapprochement avec le texte latin.

3. Voir *infra*, p. 95-96.

Tout se joue dans le temps des verbes : le futur (*potentia habet quod ei futurum est*) pour l'en-puissance aristotélicienne *secundum operationem*, opposé au présent (*non habet sed est*) décrivant l'en-puissance divine *secundum veritatem*, qui est puissance en acte (*potentia agens ipsa*). Nous avons de même dans le commentaire X du *Liber* l'opposition entre *subito operatur* de la puissance créatrice et l'*operatio futura* qui amène la venue des êtres dans ce que Victorinus appelle, dans le texte que nous avons vu précédemment (*Adv. Ar.* IV 22, 25)[1], le « développement des choses » (*rerum progressus*), c'est-à-dire sans doute ce que nous appelons l'évolution.

On peut rapprocher de Victorinus ce que dit saint Paul, en Eph. 1, 19-20, de l'en-puissance de Dieu qui est sa puissance, à partir de sa manifestation sur la nature humaine du Christ par sa résurrection et son ascension dans les cieux :

> καὶ τί τὸ ὑπερβάλλον μέγεθος τῆς δυνάμεως αὐτοῦ εἰς ἡμᾶς τοὺς πιστεύοντας κατὰ τὴν ἐνέργειαν τοῦ κράτοῦς τῆς ἰσχύος αὐτοῦ, ἣν ἐνήργησεν ἐν τῷ Χριστῷ, ἐγείρας αὐτὸν ἐκ νεκρῶν καὶ καθίσας ἐν δεξιᾷ αὐτοῦ ἐν τοῖς ἐπουρανίοις.
> … quelle est la suréminente grandeur de sa puissance envers nous, les croyants, selon l'acte de la puissance souveraine de sa force qu'il a accompli dans le Christ, le ressuscitant d'entre les morts et l'établissant à sa droite dans les cieux, Eph. 1, 19-20 (traduction littérale du grec).
> … quae sit supereminens magnitudo virtutis eius in nos qui credimus, secundum operationem potentiae virtutis eius, quam operatus est in Christo, suscitans illum a mortuis et constituens ad dexteram suam in caelestibus, Eph. 1, 19-20 (Vulgate).

Le grec utilise trois mots pour désigner les divers aspects de la puissance divine : δυνάμις, κράτος, ἰσχύς, respectivement 'en-puissance', 'puissance souveraine', 'force', là où le latin ne peut dire que *virtus, potentia, virtus*. On voit que la δυνάμις, l'en-puissance, correspond ici à la perception dans le temps, par les croyants, de la puissance de Dieu.

Chez Boèce (480-524), on trouve à la fois *potestas* et *possibilitas* pour rendre δύναμις, dans sa traduction de *De interpretatione* 13, 23a21-26 :

> Φανερὸν δὴ ἐκ τῶν εἰρημένων ὅτι τὸ ἐξ ἀνάγκης ὂν κατ' ἐνέργειαν ἐστιν, ὥστε εἰ πρότερα τὰ ἀίδια, καὶ ἐνέργεια δυνάμεως προτέρα. καὶ τὰ μὲν ἄνευ δυνάμεως ἐνέργειαί εἰσιν, οἷον αἱ πρῶται οὐσίαι, τὰ δὲ μετὰ δυνάμεως, ἃ τῇ μὲν φύσει πρότερα, τῷ χρόνῳ δὲ ὕστερα, τὰ δὲ οὐδέποτε ἐνέργειαί εἰσιν ἀλλὰ δυνάμεις μόνον, Aristote, *De interpretatione* 13, 23a21-26.
> Il est donc manifeste d'après ce qui a été dit, que ce qui est par nécessité est en acte, en sorte que si les choses éternelles sont antérieures, l'acte est lui aussi antérieur à la puissance. Et dans certains cas, on a des actes sans avoir de puissance (ainsi, pour les substances premières), alors que dans d'autres cas on a des actes avec la puissance (ce sont des actes antérieurs par nature, mais temporellement postérieurs); dans d'autres cas, on n'a jamais d'actes mais seulement des puissances, Aristote, *De interpretatione* 13, 23a21-26, traduction C. Dalimier.

1. Voir ci-dessus, p. 54-55.

Manifestum est autem ex his quae dicta sunt quoniam quod ex necessitate est secundum actum est, quare, si priora sunt sempiterna, et quae actu sunt *potestate* priora sunt. Et haec quidem *sine potestate* actus sunt, ut primae substantiae, alia vero *cum possibilitate*, quae natura priora sunt, tempore vero posteriora, alia vero numquam sunt actu sed *potestate* solum, Boèce, *De interpretatione*, 13, 23a21-26, transl. latina, éd. L. Minio-Paluello, *Aristoteles Latinus*, II/ 1-2, p. 33, 16-21 (italique ajouté).

Sans que l'on sache si Boèce s'est inspiré de la traduction de Victorinus[1], on constate qu'il choisit *potestas* pour rendre δύναμις, en-puissance, lorsque ce terme est opposé de front à ἐνέργεια. Mais lorsque la δύναμις est mêlée d'ἐνέργεια, c'est-à-dire dans les réalités qui sont en acte dans la nature, mais n'apparaissent qu'avec le temps, il utilise le mot *possibilitas*. Celle-ci serait donc la potentialité cachée dans les réalités, les possibilités présentes mais non exprimées de choses en acte, à la façon dont, par exemple, les lignes électriques à haute tension ont une énergie en acte qui ne s'exprimera que le moment venu.

Chez Arnobe déjà, à la fin du IIIe siècle, on observe à propos du Christ l'emploi conjoint de *possibilitas* et de *potestas* :

Atquin constitit Christum sine ullis adminiculis rerum, sine ullius ritus observatione vel lege, omnia illa quae fecit nominis sui *possibilitate* fecisse et quod proprium, consentaneum, dignum Deo fuerat vero, nihil nocens aut noxium, sed opiferum, sed salutare, sed auxiliaris plenum nobis *potestatis* munifica liberalitate donasse, Arnobe, *Adversus nationes*, I, 44, éd. A. Reifferscheid, CSEL 4, Wien, 1875, p. 29, 13-18, italique ajouté.

Eh bien, il est établi que le Christ, sans le secours d'aucun objet, sans l'observance ni la règle d'aucun rite, a fait toutes les choses remarquables qu'il a faites, c'est-à-dire ce qui lui était propre, conforme au vrai Dieu et digne de lui, par le pouvoir (*ou* la potentialité) de son nom, sans nuire en rien ni faire rien de nuisible, mais qu'il nous a fait don dans la généreuse libéralité de sa puissance de ce qui était secourable, de ce qui était salutaire, de ce qui était plein d'assistance (traduction ajoutée).

On perçoit bien dans ce texte que *possibilitas* est la puissance en acte mais contenue, et *potestas* la puissance déployée.

L'*infinita possibilitas* de l'être nécessaire signifierait donc sa potentialité sans limite, puissance en acte de fait mais non encore totalement exprimée dans le temps cosmique, selon notre mode de perception de la puissance divine. Si l'on suit Victorinus dans le texte déjà considéré[2], l'*infinita possibilitas* s'appliquerait tout particulièrement au concept de création continue :

Iste namque rerum progressus est ut, cum omnia a deo, et potentiae et actus, a deo, qui supra potentias et actus accipitur, orta haec esse credantur,

Car ce développement des choses exige que, puisque tout vient de Dieu, les puissances aussi bien que les actes, on les considère comme sortis de Dieu, qui lui-

1. Voir *Aristoteles Latinus (AL)*, II/ 1-2, p. IX.

2. Voir *supra*, p. 54-55.

même est tenu pour au-dessus des puissances et des actes, Victorinus, *Adv. Ar.* IV 22, 24-27, traduction Hadot.

| | |
|---|---|
| Plotin, *Enn.* VI, 8 [39], 9, 9-10 et 13-14 | *Deus est super ens, necesse, solus* |
| Philon, *Legum allegoriae* I, 44 | *sibi abundanter, sufficienter* |
| Aristote, *Metaph.* Δ 17, 1022a8-10 | *esse omne dicit clausionem <finitatis alicuius>* |
| Plotin, *Enn.* VI, 8 [39], 14, 42 | *superest* |
| Aristote, *De caelo* I 9, 279a32-35 | *est necesse quia malum non habet* |
| Plotin, *Enn.* IV, 3 [27], 8, 36-38 et Porphyre, *Sententiae* 37, Lamberz, p. 43, 9 (âme) | *infinita possibilitate* |
| Porphyre, *Sententiae* 11, Lamberz, p. 5, 1-4 | *nec sic distrahitur suum et esse cum redeat a se in se* |
| Plotin, *Enn.* VI, 5 [23], 12, 8-9 et Porphyre, *Sententiae* 40, Lamberz, p. 48, 1-2 | *non totum indigenter, sed exabundanter* |

4. *Sentence et commentaire XIII*

La sentence XIII *Deus est sempiternitas agens in se, sine divisione et habitu*, « Dieu est en soi perpétuité agissante, sans discontinuité ni disposition acquise », exprime la perpétuité de l'action indivise et constante du Premier Moteur d'Aristote. Le commentaire en précise la nature par opposition aux modalités de la transmission physique du mouvement, soumise aux changements. Ce qui, néanmoins, reste inexpliqué – parce que l'auteur n'a recours au Premier Moteur d'Aristote que pour préciser la nature divine – c'est la modalité de la transmission du mouvement du Premier Moteur aux choses mues. L'auteur insiste ici sur l'infatigabilité du Premier Moteur, qu'il applique au Dieu créateur personnel, lequel n'a figurativement pas besoin d'ombre pour se reposer, au contraire de l'homme fatigué (*ut indiget obumbratione ut quiescat fatigatus*).

Cette section paraît entièrement tirée du chapitre VIII, 10 de la *Physique* d'Aristote, et l'on y remarque à nouveau la tendance de l'auteur à utiliser ses sources à rebours.

| | |
|---|---|
| Aristote, *Phys.* VIII 10, 267b24-25 | *Deus est sempiternitas agens in se* |
| Aristote, *Phys.* VIII 10, 267b17 | *sine divisione et habitu* |
| Aristote, *Phys.* VIII 10, 267a4-9 | *Agunt creata et acquirunt habitum. Agunt et deficiunt continuatione* |
| Aristote, *Phys.* VIII 10, 267b2-3 | *non tamen transmutatur fatigatus* |

### 5. *Sentence et commentaire XIV*

#### a) *Porphyre (*Sententiae *31), Philon (*De plantatione *10) et Aristote (*Phys. *VIII 9, 265b3-4)*

La sentence XIV *Deus est opposita ut mediatio entis*, « Dieu est les opposés être et non-être en tant que médiation de ce qui est », semble combiner d'une part Porphyre, *Sententiae* 31 : πάντα τὰ ὄντα καὶ μὴ ὄντα ἐκ τοῦ θεοῦ καὶ ἐν θεῷ, « tous les êtres et tous les non-êtres viennent de Dieu et sont en Dieu », et d'autre part Philon qui pose le Logos en médiateur entre les parties opposées (*De plantatione* 10), ici l'être et le non-être (*mediatione entis*). Mais l'auteur du *Liber* se démarque de Philon, pour qui le Logos est au centre du cosmos[1], tandis qu'ici le Logos est figuré par la sphère de l'être, et c'est Dieu qui, en tant que cause première, est comme emprisonné au centre de cette sphère.

Par ailleurs, chez Porphyre, les opposés sont *dans* le dieu et ne sont pas le dieu, car il s'agit, en *Sententiae* 31, de déterminer les réalités en fonction de l'opposition partout-nulle part. Ce n'est donc pas vraiment *Deus est opposita* :

> ... tous les êtres et tous les non-êtres viennent du dieu et sont dans le dieu, sans qu'il soit lui-même ni les êtres ni les non-êtres et sans qu'il soit en eux – car, s'il était seulement partout, il serait lui-même toutes choses et en toutes choses ; mais, étant donné qu'également il n'est nulle part, toutes choses viennent à l'être à cause de lui et sont en lui parce que celui-là est partout, tout en étant autres que lui parce que, lui, il n'est nulle part, Porphyre, *Sentences* 31, 8-13.

C'est la création qui, en revanche, permet à Victorinus d'expliquer comment Dieu lui-même, en tant que cause première au-dessus des non-étants et des étants, est à la fois non-étant et étant, en fonction de la venue à l'être des existants (*Ad Candidum* 4, 10-16) :

> Causa enim prior est ab his quorum causa est. Supra ὄν igitur Deus est et, iuxta quod supra est, μὴ ὄν Deus dicitur, non per privationem universi eius quod sit, sed ut aliud ὄν, ipsum quod est μὴ ὄν : iuxta ea quae futura sunt, τὸ μὴ ὄν, iuxta quod causa est ad generationem eorum quae sunt, τὸ ὄν,
> Car la cause est antérieure à ce dont elle est cause. Dieu est donc au-dessus de l'étant, et, en tant qu'au-dessus, Dieu est appelé *non-étant*, non par privation de tout ce qui peut être, mais comme *étant* différent, celui-là même qui est *non-étant* : selon les choses qui sont à venir, il est *le non-étant*; selon qu'il est cause de la génération des choses qui sont, il est *l'étant*, Victorinus, *Ad Candidum* 4, 10-16, traduction Hadot (un peu modifiée).

La sentence II exposant l'opposition partout-nulle part entre le centre et la circonférence de la sphère de l'être, la définition *Deus est opposita ut mediatio entis* se réfère aussi à la définition du centre de la sphère donnée par Aristote (*Phys.* VIII 9, 265b3-4) : « il est le commencement et le milieu de la grandeur,

1. Voir M. Harl, *Philon. Quis rerum divinarum heres sit*, p. 71-72.

ainsi que sa fin». Nous avons vu plus haut[1] Victorinus parler, lui aussi, des extrêmes et du milieu du centre, *summitates et medium* (*Adv. Ar.* I 60, 15-20). De la même façon, Dieu est ici à la fois les opposés et le milieu par rapport à l'être (*opposita ut mediatio entis*). C'est pourquoi le commentaire XIV s'ouvre par ces mots: «Cette définition suscite l'image que Dieu est une sphère, au centre de laquelle il serait comme emprisonné».

b) *Les Oracles chaldaïques (fr. 5)*

Mais d'où vient l'image de l'emprisonnement de Dieu à l'intérieur du centre de la sphère, celui-ci figurant depuis la section II la vie de la cause première?

Chez Plotin, on trouve le thème de la sphère sous deux formes:

1) soit la sphère du monde, dépouillée par la pensée de tout caractère matériel et par là devenue sphère intelligible. Elle a, elle aussi, un centre en trois parties (commencement, milieu et fin) et c'est le dieu qui l'occupe; mais il n'y est pas vie, il y est force giratoire de l'univers; il n'y est pas emprisonné et sa fonction ressemble à celle de l'Âme du monde (*Enn.* II, 9 [33], 17, 4-15)[2]. Ce n'est pas une figure symbolique, mais une simple représentation mentale de l'univers.

2) soit la sphère métaphysique de l'Un, à la fois centre et «enveloppement de toutes choses» (*Enn.* VI, 8 [39], 18, 3)[3], c'est-à-dire source de l'infinité des êtres, selon l'image des rayons qui partent du centre et forment des cercles concentriques d'êtres de rang de plus en plus éloigné, donc inférieurs. L'image du centre et de la sphère chez Plotin, bien qu'apparentée à ce que l'on trouve ici, en diffère considérablement, notamment par le rôle moindre de l'Intellect, par une hiérarchie des êtres et par la domination de l'Un, qui n'accepterait sans doute pas une sphère sans limite de l'être «au centre de laquelle il serait comme emprisonné».

L'image de l'emprisonnement dans le *Liber XXIV philosophorum* pourrait venir des *Oracles chaldaïques* (fr. 5). Ceux-ci affirment en effet que le feu primordial «emprisonne sa puissance par un intellect»:

> οὐ γὰρ ἐς ὕλην πῦρ ἐπέκεινα τὸ πρῶτον ἑὴν δύναμιν κατακλείει ἔργοις ἀλλὰ νόῳ, νοῦ γὰρ νόος ἐστὶν ὁ κόσμου τεχνίτης πυρίου.
> Car dans la matière, ce n'est pas au moyen d'ouvrages que le feu premier trancendantal emprisonne sa puissance, mais par un intellect: l'artisan du monde de feu est en effet Intellect de l'intellect, *Oracles chaldaïques*, fr. 5, 1-3, éd. Des Places, p. 67 (traduction un peu modifiée).

Rappelons le fr. 3 que nous avons vu à propos de la sentence I:

> ὁ πατὴρ ἥρπασσεν ἑαυτόν, οὐδ' ἐν ἑῇ δυνάμει νοερᾷ κλείσας ἴδιον πῦρ.
> Le père s'est dérobé lui-même, sans avoir enfermé dans sa puissance intellective le feu qui lui est propre, *Oracles chaldaïques*, fr. 3, éd. Des Places, p. 67 (traduction un peu modifiée).

1. Voir *supra*, p. 48.
2. Éd. et traduction Bréhier, II, Paris, 1989, CUF, p. 135 et traduction dans CCCM 143A, p. XIX.
3. Éd. G. Leroux, *Plotin. Traité sur la liberté et la volonté de l'Un* [Ennéade VI, 8 (39)], p. 182-186 et commentaires afférents, p. 370 *sq*.

Le Père des *Oracles* mettrait donc la puissance de son feu transcendantal, qu'il n'a pas gardée en lui, dans l'Intellect né de sa puissance intellective, « artisan du monde de feu », c'est-à-dire du monde des idées et des formes[1] mises en œuvre dans la matière. Notre auteur semble profiter de l'occurrence du même terme τεχνίτης, artisan, dans le fr. 5 des *Oracles* et dans le *Livre de la Sagesse* (Sg. 8, 6)[2] :

> τίς αὐτῆς τῶν ὄντων μᾶλλον ἐστιν τεχνῖτις
> Qui plus qu'elle <la Sagesse> est artisan des étants ?

pour passer de l'Intellect du « monde de feu » des *Oracles* à la Sagesse biblique du monde créé, et récupérer ainsi l'image de l'emprisonnement. Mais, dans les deux cas, il s'agit de l'agent intelligible de l'ordonnancement des choses, et non pas de la cause première. Et surtout, pour les *Oracles*, cet emprisonnement a lieu dans la matière, ce qui est impensable s'agissant de la cause première tout comme de la Sagesse biblique.

c) *Philon (*Quod Deus *108) et Rom. 4, 17*

C'est la création *ex nihilo* qui amène dans le *Liber*, sinon l'image de l'emprisonnement, du moins cette situation de la cause première. Dans la suite de l'image analogique du centre et de la sphère sans limite de la sentence II, c'est la cause première, donc le créateur lui-même, qui se trouve au centre de la sphère de l'être, image du Logos/Sagesse. Dieu est *quasi citra centrum*, « comme au cœur du centre »; il est le milieu du centre de la sphère divine, puisque la vie est au milieu de la triade existence, vie, pensée, qui correspond pour notre auteur aux trois moments du centre de la sphère. Il est le *medium* de la vie divine que nous avons rencontré dans la section VII, ce que Victorinus appelle *vitam esse*, le « être la vie ».

La sphère divine accomplit sans cesse l'ouvrage divin (*est continue agens sphaera divina opus divinum*), c'est-à-dire la création. Pour ce faire, Dieu retient éternellement dans son être un « comme rien » (*quo detinet ut nihil in suo esse aeternaliter*). Nous verrons plus loin, à propos de la sentence XXI, s'il est possible de préciser cet *ut nihil*.

En raison de la surabondance de sa bonté (*exuberantia bonitatis*), c'est-à-dire de son amour infini, débordant, Dieu crée (Philon, *Quod Deus* 108) en appelant à l'être (*vocavit in esse*), selon l'expression de saint Paul (Rom. 4, 17). Et le créateur, par sa position de puissance de vie au cœur du centre de la sphère de l'être, garantit l'être en acte de toute création (*stabit sphaera*). Si c'est l'être possible, la sphère de l'être retournera au rien (*redibit ad nihilum*) par retrait, par resserrement sur son centre, qui en est le commencement et le milieu, mais aussi la fin. De la sorte, le concept de création continue que l'*infinita possibilitas* divine semble contenir ne désignerait pas seulement la venue au jour progressive de

1. Voir H. Lewy, *Chaldean Oracles and Theurgy*, n. 184.
2. Voir aussi ce que dit la Sagesse en Prov. 8, 30 : « J'étais à ses côtés comme le maître d'œuvre ».

réalités en acte enfouies dans le temps cosmique, mais aussi le soutien permanent dans l'être en acte de la création tout entière.

| | |
|---|---|
| Porphyre, *Sententiae* 31 et Philon, *De plantatione* 10 | *Deus est opposita ut mediatio entis* |
| *cf.* Aristote, *Phys.* VIII 9, 265b3-4 | *facit imaginari esse sphaeram in cuius centro* |
| *Oracles chaldaïques*, fr. 5, 1-3 | *ut incarceretur* |
| Sagesse. 8, 6 et *Oracles*, fr. 5, 4-5 | *agens sphaera divina opus divinum* |
| Philon, *Quod Deus* 108 | *per exuberantiam suae bonitatis* |
| Rom. 4, 17 | *vocavit in esse* |
| Sg. 1, 7 et Col. 1, 17 | *stabit sphaera* |

6. *Sentence et commentaire XXII*

a) *Le commentaire* In Parmenidem *de Turin (I, 6-10)*

La sentence XXII, *Deus est ex quo est quicquid est, non partitione; per quem est, non variatione; in quo est quod est, non commixtione*, « Dieu est celui de qui est tout ce qui est, sans division; grâce à qui cela est, sans modification; en qui est ce qui est, sans composition », est tout entière tirée du début du texte conservé de l'*In Parmenidem* de Turin :

> ἱκανῶς γὰρ ἀφίστησιν ἀπ' αὐτοῦ (θεοῦ) <ἡ τοῦ ἑνὸς ἔννοια> πᾶν πλῆθος καὶ σύνθεσιν καὶ ποικιλίαν, καὶ τὸ ἁπλοῦν ἐννοεῖν δίδωσι καὶ τὸ μηδὲν πρὸ αὐτοῦ καὶ τὸ ἀρχὴν εἶναι τῶν ἄλλων τὸ ἕν πως.
> De manière adéquate en effet, <la notion d'Un> écarte de lui (le dieu) toute multiplicité, composition et variété, et donne à entendre que l'Un est en quelque sorte à la fois ce qui est simple, ce qui n'a rien avant lui et ce qui est principe des autres choses, <Porphyre>, *In Parm.* I, 6-10, éd. et traduction Hadot (un peu modifiée), *Porphyre et Victorinus*, II, p. 64-65[1].

L'auteur latin a transformé la phrase en une définition très construite de Dieu, précisant en trois points le rapport de l'Un aux choses qui sont : *ex quo est ..., per quem est ...* et *in quo est ...*, qu'il va appliquer dans le commentaire au Dieu créateur, reprenant ἱκανῶς par *ad applicationem iustam*. Nous examinerons plus loin sa méthode de traduction.

b) *Plotin (*Enn. *V, 1 [10], 7) et Porphyre (*In Categ. Arist., *Busse p. 118, 8-9)*

Le commentaire XXII examine donc la vie divine dans son rapport aux choses, en reprenant ses trois aspects imbriqués : pensée, vie, être, déterminés dans les sections XIX et XX. C'est ce que l'auteur appelle très maladroitement l'*essentia triformis* du Dieu créateur (*ad applicationem suae essentiae triformis ad nihil*).

1. Voir M.-O. Goulet-Cazé, « Le système philosophique de Porphyre dans les *Sentences*. A. Métaphysique », dans Porphyre, *Sentences*, I, p. 62.

L'adjectif est mal choisi, car *triformis* est l'épithète traditionnelle de la Lune ou Hécate, qui présente trois aspects : le premier quartier, la pleine lune et le dernier quartier. Or, Hécate est la divinité qui est « centre intermédiaire » dans la triade chaldaïque[1], ce qui explique l'insistance de notre auteur, que nous avons observée au commentaire VII[2], à qualifier la vie divine commune au Père et au Fils de simple *medium*, moyen terme, et non pas de *centrum*. La confusion possible avec cette divinité astrale rend donc l'adjectif *triformis*, composé qui plus est de *forma*, tout à fait inapplicable à l'essence divine. C'est pourquoi Victorinus forgera dans l'*Adversus Arium* les adjectifs *tripotens* (I 50, 4) et son équivalent grec τριδύναμος (IV 21, 26), à la triple puissance.

La fondation des choses est l'« application » de cette triple essence divine aux existants, explicitée à l'aide de Plotin, *Enn.* V, 1 [10], 7 :

1) ceux-ci recevraient en effet de l'Intellect engendré l'origine de leur essence, c'est-à-dire leur idée (*suum initium suae essentiae perciperent per genitum*) ;

2) ils demeureraient stables dans l'être (*in esse starent*), ce qui correspondrait à leur existence, à la vie ;

3) ils conserveraient leur forme (*in uniformitate permanerent*), c'est-à-dire leur être, puisque c'est la forme qui donne l'être.

C'est l'engendré qui œuvrerait ainsi, dans son rapport corrélatif immédiat à l'engendrant tel que l'a défini Porphyre (*In Categ. Arist.*, Busse p. 118, 8-9), exprimé ici par *ut est ex generato generator*. De même que le père n'est père qu'avec la naissance du fils, de même le créateur ne crée qu'avec l'aide de son Logos. Le commentaire I nous a déjà dit que la Sagesse, tout comme l'être véritable, l'assistait dès le commencement du monde.

### c) *Philon d'Alexandrie (*De specialibus legibus *I, 329)*

Mais, puisqu'il s'agit ici de la création des « choses qui sont », il importe de préserver Dieu et son Intellect de tout contact avec la matière. C'est là le projet de Philon, tel qu'il l'expose dans sa théorie des idées (*De specialibus legibus* I, 329) :

> Ἐξ ἐκείνης πάντ' ἐγεννησεν ὁ θεός, οὐκ ἐφαπτόμενος αὐτός – οὐ γὰρ ἦν θέμις ἀπείρου καὶ πεφυρμὲνης ὕλης ψαύειν τὸν εὐδαίμονα καὶ μακάριον – ἀλλὰ ταῖς ἀσωμάτοις δυνάμεσιν, ὧν ἔτυμον ὄνομα αἱ ἰδέαι, κατεχρήσατο πρὸς τὸ γένος ἕκαστον τὴν ἁρμόττουσαν λαβεῖν μορφήν,
> Selon celle-là <la doctrine des idées>, Dieu a tout créé, mais sans s'y attacher lui-même – il n'était pas permis en effet que le Bienheureux parfait entre en contact avec une matière illimitée et confuse –, mais il eut recours à ses puissances incorporelles, dont 'les idées' sont le nom véritable, pour que chaque genre reçoive la forme qui lui convient, Philon, *De specialibus legibus* I, 329, éd. et traduction S. Daniel (un peu modifiée), p. 209.

1. Voir L. Brisson, « Le commentaire comme prière ... », p. 334.
2. Voir ci-dessus p. 43-44.

Notre auteur explique donc le statut respectif de Dieu et de son Logos en vue de la création du monde, toujours selon le motif ternaire de la sentence XXII. Dieu crée par l'intermédiaire de son Logos pour trois raisons :

1) en suivant, semble-t-il, Porphyre, *Sententiae* 24, rien n'est ainsi divisé de l'essence de l'engendrant – *non partitione* ;

2) l'Idée divine, définie dans l'*In Parmenidem* XIV, 10-12 comme « Un et simple », ne doit pas risquer d'être modifiée – *non variatione* – par les idées qu'elle donnerait directement aux choses ;

3) le Logos, qui rassemble ces idées, ne doit pas se souiller en se mêlant à la matière – *non commixtione* – ce qui nous renvoie à Philon.

| | |
|---|---|
| *In Parm.* I, 6-10 | *Deus est ex quo est quicquid est, non partitione ; per quem est, non variatione ; in quo est quod est, non commixtione* |
| cf. Horace, *Odes* III, 22, 4 | *triformis* |
| Porphyre, *In Timaeum*, fr. 36 | *illas res quae sunt ad esse producit* |
| Porphyre, *In Categ. Arist.*, Busse, 118, 8-9 | *ut est ex generato generator* |
| Plotin, *Enn.* V, 1 [10], 7, 22-23, 26-29, 25-26. | *suum initium suae essentiae perciperent per genitum, in esse starent, in uniformitate permanerent* |
| *In Parm.* XIV, 10-12 | *species divina* |
| Porphyre, *Sententiae* 24 | *ex generante ipso non dividitur aliquid de sui essentia* |
| Philon, *De opificio mundi* 131 | *unitor* |
| Porphyre, *In Timaeum*, fr. 53 | *ipsa in se colligens* |
| Philon, *De opificio mundi* 8 | *commixtionem aut impuritatem* |

## II.C. L'INCOGNOSCIBILITÉ DIVINE

Ce troisième caractère de la divinité occupe les sections VIII, XVI-XVII, puis XXI et XXIII-XXIV du *Liber XXIV philosophorum*, soit six sur vingt-quatre.

### 1. *Sentence et commentaire VIII*

#### a) *Plotin (*Enn. *VI, 9 [9], 9) et Apulée (c. 125-apr. 170)*

Dans cette section VIII apparaît le thème de l'amour, *Deus est amor qui plus habitus magis latet*, « Dieu est l'amour qui plus on le possède, plus il se cache ». Il ne s'agit pas d'une définition de Dieu en lui-même qui dirait « Dieu est amour », car la définition est *per effectum*, elle passe par l'effet que produit Dieu, c'est-à-dire l'amour de la créature pour sa cause : il s'agit de la perception de l'amour divin dans l'âme.

Selon Plotin (*Enn.* VI, 9 [9], 9)[1], il y a dans l'âme un amour inné pour le Bien. Plotin fait alors allusion au conte d'Erôs et Psyché, raconté par Apulée[2] dans ses *Métamorphoses* (IV-VI), que l'on peut résumer ainsi : Psyché, l'âme, épouse d'Erôs, l'amour, est très heureuse, mais elle ne peut retrouver son mari que de nuit, car elle ne doit pas voir ses traits. Poussée par le doute qu'a instillé en elle la jalousie de ses sœurs, elle prend une nuit la lampe pour surprendre Erôs. Elle découvre qu'il est très beau et en est tellement émue qu'une goutte d'huile brûlante tombée de la lampe le réveille ; aussitôt il disparaît. Psyché ne le retrouvera qu'après une longue suite d'épreuves. D'où la définition VIII, qui fait en quelque sorte parler Apulée : *Deus est amor qui plus habitus magis latet*, « Dieu est l'amour qui plus on le possède, plus il se cache » : l'amour doit rester libre.

b) *Numénius (fr. 13) et les* Oracles chaldaïques *(fr. 39)*

Puisque toute vie vient de Dieu, il y a dans la cause première l'origine de la vie et le germe de la vie totale (*in prima causa id a quo vita et sperma quo vita tota*). Le mot *sperma* renvoie, semble-t-il, à Numénius qui exprime la même idée en disant σπέρμα πάσης ψυχῆς (fr. 13). L'ambivalence du mot ψυχή, à la fois âme et vie, convient bien au contexte.

On trouve la même image de la semence dans le fr. 39 des *Oracles chaldaïques*, parlant de l'Intellect paternel engendré de lui-même qui sème dans ses œuvres le feu de l'amour :

> Ἔργα νοήσας γὰρ πατρικὸς νόος αὐτογένεθλος πᾶσιν ἐνέσπειρεν δεσμὸν πυριβριθῆ ἔρωτος.
> Quand en effet il eut conçu ses œuvres, l'Intellect paternel engendré de lui-même sema en toutes le lien lourd de feu de l'amour, *Oracles chaldaïques*, fr. 39, 1-2, éd. et traduction Des Places, p. 77.

L'adjectif αὐτογένεθλος reste en continuité avec la section précédente VII du *Liber*, où *l'Histoire de la philosophie* IV, fr. 18 de Porphyre a permis d'exposer, avec l'adjectif similaire αὐτογέννητος comment l'Intellect s'est engendré de son propre mouvement[3].

c) *Philon d'Alexandrie (*De fuga et inventione *198)*

À l'image de la semence se substitue ensuite celle de la source, qui désigne aussi la cause. Cette image existe bien dans les *Oracles chaldaïques*, mais on la trouve déjà chez Philon dans un contexte qui conviendrait mieux ici, puisque pour Philon « Dieu seul en effet est … cause de l'âme et de la vie » dans une perspective créationniste (*De fuga et inventione* 198), alors que pour les *Oracles* l'âme est un morceau du feu divin[4].

1. Au chapitre précédent *Enn.* VI, 9 [9], 8, Plotin montre les âmes formant un chœur circulaire autour du centre intelligible dont elles sont issues.

2. Sur Éros et Psyché, voir *DphA*, I, Paris, 1989, p. 309 (bibliographie).

3. Voir Porphyre, *Les fragments de l'Histoire de la philosophie*, traduction A.-Ph. Segonds, p. 194, n. 1.

4. Voir L. Brisson, « Le commentaire comme prière … », p. 335 et 337.

d) *Porphyre (*Sententiae *28 et 40) et Plotin (*Enn. *VI, 7 [38], 22, 18-19)*

Puis, l'auteur paraît s'inspirer de Porphyre, *Sententiae* 28, où ce dernier explique l'union de l'âme au corps en ces termes :

> Il faut que l'incorporel fasse venir à l'existence des puissances qui, à partir de leur union avec lui, s'inclinent vers l'extérieur, lui permettant précisément, dans sa descente, de se conjoindre au corps, Porphyre, *Sentences* 28, 4-7.

Ici, le texte est transposé à l'incorporel suprême, Dieu, et cherche à rendre compte de l'infusion de l'âme par Dieu dans le corps, qui est la *res creata*. Comme l'âme chez Porphyre, Dieu dégage de lui-même des puissances, la puissance de vie puisqu'en tant que cause première il est source de la vie (*fons vitae*) et la puissance d'amour dont son Intellect est la source (*fons amoris*). Ces deux puissances, « à partir de leur union avec lui » maladroitement rendu par *quod Illius generantis et geniti*, s'inclinent alors « vers l'extérieur » – c'est-à-dire *penitus*, complètement – vers « la chose créée », le corps, qui en devient *creatura* animée. En retour (*per viam regressionis*), la créature nécessairement aime Dieu, comme le dit aussi Plotin (*Enn.* VI, 9 [9], 9, 26-28).

Selon Plotin encore, cet amour inné de l'âme la porte vers le Bien (*Enn.* VI, 7 [38], 22, 18-19) qui, immobile, se laisse atteindre (*Enn.* VI, 9 [9], 9, 45-46) :

> Mais c'est là-bas qu'est le véritable bien-aimé, avec qui il est possible de s'unir en participant à lui et en le possédant réellement, Plotin, *Enn.* VI, 9 [9], 9, 45-46, traduction Hadot.

Chez Porphyre au contraire, le dieu n'est pas pris comme le Bien, c'est-à-dire une réalité morale, mais comme une essence à laquelle la pensée applique toutes les qualités qui lui conviennent, sans pouvoir aller au-delà de cette idée de l'essence parfaite ni l'arrêter de manière définitive (*Sententiae* 40). L'âme, entraînée toujours plus haut, ne pourra atteindre l'impossible compréhension de Dieu. Cette position est cohérente avec ce que nous avons vu précédemment de Dieu au-dessus de l'essence, sur le mode supérieur de l'acte d'être. C'est pourquoi notre auteur a recours indirectement au mythe d'Éros et Psyché, afin de signifier à la suite d'Apulée que Dieu demeure paradoxalement d'autant plus caché à l'âme que celle-ci est comblée par lui, parce que l'âme le saisit alors par le cœur, mais non par la pensée, incapable de suivre.

| | |
|---|---|
| Plotin, *Enn.* VI, 9 [9], 9, 45-46 | *Deus est amor habitus* |
| cf. Plotin, *Enn.* VI, 9 [9], 9, 24-26 (Apulée) | *Deus est amor qui plus habitus magis latet* |
| Numénius, fr. 13 | *In prima causa sperma quo vita tota* |
| *Oracles chaldaïques*, fr. 39, 1-2 | *(fons) amoris in Illo* |
| Philon, *De fuga et inventione* 198 | *igitur id ipsum est fons vitae* |
| Porphyre, *Sententiae* 28, Lamberz, p. 17, 4-6 | *Quod si, rei creatae, Illius generantis et geniti ad illam penitus se inclinat* |

| | |
|---|---|
| Plotin, *Enn.* VI, 9 [9], 9, 26-28 | *amor creaturae prout ordinata est creatura ab ipsa* |
| Porphyre, *Sententiae* 40, Lamberz, p. 47, 10-48, 2 | *cui quanto te magis vivificaveris* |
| Plotin, *Enn.* VI, 7 [38], 22, 18-19 | *exaltaberis* |
| Porphyre, *Sententiae* 40, Lamberz, p. 48, 8-9 | *tanto ... et tanto elevabitur* |

Après ce caractère caché de l'amour divin, les sections XVI et XVII vont souligner précisément tant l'incapacité relative de l'esprit humain à saisir la nature divine que l'inadaptation du langage à l'exprimer.

2. *Sentence et commentaire XVI*

a) *Porphyre,* De abstinentia *(II, 34, 2) et* In Parmenidem *de Turin (III, 1-8)*

La sentence XVI, *Deus est quod solum vocis non significat propter excellenciam, ut mentes non intelligunt propter dissimilitudinem*, « Dieu est ce que le propre du langage ne signifie pas à cause de son excellence, comme les esprits ne le saisissent pas à cause de sa dissemblance », pose d'abord que le langage ne convient pas à Dieu, à partir, semble-t-il, du *De abstinentia* (II, 34, 2) de Porphyre et avec l'expression *solum* suivi du génitif qu'utilise Victorinus.

Mais c'est à nouveau le commentaire *In Parmenidem* de Turin qui semble inspirer la suite. L'auteur du *Liber* y trouve en effet à la fois le thème de l'excellence de Dieu, qui le met au-dessus de toute chose (III, 7-8) et celui de sa dissemblance à l'égard de l'esprit humain (III, 1), qui le rend insaisissable à la pensée.

Ainsi que le montre le membre de phrase *ut mentes non intelligunt propter dissimilitudinem*, il comprend en effet le νοῦς dans *In Parm.* III, 1 : Ἆρ' οὖν ἀνόμοιος ὁ θεὸς τῷ νῷ καὶ ἕτερος ; « Est-ce que le dieu n'est pas dissemblable de l'esprit et tout autre ? », comme désignant l'esprit humain, l'intellect des hommes, et non l'Intellect de l'Un. Cette position est surprenante, car il y a de nos jours, semble-t-il, consensus pour considérer que ce passage de l'*In Parmenidem* pose la différence radicale entre l'Un et son Intellect[1]. Cependant, la suite du texte (III, 1-8) exalte tellement l'absolue transcendance de l'Un sur toute chose quelle qu'elle soit, étant ou non-étant, qui tient de lui son existence, qu'il paraît extrêmement difficile de mettre son propre Intellect au rang de l'une d'entre elles[2]. De plus, si tel était ici le sens de νοῦς, notre auteur n'aurait très probable-

1. Hadot (*Porphyre et Victorinus*, II, p. 72-73) et Linguiti (CPF, p. 145-146) comprennent l'Intelligence de l'Un; Bechtle (*The Anonymous...*, p. 129), qui ne rend pas la forme négative de la question, semble plus hésitant. J. M. Dillon (« Porphyry's Doctrine of the One », dans *The Great Tradition*, XVI, 357-358) constate l'ambiguïté de la position de Porphyre, entre cette absolue dissemblance et les propos plus nuancés qu'on trouve ailleurs chez lui sur la relation entre l'Un et l'Intellect.

2. Voir *infra*, XVI, n. 4.

ment pas retenu ce passage, soucieux comme il l'est d'établir l'égalité de l'Un/Dieu et de son Intellect/Verbe. Le commentaire va peut-être nous éclairer.

b) *Sextus Empiricus (*Adv. Math.*, VIII, 80)*

Le commentaire XVI commence par poser une vérité générale, à savoir que la voix, c'est-à-dire le langage, a pour fonction de signifier le pensé, car « dire, c'est proférer le vocable qui signifie l'objet pensé » (Sextus Empiricus, *Adv. Math.*, VIII, 80). Cette affirmation du *Liber* : « Officium vocis est significare intellectus mentis », La fonction du langage est de signifier ce que comprend l'esprit, correspondrait au lien établi par les stoïciens entre la représentation logique et son énoncé[1]. Quant à la formulation, elle semble typique de Victorinus (voir par ex. *In Cicer. Rhetor.* II, 3).

c) *Philon (*De mutatione nominum *8) et* In Parmenidem *de Turin (X, 25-26)*

Or, il n'y a pas dans l'âme d'idée ni de modèle de Dieu, qui permettrait de le reconnaître et de le penser aisément, ce en quoi Philon (*De mutatione nominum* 8) se rencontre avec l'*In Parmenidem* X, 25-26. Si Dieu ne peut être reconnu, c'est parce que l'âme ne trouve pas en elle d'idée globale qui lui corresponde.

d) In Parmenidem *de Turin (XIV, 5, 10-26)*

L'âme ne trouve en elle que des abstractions générales qui ne dépendent pas des réalités concrètes (*non secundum quod sit in rebus*), mais qui sont bien fondamentalement Dieu lui-même : *ipsa sunt penitus Ipse*, où *Ipse*, pris absolument, semble traduire 'τὸ αὐτὸ τοῦτο', « Lui-même », de *In Parmenidem* XIV, 5.

Ce fragment XIV de l'*In Parmenidem* expose en effet, nous l'avons dit, comment le point de vue sur l'Un peut être double. On peut penser l'Un d'abord comme Un et simple « selon l'idée première du Lui-même pris en lui-même, ... idée indicible et inconcevable » (*In Parm.* XIV, 10-12 et 14-15)[2], ce que le *Liber* rend ici par « secundum se totum, et non intellectum nec igitur significatum ». Mais l'Un ne sera ni Un ni simple, s'il est pris selon l'existence, la vie et la pensée, c'est-à-dire Lui-même distribué en notions abstraites (*In Parm.* XIV, 15-26) :

οὐχ ἓν δὲ οὐδὲ ἁπλοῦν κατὰ τὴν ὕπαρξιν καὶ ζωὴν καὶ τὴν νόησιν. Καὶ τὸ νοοῦν καὶ τὸ νοούμενον ὑπάρξει. Τὸ δὲ νοοῦν, ἣν ὁ νοῦ[ς μετε]ξ[έλθῃ] ἀπὸ τῆς ὑπάρξεως εἰς τὸ νοοῦν, ἵνα ἐπανέλθῃ εἰς τὸ νοητὸν καὶ ἑαυτὸν ἴδῃ, ἐστὶν ζωή· διὸ ἀόριστος <ὁ> κατὰ τὴν ζωήν. Καὶ πασῶν οὐσῶν ἐνεργειῶν καὶ ὡς κατὰ μὲν τὴν

mais il n'est ni Un ni simple selon l'existence, la vie et la pensée. Selon l'existence, le pensant est à la fois le pensé. Mais, si l'Intellect est sorti de l'existence pour aller vers le pensant, afin de revenir vers l'intelligible et de se voir lui-même, le pensant est la vie : c'est pourquoi, selon la vie, l'Intellect est indéterminé. Et toutes <trois> étant des

1. Voir F. Ildefonse, *La naissance de la grammaire dans l'Antiquité grecque*, p. 131.
2. Voir P. Hadot, *Porphyre et Victorinus*, I, p. 133 ; éd. II, p. 110-111.

ὕπαρξιν ἑστῶσα ἂν εἴη ἡ ἐνέργεια, κατὰ δὲ τὴν νόησιν εἰς αὐτὴν στραεῖσα ἐνέργεια, κατὰ δὲ τὴν ζωὴν ἐκ τῆς ὑπάρξεως ἐκνεύσασα ἐνέργεια, <Porphyre>, *In Parm.* XIV, 15-26, éd. et traduction Hadot (modifiée), *Porphyre et Victorinus*, II, p. 110-113.

actes, ce serait aussi dans l'idée que selon l'existence l'acte serait immobile, selon la pensée il serait l'acte tourné vers lui-même, et selon la vie l'acte sorti de l'existence.

C'est sans doute ce que l'auteur du *Liber* signifie par *ipsa sunt penitus Ipse*, « ceux-là mêmes sont fondamentalement Lui-même ». Ce neutre *ipsa* semble reprendre ce que lit l'auteur dans l'*In Parmenidem* : existence, vie et pensée, comme les différents aspects de la nature de l'Un, résumés par « toutes <trois> étant des actes ».

On retrouve chez Victorinus (*Adv. Ar.* IV 5, 29-36) – au titre de *species principales*, les idées principielles, expression tirée des *Oracles chaldaïques* – les trois notions ὀντότης, ζωότης, νόησις[1], qui s'appliquent à Dieu « in exemplo », c'est-à-dire dans le texte qui lui sert de source :

> Deus, inquam, primo universalium universales exsistentias substantiasque progenuit. Has Plato ideas vocat, cunctarum in exsistentibus specierum species principales (ἀρχεγόνους ἰδέας, *Or. chald.*, fr. 37, *infra*, XXIII, n. 2) ; quod genus in exemplo est ὀντότης, ζωότης, νοότης (*In Parm.* XIV, 15-16) et item ταυτότης, ἑτερότης atque hoc genus cetera (*In Parm.* III, 32-35). Genera igitur generum profunduntur a Deo et omnium potentiarum potentiae universaliter principales,
> Dieu, dis-je, premièrement a engendré les existences et substances universelles des universels. Ce sont elles que Platon nomme idées, c'est-à-dire les formes originelles (ἀρχεγόνους ἰδέας, *Or. chald.*, fr. 37, *infra*, XXIII, n. 2) de toutes les formes réalisées dans les existants ; sont de ce genre dans le texte-source ὀντότης, ζωότης, νοότης (*In Parm.* XIV, 15-16), et de même ταυτότης, ἑτερότης (*In Parm.* III, 32-35) et tous les autres de ce genre. Les genres des genres s'épanchent donc à partir de Dieu, ainsi que les puissances universellement originelles de toutes les puissances, Victorinus, *Adv. Ar.* IV 5, 29-36, traduction Hadot (un peu modifiée), références ajoutées.

Le mot *exemplum* peut en effet désigner chez Victorinus le texte à l'appui d'un *argumentum* (*Candidi Epist.* II 1, 2)[2]. Les mots grecs reprennent bien τὴν ὕπαρξιν καὶ ζωὴν καὶ τὴν νόησιν de *In Parmenidem* XIV, 15-16, mais Victorinus recherche les termes les plus abstraits possible pour exprimer les genres suprêmes inclus dans la nature de Dieu. Après en avoir essayé trois pour le premier genre : ὑπαρκτότης, οὐσιότης, ὀντότης (*Adv. Ar.* III 7, 12) – où l'on voit son goût pour les néologismes, même grecs – il se fixe au troisième qui semble avoir été déjà employé par Porphyre, tout comme ζωότης[3]. Ce goût très marqué

1. νοότης, mot plus tardif de Proclus, a été suppléé par les éditeurs à νόησις, dans Victorinus, *Adv. Ar.* IV 5, 33, 39 et IV 6, 6, éd. Henry et Hadot, *Marii Victorini Opera* I, CSEL 83/1, p. 231-232, apparat : νοότης *scripsimus*, νόησις Σ (= ed. Sicard).

2. Voir *infra*, p. 129-130.

3. P. Hadot, *Porphyre et Victorinus*, I, p. 374, n. 1 et 2 : ζωότης figure dans Porphyre, *Ad Gaurum*, XVI, 5, éd. Kalbfleisch, p. 57, 10.

pour la recherche de termes nouveaux est d'ailleurs aussi une caractéristique des stoïciens, reprise par Cicéron[1].

Considéré selon l'existence, la vie et la pensée, c'est-à-dire selon les abstractions qui l'explicitent, l'Un n'est plus ni Un ni simple. De ce second point de vue, existence, vie et pensée sont intimement imbriquées en lui[2], en sorte qu'il ne saurait y avoir un abîme entre lui et son Intellect. Ainsi, de ce point de vue en quelque sorte fragmenté, l'âme peut appréhender Dieu, alors que, pris en lui-même dans sa globalité (*secundum se totum*), Dieu est dissemblable de l'esprit, étant insaisissable et donc inexprimable. En disant « Ergo est ei dissimilis ... », le commentaire répond à la question posée en *In Parmenidem* III, 1, par la distinction entre les deux modes d'envisager l'Un exposés plus loin dans le même texte.

| | |
|---|---|
| Porphyre, *De abstinentia* II, 34, 2 | *Deus est quod solum vocis non significat* |
| *In Parm.* III, 1 et 3-8 | *propter excellenciam ... dissimilitudinem* |
| cf. Sextus Empiricus, *Adv. Math.*, VIII, 80 | *Officium vocis est significare intellectus mentis* |
| Philon, *De mutatione nominum* 8 | *Anima non invenit in se speciem Dei* |
| *In Parm.* X, 25-26 | *exemplar Dei* |
| *In Parm.* XIV, 15-16 | *ipsa sunt penitus Ipse* |
| *In Parm.* XIV, 5 | *Ipse* |
| cf. *In Parm.* III, 1 | *Ergo est ei dissimilis* |
| *In Parm.* XIV, 10-12, 14-15 | *secundum se totum, et non intellectum nec igitur significatum* |

3. *Sentence et commentaire XVII*

La section XVII complète la section précédente en la justifiant. C'est parce que *Deus est intellectus sui,* « Dieu est intellect de lui-même » qu'il ne reçoit pas le propre du prédicat, *solum praedicationis non recipiens*.

a) Aristote explique en *Metaph.* Λ 7, 1072b19-21 que l'Intellect divin s'intellige lui-même, puiqu'il est lui-même l'intelligible. Notre auteur reprend ce texte en deux fois : au début de la sentence XVII *Deus est intellectus sui* et à la fin du commentaire.

b) Il reprend à Porphyre (*Hist. philos.* IV, fr. 15), semble-t-il, *solum praedicationis non recipiens* avec la tournure *solum* + génitif particulière à Victorinus :

> ce que l'on appelle ses dénominations est prédiqué de lui <le dieu Un> d'une manière impropre à partir des êtres inférieurs, Porphyre, *Hist. philos.* IV, fr. 15, éd. Nauck, p. 13, 12-14, traduction Segonds, p. 189.

Puis, il introduit une vérité d'ordre général concernant le langage, comme il l'avait fait en XVI en disant *Officium vocis* ... etc. Ici, il s'agit de la répétition

1. F. Ildefonse, *La naissance de la grammaire*, p. 135.
2. Voir *In Parm.* XIV, 5-26 *supra*, p. 37.

d'une difficulté (*nodus*), répétition qui ne sert à rien pour l'expliquer. Ce procédé de répétition s'appelle en rhétorique épanaphore, ou plus simplement en latin *relatio*. Mais, par ailleurs, il n'y a pas en Dieu de raisons qualitatives (*prius, posterius*) ou quantitatives (*magis, minus*) qui permettraient de l'expliquer, selon Aristote, *Categ.* 5, 4a6-8. C'est que « tiré de la substance première, il n'existe aucun prédicat » (*Categ.* 5, 3a36-37), ce qui découle aussi de la sentence VI *Deus est cuius comparatione substantia accidens est, et accidens nihil.* La section VI, en affirmant que « la substance divine est étrangère » parce que la distinction substance/accident ne peut lui être appliquée, prépare cette section XVII qui exclut de la divinité l'expression de tout prédicat.

| | |
|---|---|
| Aristote, *Metaph.* Λ 7, 1072b21 | *Deus est intellectus sui* |
| Porphyre, *Hist. philos.* IV, fr. 15, éd. Nauck, p. 13, 12-14 | *solum praedicationis non recipiens* |
| Aristote, *Categ.* 5, 4a6-8 | *rationes secundum prius et posterius, perficientes quid ei secundum magis et minus* |
| Aristote, *Categ.* 5, 3a36-37 | *non recipit praedicationem* |
| Aristote, *Metaph.* Λ 7, 1072b19-21 | *seipsum specie intelligit, quia ipsum ad ipsum generat* |

4. *Sentence et commentaire XXI*

En abordant cette sentence *Deus tenebra est in anima post omnem lucem relicta*, « Dieu est ténèbre dans l'âme, celle qui reste après toute lumière », on pense trouver là l'expression pure de la théologie négative. Or la réalité est plus complexe.

a) *Porphyre (*Ad Marcellam *25-26)*

Le commentaire établit tout d'abord, à l'aide de Porphyre (*Lettre à Marcella* 25-26), que c'est Dieu, c'est-à-dire l'Intellect, qui éclaire les notions des choses dans l'âme, notions qu'il y a mises lui-même, alors que dans le texte de Porphyre, il ne s'agit que de la loi morale imprimée dans l'âme par le dieu.

b) In Parmenidem *de Turin (X, 28-29)*

Or, pour apercevoir la divinité, l'âme doit écarter toutes les notions, toutes les idées des choses, d'après *In Parmenidem* X, 28-29.

c) *Philon (*De specialibus legibus *I, 37 et 43-44) et Porphyre (*Sententiae *10)*

Si l'âme veut voir les réalités d'en-haut par son intellect, alors celui-ci s'obscurcit, se brouille, car il n'est pas fait pour la lumière increée, comme Philon le suggère en *De specialibus legibus* I, 37 et le développe en I, 43-44, à propos de Moïse demandant à voir la face du Seigneur. On remarque dans le mot *aptus* la notion d'aptitude, d'ἐπιτηδειότης, caractéristique du néoplatonisme de Porphyre. C'est l'intellect de l'âme qui n'est pas apte à recevoir la lumière increée, parce que, comme le dit Porphyre en *Sententiae* 10, « toutes choses sont en toutes, mais sur un mode approprié à l'essence de chacune; elles sont en effet ... dans l'âme sur le mode des raisons (λογικῶς) ... et dans l'au-delà sur le mode de la non-intellection et de la suressence (ἀνεννοήτως καὶ ὑπερουσίως)»[1]. Il n'y a donc pas de réception directe possible de la divinité dans l'intellect de l'âme.

d) *Plotin (*Enn. *II, 4 [12], 10, 15-17)*

Plotin explique en *Enn.* II, 4 [12], 10, 15-17, que pour penser la matière primitive, l'âme doit enlever tout ce qui détermine les sensibles à la façon d'une lumière, mais comme ensuite elle ne peut plus définir ce qui reste, elle voit dans le noir, dans l'obscurité :

> ψυχὴ ἀφελοῦσα ὅσα ἐπὶ τοῖς αἰσθητοῖς οἷον φῶς, τὸ λοιπὸν οὐκέτι ἔχουσα ὁρίσαι, ὁμοιοῦται τῇ ὄψει τῇ ἐν σκότῳ ... ὅταν δὲ τὴν ὕλην <νοῇ>, οὕτω πάσχει πάθος οἷον τύπον τοῦ ἀμόρφου,
> L'âme, ayant enlevé tout ce qui détermine les sensibles à la façon d'une lumière, ne pouvant plus définir le reste, s'assimile à la vue dans l'obscurité ... lorsqu'elle pense la matière, elle éprouve ainsi une affection qui est comme la marque de l'informe, Plotin, *Enn.* II, 4 [12], 10, 15-17 et 22-23, éd. et traduction Narbonne (un peu modifiée), p. 290-291.

Où l'on découvre alors que c'est la matière sensible brute qui pour l'âme est ce que notre auteur traduit[2] par *tenebra in anima post omnem lucem relicta.* Elle est en effet l'indéterminé par défaut, l'informe, c'est-à-dire qu'en tant que matière primitive, elle se situe *en-deçà* de la réception de toute forme, car ce sont les formes qui lui donnent grandeur et qualités qui la déterminent. L'âme doit donc, pour penser la matière pure, enlever toutes les déterminations établies.

On peut en expliciter rapidement les caractères à l'aide de Porphyre (*Sententiae* 20), le premier d'entre eux étant que la matière est un incorporel. Comme le remarque Luc Brisson, ses caractères y sont déterminés par rapport à la triade être, vie, pensée[3]: la matière est sans corps, sans vie, sans forme, sans principe rationnel, sans limite, sans puissance[4]. Jean-Marc Narbonne parle de la matière sensible chez Plotin en ces termes :

> Sous cette matière, dès lors qu'elle se plie à la grandeur du concept qui la fait grande, concept ou raison qui lui apporte par ailleurs toutes les autres qualités qu'on découvre en elle, il ne reste à vrai dire rien, J.-M. Narbonne, *Plotin. Les deux matières...*, p. 224-237 (231).

La matière ne prend corps au sens propre qu'avec la forme, les qualités et les propriétés physico-chimiques de l'être qui la détermine, toutes choses données aux existants par le Logos, comme l'expose ici la section XXII. Plotin dit encore (*Enn.* II, 4 [12], 8, 13-16) :

1. Voir Porphyre, *Sentences* 10, 1-4.
2. Voir sa méthode de traduction, *infra*, p. 93.
3. L. Brisson, « « Le système philosophique de Porphyre dans les *Sentences*. B. Physique et éthique », dans Porphyre, *Sentences*, I, p. 107-108.
4. ἀσωμάτος, ἄζωος, ἀνείδεος, ἄλογος, ἄπειρος, ἀδύναμος, Porphyre, *Sentences* 20, 1-4.

> Et il faut que la matière elle-même ne soit pas un composé, mais qu'elle soit quelque chose de simple et d'un par sa propre nature; car ainsi elle sera dépourvue de toutes choses. Or celui qui donne forme (ὁ μορφὴν διδούς) lui donnera à la fois une forme qui sera autre qu'elle, une grandeur et toutes choses, en les lui apportant, pour ainsi dire, à partir des êtres, Plotin, *Enn.* II, 4 [12], 8, 13-16, éd. et traduction Narbonne (un peu modifiée), *Plotin. Les deux matières*, p. 286-287.

Parallèlement et de la même manière, Dieu, étant l'indéterminé par excès, se situe *au-delà* de toute forme, au-delà de toute pensée, après que l'âme ait évacué d'elle-même toutes les formes, toutes les idées des choses, qui s'interposent entre elle et la divinité (*removendo omnes rerum species ab ipsa*, comm. XXI). Que ce soit donc face à l'indéterminé par défaut ou face à l'indéterminé par excès, la méthode est la même et le constat identique : l'âme, ayant écarté toute détermination, ne rencontre plus en elle que ténèbre. Elle ne pourra connaître ni ce qu'est la matière brute ni ce qu'est Dieu. C'est pourquoi l'auteur emprunte à Plotin ce qu'il dit de l'incognoscibilité de la matière brute pour le reporter sur Dieu lui-même.

C'est donc bien ici la définition κατ' ἀφαίρεσιν τοῦ ἐναντίου, par suppression du contraire, posée par Victorinus, qui convient :

> Quo genere definitionis deus definiri potest. Etenim cum quid sit deus nullo modo scire possimus, sublatio omnium existentium, quae Graeci ὄντα appellant, cognitionem dei nobis, circumcisa et ablata notarum rerum cognitione, supponet. ...His talibus sublatis, quid sit deus poterit definiri, magis si addas : quod etiam definiri non potest, id deum esse,
> Par ce genre de définition on peut définir Dieu. En effet comme il nous est absolument impossible de savoir ce qu'est Dieu, c'est la suppression de tous les existants (que les Grecs appellent ὄντα) qui remplacera pour nous la connaissance de Dieu, après que nous aurons retranché et enlevé la connaissance des choses bien connues. ... Tout cela supprimé, on pourra définir ce qu'est Dieu, et plus encore si l'on ajoute : ce qui ne peut même être défini, c'est Dieu, Victorinus, *Liber de definitionibus*, éd. Stangl, p. 24, 17-21, 23-25, repr. dans Hadot, *Marius Victorinus. Recherches*, p. 354.

Dans une progression analogue, nous voyons cette sentence XXI *Deus tenebra est in anima post omnem lucem relicta* préparer la sentence XXIII *Deus est qui sola ignorantia mente cognoscitur*, qui à son tour mènera à la non-définition XXIV.

Nous verrons dans le commentaire XXIV la matière désignée comme *infinitum in se*, l'indéterminé en soi, expression reprise également de Plotin (*Enn.* II, 4 [12], 15, 16-17 et 33).

De plus, intrinsèquement aussi, semble-t-il, Dieu est ténèbre dans l'âme. Pour notre auteur, en effet, le non-être est retenu éternellement dans l'être même de Dieu, comme une sorte de « réserve » d'être en acte indéterminé, puisqu'en Dieu tout est acte, réserve à partir de laquelle il appelle les créatures à leur être propre dans l'*opus divinum* de la création (*detinet ut nihil in suo esse aeternaliter* etc., comm. XIV). Ce 'non-être' se trouve justifié par la surabondance de puissance de Dieu : « il est d'une potentialité sans limite, et son être même n'en est pas divisé, puisqu'il fait retour de soi sur soi, et non du tout par manque, mais par surabondance de puissance » (comm. XI). Mais, puisque l'âme ne peut connaître Dieu que comme cause première et comme être sous-jacent à la réalité (comm. XXIII), ce 'comme rien' lui demeure insaisissable et véritable « ténèbre après toute lumière ». Ainsi l'auteur du *Liber* se trouverait-t-il autorisé à rapporter « la ténèbre dans l'âme » que suscite pour Plotin la matière sensible brute, à Dieu lui-même, qui à la fois est sur le mode supérieur de l'être, au-delà de toutes les déterminations des étants, et garde en son sein un non-être indéterminé, selon la sentence XIV « Dieu est les opposés être et non-être en tant que médiation de ce qui est ».

La « ténèbre dans l'âme » serait alors une sorte de pont entre la conception plotinienne de la matière et la création divine, au prix, pourrait-on dire, d'un tour de passe-passe métaphysique. Si, en effet, la matière chez Plotin semble n'être plus que rien, c'est par une soustraction de l'être, alors qu'en Dieu le 'comme rien' est une surabondance sans limite d'être en acte. La création est dite *ex nihilo* parce qu'elle n'a besoin de rien d'extérieur au créateur lui-même, qui assure tout.

Elle est l'acte conjoint du Dieu/Père qui, du centre de la sphère divine, appelle à l'être, qu'il tire de lui-même, et du Verbe/Fils, sa pensée extériorisée sans limitation autour de ce centre, qui donne à chaque être sa forme et ses déterminations propres. Ceux-ci viennent au jour au fur et à mesure de l'évolution des choses située dans le temps cosmique, alors que dans le temps de Dieu tout est simultané, car « la divinité est la totalité des éléments successifs », pour elle toujours présents (comm. IX), ce qui entraîne de notre point de vue le concept de création continue : « Et la sphère divine est sans cesse en train d'accomplir l'ouvrage divin » (comm. XIV).

| | |
|---|---|
| Plotin, *Enn.* II, 4 [12], 10, 15-17 | *tenebra est in anima post omnem lucem relicta* |
| Aristote, *De anima* III 4, 429a27-28 | *Species rerum quae apud animam* |
| Porphyre, *Ad Marcellam* 25, 15-17 | *Species rerum quae apud animam quae detegunt quod in ipsa est gratia cuius Deus* |
| Aristote, *De anima* III 8, 431b21 | *quodammodo est anima* |
| Porphyre, *Ad Marcellam* 26, 8-11 | *Species rerum quae apud animam Ipse illuminat animae* |
| ἔννοιαι | *communium formarum ipsarum* |
| *In Parm.* X, 28-29 | *Removendo omnes rerum species ab ipsa* |
| Plotin, *Enn.* VI, 2 [43], 22, 29-30 | *convertit se ad supra se* |
| Philon, *De specialibus legibus* I, 37 | *(anima) vult causam primam videre et obtenebratur* |
| Aristote, *De anima* III 4, 429a23 | *intellectus animae* |
| cf. Philon, *De specialibus legibus* I, 43-44 *cf.* Porphyre, *Sententiae* 10 | *non est aptus* |
| Philon, *De ebrietate* 208 | *ad illam lucem increatam* |

5. *Sentence et commentaire XXIII*

La section XXIII reprend la section XXI (*Haec definitio cognoscitur per XXI*), pour en prolonger le sujet. Auparavant, l'auteur a intercalé la section XXII, pour exposer l'origine des idées des choses en les rapportant au Logos divin[1].

a) In Parmenidem *de Turin (X, 27-29)*

L'*In Parmenidem* de Turin, à nouveau, peut permettre d'exprimer *Deus est qui sola ignorantia mente cognoscitur*, « Dieu est celui que l'esprit apprend à connaître de sa seule ignorance ». Si l'on considère en effet le passage X, 27-29 :

> αὔταρκες αὐτῇ τὸ τῆς ἀγνωσίας αὐτοῦ εἰκόνισμα … τῷ γνωρίζοντι,
> la représentation de l'ignorance que <l'âme> a de Lui lui suffit … pour celui qui apprend à connaître, <Porphyre>, *In Parm.* X, 27-29, éd. Hadot, *Porphyre et Victorinus*, II, p. 96.

on remarque deux éléments :

1) la forme inchoative du verbe γνωρίζω, exactement rendue par le latin *cognosco*, 'apprendre à connaître'. Au sens strict en effet, ce n'est qu'au parfait *cognovi* que ce verbe signifie 'connaître'.

2) la traduction d'αὔταρκες, qui se suffit à soi-même, par *sola*.

Ces deux points permettent de préciser le sens de la définition *Deus est qui sola ignorantia mente cognoscitur*. Elle ne semble pas signifier, en effet, que l'ignorance est le seul moyen de connaître Dieu – position de la théologie négative – mais plutôt que la seule ignorance où nous sommes de lui, c'est-à-dire « savoir ce qu'il n'est pas sans même savoir ce qu'il est » (comm. XXIII) suffit à celui qui en est au début de sa recherche de Dieu. « Dieu est celui que l'esprit apprend à connaître de sa seule ignorance » signifierait que le fait même d'être conscient de tout ignorer de sa véritable nature est un premier pas vers sa connaissance véritable, alors que comprendre « Dieu est celui que l'esprit connaît par l'ignorance seule » signifierait que l'ignorance serait le seul mode possible de connaissance de Dieu.

b) Oracles chaldaïques *(fr. 37, 15-16)*

Ce dernier sens ne serait d'ailleurs pas cohérent avec l'ensemble du *Liber*. Car de fait, le commentaire XXIII marque des degrés dans la connaissance de Dieu : l'âme, n'ayant pas en elle le modèle nécessaire, n'en aura certes pas une connaissance directe comme des autres réalités. C'est l'Intellect en effet qui lui envoie le flux des idées des choses à partir de « la source originelle du Père » (*Oracles chaldaïques*, fr. 37, 15-16), rendu ici par *a prima causa fluxit in esse*.

c) In Parmenidem *de Turin (IX, 24-26)*

L'âme n'aura donc pas connaissance (*non habebit cognitionem*) de celui qui est non seulement au-dessus d'elle (*eius qui super ipsam est*), mais « au-dessus de

1. Voir ci-dessus, p. 65-67.

tout discours et de toute pensée, dans l'ignorance de lui qui se trouve en nous » (*In Parm.* IX, 24-26)[1].

d) In Parmenidem *de Turin (II, 8-10)*

Cependant, l'âme, ne pouvant connaître Dieu directement, comme nous l'avons vu dans la section XXI, le recherche indirectement. Si donc elle a considéré attentivement (*contemplata*) la connaissance de toutes les choses autres qu'elle-même (*omnem <cognoscentiam> aliorum et animam ipsam*), elle en aura une certaine connaissance, c'est-à-dire qu'elle pourra déterminer Dieu comme cause première des réalités (*extrahendo causam primam a rebus*) et comme être contraire au rien (*oppositum et nihil*) sous-jacent à ces mêmes réalités, d'après cet autre passage de l'*In Parmenidem* de Turin (II, 8-10) :

> νοεῖν πάντα τὰ παρ' αὐτοῦ καὶ δι' αὐτόν, ἡγεῖσθαι <δὲ> ὅτι αἴτιος μὲν αὐτὸς καὶ τοῦ πλήθους καὶ τοῦ εἶναι αὐτῶν,
> <Il faut> s'attacher par la pensée à toutes les choses qui viennent de lui et par lui, et considérer qu'il est cause aussi bien de leur multitude que de leur être, <Porphyre>, *In Parm.* II, 8-10, éd. et traduction Hadot, p. 68-69.

e) In Parmenidem *de Turin (IX, 27-30)*

De cette contemplation des connaissances objectives extérieures, l'âme tirera une relative connaissance de Dieu (*quantum poterit acquirere sic habebit cognitionem*), une connaissance positive qui fait donc partie du *quid est*, de ce qu'il est. Or, même ce *quid est* est ici voué à l'ignorance. Là encore, l'*In Parmenidem* de Turin (IX, 27-30) nous permet d'en expliciter la raison :

> ἀμείνους οἱ τὸ τί οὐκ ἔστι πρεσβεύσαντες ἐν τῇ γνώσει αὐτου τῶν τί ἔστι, κἂν λέγηται ἀληθῶς, μὴ οἵων τε ὄντων ἀκούειν ὡς λέγεται,
> Mieux vaut ceux qui privilégient dans la connaissance du dieu ce qu'il n'est pas que ceux qui privilégient ce qu'il est, même si ce qui est dit l'est en vérité, incapables qu'ils sont d'entendre en quel sens c'est dit, <Porphyre>, *In Parm.* IX, 27-30, éd. Hadot (traduction modifiée), *Porphyre et Victorinus*, II, p. 94.

Il ne s'agit pas ici de mots ou de langage incapables d'exprimer la nature divine. *Nesciendo quid est*, portant sur « la connaissance du dieu » (ἐν τῇ γνώσει αὐτου), correspond à « incapables qu'ils sont d'entendre en quel sens c'est dit » et signifie l'incompréhension fondamentale de l'esprit humain, pour raison de dissemblance comme l'exprimait déjà la sentence XVI (*Deus est quod solum vocis non significat propter excellentiam, ut mentes non intelligunt propter dissimilitudinem*), elle aussi tirée de l'*In Parmenidem* de Turin. Par la connaissance, l'âme ignorera la nature véritable de Dieu, non parce qu'elle ne peut absolument pas savoir ce qu'il est, mais parce qu'elle ne peut même pas saisir en profondeur ce que signifie vraiment le peu qu'elle en a compris.

Ainsi, en s'appuyant sur l'*In Parmenidem* de Turin, on se rend compte que la sentence *Deus est qui sola ignorantia mente cognoscitur*, « Dieu est celui que

1. Voir texte grec *infra*, p. 200, n. 4.

l'esprit apprend à connaître de sa seule ignorance» ne signifie pas ici une théologie négative, mais une possible connaissance intellectuelle de Dieu, qui n'est qu'un premier pas vers une perception plus profonde. D'où la présence dans la définition XXIII du mot *mente* pour préciser la nature de cette connaissance de Dieu. Établie à partir de l'étude des choses extérieures à l'âme, cette connaissance intellectuelle, philosophique, vaut certes ignorance, mais elle est néanmoins un début de connaissance. Victorinus parle à ce propos d'une *omnigenus cognoscentia*, d'une connaissance générale de Dieu, fondée précisément sur l'ignorance où nous sommes de lui :

> omnigenus autem, ignorationem de te habentes, cognoscentiam de te habemus, une connaissance en général de toi, nous l'avons en ayant l'ignorance de toi, Victorinus, *Ad Candidum* 32, 6-7.

| | |
|---|---|
| *In Parm.* X, 27-29 | *Deus est qui sola ignorantia mente cognoscitur* |
| *Oracles chaldaïques*, fr. 37, 15-16 | *a prima causa fluxit in esse* |
| *In Parm.* IX, 24-26 | *eius qui super ipsam est non habebit cognitionem* |
| *In Parm.* II, 8-10 | *cum omnem aliorum contemplata et animam ipsam, extrahendo causam primam a rebus et supponendo oppositum et nihil* |
| *In Parm.* IX, 27-30 | *scire quid non est et nesciendo quid est* |

6. *Sentence et commentaire XXIV*

Nous l'avons dit au début, le « vingt-quatrième philosophe », c'est-à-dire l'auteur lui-même, ne donne pas de définition finale de Dieu, semblant signifier par là que l'absence de définition est la seule qui corresponde à la suressence divine, la seule façon d'exprimer Dieu selon la raison, ce qui est aussi la position de Victorinus.

Cependant l'ajout de la sentence XXIII répétée, *Deus est qui sola ignorantia mente cognoscitur*, « Dieu est celui que l'esprit apprend à connaître de sa seule ignorance », adoucit cette rigueur et permet d'amener le commentaire XXIV. Celui-ci introduit une comparaison *a contrario*, opposant la *lux creata* à la *lux increata* dont il a été question au commentaire XXI. Si la masse opaque des nuages, en s'opposant à la lumière solaire, la *lux creata*, lui donne l'occasion de révéler par diffraction quelque chose de sa nature, c'est-à-dire sa propagation en rayons (*sicut lux creata ... pertransit illud densum medium*), l'*infinitum in se*, dans les créatures et les choses créées, n'a pas la puissance de s'opposer à l'action de la lumière divine et n'en révèle donc absolument rien. Nous retrouvons là l'*infinitum in se*, tiré de Plotin, *Enn.* II, 4 [12], qui nous avait intrigués au début de cette recherche.

a) *Plotin (*Enn. *II, 4 [12], 15, 16-17 et 33)*

Le traité de Plotin *Enn.* II, 4 [12], que nous avons déjà rencontré pour la sentence XXI, nous montre en effet ici que l'*infinitum in se* est la définition de la matière sensible primitive (15, 16-17 et 33) :

> οὐ τοίνυν συμβεβηκὸς τῇ ὕλῃ τὸ ἄπειρον· αὐτὴ τοίνυν τὸ ἄπειρον,
> alors, l'infini n'est pas un accident de la matière : l'infini, alors, c'est la matière elle-même, Plotin, *Enn.* II, 4 [12], 15, 16-17, éd. et traduction Narbonne, p. 304-305.

et plus loin :

> ἄπειρον μὲν δὴ παρ' αὐτῆς τὴν ὕλην λεκτέον,
> il faut dire que la matière est infinie par elle-même, Plotin, *Enn.* II, 4 [12], 15, 33, éd. et traduction Narbonne, p. 304-305.

La matière est « l'illimité en soi », l'indéfini au sens antique d'*infinitum* (ἄπειρον). Pour Plotin, la matière sensible en elle-même, totalement indéterminée, est dépourvue de grandeur, de toute spatialisation, de toute qualité et de toute propriété. Elle en devient, nous l'avons vu à propos de la sentence XXI, un pur concept très difficile à saisir.

L'auteur du *Liber* fait donc intervenir par deux fois la matière brute dans son texte : d'abord dans la sentence XXI, du point de vue de l'âme, pour laquelle la similitude de constat dans la connaissance de Dieu et dans la connaissance de la matière peut être instructive; puis ici où, comme « indéfini en soi » totalement transparent, par impuissance, à la lumière divine, la matière est en opposition totale avec celle-ci.

b) Livre de la Sagesse *(Sg. 7, 24 et 26)*

La lumière divine ici a les caractères de celle de la Sagesse biblique : elle traverse et pénètre tout, car elle est le miroir de l'action de Dieu (*lux divina in sui actione*), sans jamais révéler sa nature propre. Les créatures, vivantes ou non (*in creaturis, in rebus creatis*), sont en effet incapables de la diffracter, n'ayant pas, en quelque sorte, de densité spirituelle suffisante (*tanta possibilitas*) pour s'opposer à elle.

c) *Philon (*Legum allegoriae *III, 96)*

Cette lumière divine ne pourra également que passer au travers de l'âme, réalité intelligible certes, mais tout aussi impuissante à briser la lumière divine en acte, parce qu'elle est une image déformée (*deformitas*) de son modèle, le Logos divin. Comme l'explique Philon (*Legum allegoriae* III, 96), l'âme est faite à l'image du Logos, car c'est lui l'image de Dieu dans l'expression de la Genèse (1, 26) *Faisons l'homme à notre image*. L'homme n'est pas fait à l'image de Dieu le Père, qui est sans forme et inconnaissable, mais à l'image de son Logos ou Intellect, forme de Dieu qui rassemble en lui toutes les idées ou formes créées et les organise, ce que fait également à son niveau l'esprit de l'homme.

C'est pourquoi, comme « les idées des choses dans l'âme révèlent en elle ce qui fait que Dieu d'une certaine façon est l'âme » (comm. XXI), la lumière de la Sagesse, reflet de Dieu, fera naître dans l'âme quelque clarté (*claritatem aliquam*). Mais, comme l'âme n'a plus qu'une *deformitas*, et non une *deiformitas*, à l'égard du Logos, elle sera éclairée sur ce qu'elle est elle-même, mais non sur la nature de cette lumière divine.

d) *Aristote (*De anima *III, 5 430a14-18)*

Cette relative clarté dans l'âme serait peut-être à rapprocher de la présence en elle de l'Intellect agent d'Aristote, qu'il qualifie de ὡς ἕξις τις οἷον τὸ φῶς, « comme une disposition pareille à la lumière », qui est séparé, donc que l'âme ne peut connaître, mais en acte pour y « produire toutes choses » (*De anima* III, 5 430a14-18) :

> ἐν τῇ ψυχῇ ... καὶ ἔστιν ὁ μὲν τοιοῦτος νοῦς τῷ πάντα γίνεσθαι, ὁ δὲ τῷ πάντα ποιεῖν, ὡς ἕξις τις οἷον τὸ φῶς ... Καὶ οὗτος ὁ νοῦς χωριστὸς καὶ ἀμιγὴς καὶ ἀπαθής, τῇ οὐσίᾳ ὢν ἐνέργεια,
> dans l'âme ... de fait il y a, d'une part l'intellect de nature à devenir toutes choses, d'autre part celui de nature à les produire toutes, comme une disposition pareille à la lumière ... Et cet Intellect est séparé, sans mélange, impassible, étant de par son essence en acte, Aristote, *De anima* III 5, 430a14-18.

La conclusion de la section XXIV nous renvoie finalement à la définition XXIII : « Et ainsi, à partir de l'intelligence créée, c'est de sa seule ignorance que l'esprit apprend à connaître Dieu », puisque la clarté laissée dans l'âme ne révèle rien sur sa nature. Il reste cependant ce que pourra retirer l'âme de l'étude de ce reflet en elle de la lumière divine, qui l'éclaire sur elle-même, s'il ne lui dit rien sur Dieu. Et comme, malgré toute déformation, elle est créée à l'image du Logos divin, peut-être pourra-t-elle tirer de cette observation d'elle-même une approche de la nature divine.

On peut percevoir cette *claritas* en pendant à l'*ardor* de la sentence I. Les deux termes suggèrent évidemment que Dieu est lumière, ce qui serait sans doute la définition XXIV, s'il pouvait y en avoir une. Mais la *lux increata* reste inconnue à l'âme humaine : ce qui est éclat de feu du Logos n'est plus que clarté dans l'âme.

| | |
|---|---|
| *cf.* Victorinus, *De definitionibus*, éd. Stangl, p. 24, 24-25 (*supra*, p. 20) | la sentence XXIV manque *Haec definitio est ad essentiam data* |
| Plotin, *Enn.* II, 4 [12], 3, 10-11 | *contrarie infinitum in se* |
| Plotin, *Enn.* II, 4 [12], 15, 16-17 et 33 | *infinitum in se* |
| Sg. 7, 24 et 26 | *lucem divinam in sui actione, immo animam pertransit* |
| Philon, *Legum allegoriae* III, 96 | *aliqua deformitas scilicet respectu sui creatoris* |
| cf. Aristote, *De anima* III 5, 430a14-18 | *in illa claritatem aliquam generat, in se vero nullam* |
| Porphyre, *Isagoge*, VIII | *Haec sufficiant* |

L'auteur, cherchant à définir Dieu et son Logos, en a pénétré de plus en plus profondément la nature, au fur et à mesure qu'il en explore les « lieux » plus ou moins propices à leur perception : l'unité arithmétique et le centre de la sphère (sections I-VI) ; la vie et la création (VII-XV) ; le langage (XVI-XVII) ; l'intellect divin et humain (XVIII-XXI) ; le Logos et l'âme humaine (XXII-XXIV). Le commentaire XXIV, enfin, laisse entendre que l'âme, si elle cherche à se connaître, aura peut-être une idée floue de son modèle (*aliqua deformitas respectu sui creatoris*), le Logos divin. Ce sera une connaissance progressive et relative :

1) la section XXI pose l'impossibilité radicale de connaître Dieu directement, parce que l'intellect de l'âme n'est pas fait pour la lumière incréée.

2) la section XXII nous dit que le Logos garde les idées du Dieu créateur, sans se mêler lui-même à la matière.

3) la section XXIII nous indique que le Logos a mis dans l'âme les idées des choses et que leur connaissance permet à l'âme d'avoir une idée relative de Dieu.

4) la section XXIV ajoute que, même si l'âme ne distingue rien face à la lumière divine, elle en possède en elle-même un reflet.

La nécessité d'une cause première, l'opposition être-non être, l'étude de la nature de l'âme lui donneront une certaine connaissance de Dieu, fondée en tout état de cause sur le principe de notre ignorance à son égard.

Ce sont ces mêmes degrés dans la connaissance de Dieu qu'indique Victorinus à la fin de l'*Ad Candidum* 32, 4-8 : une connaissance partielle (*partilis cognoscentia*) venue de la réflexion personnelle, une connaissance en général (*omnigenus cognoscentia*) reçue des choses dans l'ignorance que nous conservons de lui, qu'achève en revanche la connaissance parfaite (*perfecta cognoscentia*) donnée dans la foi :

> Sed quoniam dedisti spiritum nobis, sancte omnipotens Pater, *partilem* de te *cognoscentiam* et habemus et dicimus, *omnigenus* autem, ignorationem de te habentes, *cognoscentiam* de te habemus, et rursus per fidem *perfectam* de te *cognoscentiam* habemus,
> Mais puisque tu nous as donné un esprit, Père saint tout-puissant, nous avons et nous exprimons une *connaissance partielle* de toi ; une *connaissance en général* de toi, nous l'avons en ayant l'ignorance de toi, et en revanche, par la foi nous avons une *connaissance parfaite* de toi, Victorinus, *Ad Candidum* 32, 4-8, traduction Hadot (modifiée), italique ajouté.

## Bilan des sources

Les sources ne sont pas aussi nombreuses que le prologue le laissait supposer. Autant qu'il est possible de le constater, ce sont principalement : les Pythagoriciens à travers Porphyre, Philon et les textes sapientiaux de la Bible, les *Oracles chaldaïques*, le commentaire anonyme *In Parmenidem* de Turin, Porphyre, Aristote et Plotin, auxquels se joint Apulée par une allusion de Plotin[1].

1. Les Pythagoriciens. À travers la *Vie de Pythagore* (49 et 51) de Porphyre, ils donnent les deux analogies fondamentales du texte : l'unité arithmétique pour figurer le Logos de l'Unique, et le centre de la sphère pour donner une image du nombre trois en un (sent. I-II).

[1]. Voir ci-dessous l'Index des sources.

2. Philon et les textes sapientiaux de la Bible (*Proverbes, Siracide, Sagesse*). L'apport essentiel de Philon ici semble être l'image de la sphère sans limite, figure du Logos divin : il est la sphère de l'être, analogue à l'immensité du ciel sphérique (II). Par rapport aux sources néo-platoniciennes, Philon apporte des éléments nécessaires à l'élaboration des modalités de la création : le Dieu créateur (X et XIV), grâce à son Logos, préfigure imparfaite du Verbe chrétien (XXII). Leur rapport est précisé par l'image de la monade (I). Le Dieu créateur est figuré par l'image de la source (comm. VIII) et caractérisé par son autosuffisance (XI).
Les images de Philon sont complétées par des rapprochements avec les textes sapientiaux de la Bible : le parcours céleste de la Sagesse divine (comm. II), la sphère de la Sagesse artisane des êtres (comm. XIV), la Sagesse, lumière divine qui traverse tout, mais retrouve dans l'âme trace du Logos (comm. XXIV).
3. Les *Oracles chaldaïques*. Ils semblent donner à l'auteur quelques images supplémentaires pour illustrer les réalités intelligibles : le feu du Père peut-être (sent. I), l'Intellect source de l'Amour (comm. VIII), l'image du dieu emprisonné tirée de la situation de l'Intellect, artisan des êtres (comm. XIV), les différents étages cosmiques de la vie (comm. X), le flux des idées dans l'âme (comm. XXIII).
4. Le commentaire *In Parmenidem* de Turin. Il se révèle ici fondamental, car il donne à l'auteur du *Liber* un grand nombre d'éléments essentiels, pris dans l'ensemble du texte :
   a) modalités de la relation de l'Un à ce qui est (I, 6-10);
   b) connaissance partielle de Dieu comme cause première et être, dans l'ignorance de sa nature véritable (II, 8-10 et IX, 24-30).
   c) dissemblance radicale entre Dieu et l'esprit de l'homme et inadéquation du langage, à cause de la précellence de Dieu (III, 1-8);
   d) toute comparaison impossible avec Dieu (IV, 24, 28-29);
   e) reprise des *Oracles chaldaïques* sur l'essence divine (IX, 3-5);
   f) meilleure connaissance de Dieu par ce qu'il n'est pas que par ce qu'il est (IX, 27-30);
   g) l'ignorance que l'on a de Dieu comme début de connaissance (X, 27-29);
   h) double point de vue sur Dieu : soit l'idée première de Dieu, inconcevable et inexprimable (XIV, 10-12 et 14-15);
   i) soit Dieu « distribué » en existence, vie et pensée (XIV, 15-16);
   j) l'Intellect divin s'individualisant à partir du dieu pensant pour y revenir, indéterminé selon la vie, en entité autonome (XIV, 16-21).
5. Porphyre
   Plusieurs passages de Porphyre s'avèrent ici de première importance :
   a) *l'Histoire de la philosophie* IV, fr. 18, avec sa description de l'autogénération de l'Intellect divin, qui s'accomplit dans une indépendance réciproque, nettement affirmée, de l'engendrant et de l'engendré. Pour notre auteur c'est un point capital (comm. VII), car cette indépendance de l'engendré à l'égard de son générateur est garante de leur égalité dans la consubstan-

tialité. Ce passage est à rapprocher du processus d'individuation de l'Intellect décrit dans l'*In Parmenidem* de Turin (XIV, 16-21), signalé ci-dessus. L'un et l'autre texte apportent à notre auteur des substrats philosophiques à l'autogénération en Dieu du Verbe chrétien, pièces fondamentales pour réfuter l'arianisme, comme nous le verrons plus loin.

b) un court passage du commentaire *Sur les Catégories* (Busse, p. 118, 8-9), qui exprime la corrélation nécessaire du père avec le fils, excluant toute antériorité causale du père en tant que tel, puisqu'il n'est père qu'avec l'existence du fils (comm. VII).

c) un passage de la *Lettre à Marcella* (25-26), expliquant que la divinité est présente dans l'âme par les idées que l'Intellect y a imprimées (comm. XXI).

d) l'auteur s'appuie également largement sur les *Sententiae ad intelligibilia ducentes*, leur empruntant :
son plan de départ et une partie de sa méthode (38),
le mode d'être du dieu (10),
les modalités de sa puissance (11),
sa transcendance (24),
son rapport aux êtres (31, 34),
la nature de la vie incorporelle (37),
son rapport à l'intellect humain (40),
la nature de l'Intellect divin (44),
transposant aussi parfois au dieu ce qui s'applique à l'âme (28, 37).

e) enfin, quelques emprunts formels semblent faits à ce que nous connaissons du commentaire de Porphyre *Sur le Timée*.

6. Aristote

L'auteur y trouve des éléments de base, précis et ramassés, et tout particulièrement la définition du centre de la sphère, qui est ici un véritable leitmotiv, en raison de l'importance que lui ont accordée les Pythagoriciens :

a) dans les *Catégories*, l'impossibilité du prédicat sur la substance première (XVII);

b) dans le *De interpretatione*, la substance première comme nécessaire et acte sans en puissance (X-XI);

c) dans le *De caelo*, la définition du divin reprise « aux propos philosophiques sur le divin » (I 9, 279a30-35)[1], dans le prolongement de la sentence I, où *reflectens in se unum ardorem* pourrait être un écho du *De philosophia* perdu (II, III, XI, XV);

d) dans la *Métaphysique*, principalement le dieu comme Bien absolu (V) et l'unité vitale du dieu et de son intellect (XVII et XX);

e) dans la *Physique*, la définition du centre de la sphère et les caractères du Premier Moteur (II, VII, XIII, XIV, XVIII, XIX);

1. Voir Aristote, *Traité du ciel*, éd. et traduction C. Dalimier et P. Pellegrin, Paris, 2004, p. 147-149 et 422.

f) dans le *De anima*, la description de l'Intellect agent dans l'âme (XXIV).

7. Plotin

C'est l'auteur dont les citations, plus ou moins exactes, se trouvent les plus nombreuses. Il apporte des modalités, essentielles et plus fines, aux thèmes fondamentaux. Ce sont principalement :

a) la continuité entre l'Un et l'Intellect (IV),
b) l'amour divin et l'âme (VIII),
c) le mode supérieur d'être de Dieu (XI),
d) la volonté comme essence divine (XII),
e) la production des étants par l'Intellect (XXII),
f) la matière sensible brute : ténèbre dans l'âme (XXI) et indéterminé en soi (XXIV).

À la suite de sa traduction française du traité de Plotin, *Enn.* VI, 8 [39], Laurent Lavaud insiste sur l'influence de ce traité sur Marius Victorinus, à la fois par l'autocausalité du premier principe et par l'identification en l'Un de la volonté avec son être. Et il est vrai que les deux thèmes sont nettement présents ici dans le *Liber*, en XI et en XII, et que l'influence du traité VI, 8 [39] s'y perçoit en de nombreux endroits[1], notamment dans la section IV. Mais, L. Lavaud souligne aussi que cette influence a été profondément infléchie par Victorinus, qui a donné un sens métaphysique fondamental à ce qui, chez Plotin, relevait bien plutôt d'un langage métaphorique[2]. On a ici, semble-t-il, l'exemple de cette inflexion dans la section XII (« Dieu est celui dont la volonté est égale tant à la puissance qu'à la sagesse divine ») : dans son commentaire, en effet, l'auteur semble bien conscient que le point de comparaison, ce sont les facultés humaines, volonté, savoir, pouvoir, mais du fait que la volonté humaine, quand elle est libre, s'approche davantage de la divinité que le savoir et le pouvoir, il situe la volonté divine à égalité avec la sagesse et la puissance du dieu, auparavant précisées comme participant à son essence. Il faut noter toutefois que Plotin avait lui-même poussé les choses jusque-là en disant « les actes sont comme son essence : sa volonté et son essence seront la même chose » (*Enn.* VI, 8 [39], 13, 6-8)[3].

Ailleurs aussi, nous constatons cette inflexion donnée par notre auteur à Plotin. Ainsi, Plotin considérant l'Intellect engendré de l'Un comme lui étant inférieur[4], son texte peut être soudain abandonné au profit d'une source plus satisfaisante du point de vue chrétien[5]. De même, nous l'avons dit[6], l'image de la sphère que nous voyons dans le *Liber*, où Dieu est partout comme centre, c'est-à-dire comme vie et cause première de chaque étant, et nulle part comme circonférence, c'est-à-dire sans qu'aucune borne ni à sa bonté ni à sa puissance n'entrave l'expansion sans limite de la sphère de l'être à partir de son centre, cette image ne

1. Cf. *infra* index des sources.
2. Plotin, *Traités 38-41*, traduction sous la direction de L. Brisson et J.-F. Pradeau, p. 194-196.
3. Voir ci-dessous, p. 176.
4. P. Hadot, *Porphyre et Victorinus*, I, p. 482-484.
5. Voir ci-dessous, p. 96.
6. Voir ci-dessus, p. 63.

semble pas née de celles du centre, du cercle et de la sphère de l'Un chez Plotin, mais du sens donné au centre de la sphère par les Pythagoriciens, joint à la figure du ciel chez Philon. Elle est en tout cas bien différente de la sphère de Plotin par la notion de cause première et de création. Alors que, chez Plotin[1], ces images cherchent à exprimer les rapports de procession et d'émanation des différents niveaux hiérarchiques d'intelligibles, grâce à l'image des rayons, inférieurs au centre, nous avons ici un schéma créationniste simple, unissant l'action continue du Dieu créateur au centre de la sphère de l'être, à celle de son Verbe co-créateur, qui en assure la mise en formes, l'organisation et le retour vers le centre, par sa *bonitas*.

L'ensemble de ces sources apparaît ferme et cohérent. Dans chacune d'elles, l'auteur trouve un complément à l'autre. Les Pythagoriciens fournissent les deux images introductrices, l'unité et le centre de la sphère, dont la seconde parcourt tout le *Liber*. Philon donne un Dieu unique et créateur et élabore la nature de son Logos. Les textes sapientiaux de la Bible individualisent davantage la Sagesse divine co-créatrice. Le commentaire *In Parmenidem* de Turin apporte un Intellect « indéterminé » qui prend son individualité à l'égard de l'Un, et il définit les conséquences de l'absolue transcendance divine. Porphyre décrit la relation entre l'Un-père et l'Intellect-fils dans l'autogénération de celui-ci, et ses principaux traits. Aristote donne à Dieu des modalités que l'on peut appliquer à la création et celles de sa vie comme Moteur immobile et Intellect de lui-même. Plotin, enfin, explicite la nature de ces réalités intelligibles elles-mêmes et de leur relation, ainsi que celles avec l'âme ou la matière.

Touchant l'origine du *Liber XXIV philosophorum*, il est clair que cette recherche des sources est tout à fait capitale. Il y a ici des sources rares qui le situent dans une époque bien déterminée. La forte présence, appuyée sur des traductions précises, du commentaire *In Parmenidem* de Turin, dont on ne connaît jusqu'ici qu'un seul manuscrit, du Vᵉ-VIᵉs., et encore un manuscrit palimpseste, c'est-à-dire où le texte grec d'origine sur le parchemin délavé est sous-jacent à un autre écrit, latin, copié par dessus en raison de la rareté du parchemin ; la présence également de Philon, dont les ouvrages jamais traduits en latin furent vite oubliés de l'Occident, tendent à situer le *Liber XXIV philosophorum* au IVᵉ siècle de notre ère, au temps où Plotin et Porphyre demeuraient connus des Latins, où saint Ambroise utilisait Philon et allait se heurter encore, à Milan, à l'arianisme de l'impératrice Justine (386).

Cependant, cette recherche est surprenante par l'étrangeté du procédé de composition de l'auteur. Maintenant que nous avons identifié le plus soigneusement possible les sources et resitué l'ouvrage dans le temps, à quoi correspond ce patchwork d'extraits auquel nous sommes parvenus ?

1. Voir D. Mahnke, *Unendliche Sphäre...*, p. 223 *sq.* ; S. Roux, *La recherche...*, p. 302-322.

CHAPITRE III

# LA MÉTHODE

## 1. LE *LIBER XXIV PHILOSOPHORUM* ET LES *SENTENCES* DE PORPHYRE

Nous venons de constater que Porphyre est l'une des sources principales du *Liber XXIV philosophorum*, sinon la principale, si l'on considère qu'il est aussi l'auteur probable de l'*In Parmenidem* anonyme de Turin. D'autre part, l'ouvrage a une certaine similitude matérielle avec les *Sententiae ad intelligibilia ducentes* du même Porphyre : une succession de courts morceaux, visant par accumulation progressive à préciser la nature des réalités intelligibles, c'est-à-dire inaccessibles à la perception sensible. De même, le *Liber XXIV philosophorum* a pour ambition d'établir par une succession de définitions la nature de Dieu, *quid est Deus*, réalité suprême du domaine intelligible.

En *Sententiae* 38, Porphyre indique le processus des anciens pour déterminer τὴν τοῦ ὄντος ἀσωμάτου ἰδιότητα, la particularité de l'être incorporel :

> Dans leur volonté d'exposer autant qu'il est possible d'exposer par le langage la particularité de l'être incorporel, les anciens, lorsqu'ils l'ont dit "un" ... ont ajouté ... "un en tant qu'il est un" ... De plus, lorsqu'ils ont dit qu'il est "partout", ils ajoutent qu'il est "nulle part". Encore ... ils ajoutent qu'il est "tout entier en un tout". Et, de façon générale, ils l'ont manifesté au moyen des attributs les plus opposés, en les prenant simultanément, afin que nous rejetions loin de lui les conceptions forgées à partir des corps, du fait qu'elles obscurcissent les propriétés qui font connaître l'être, Porphyre, *Sententiae* 38, éd. Lamberz, p. 45, 10-46, 14 et *Sentences* 38, 1-4, 7, 9-10, 12-16 (traduction un peu modifiée).

Le premier point consiste donc à dire que l'être incorporel est absolument un, le second qu'il est à la fois partout et nulle part et le troisième qu'il est certes en toutes choses, mais tout entier en un tout. Nous retrouvons l'adaptation à Dieu de ces trois points dans les trois premières sentences du *Liber* : la sentence I insiste sur son unicité absolue, la sentence II réunit 'partout' et 'nulle part' dans la figure de la sphère de l'être, et la sentence III précise que Dieu est tout entier en tout point de lui-même. Le prologue lui-même a indiqué que les définitions propres à Dieu serviraient à en connaître quelque chose de certain, de même qu'ici il s'agit de déterminer « les propriétés qui font connaître l'être ». Quant à ce que Porphyre ajoute de l'opposition des contraires pris simultanément, comme moyen de cerner l'être incorporel, il est largement mis en œuvre dans notre texte : *Deus est cuius comparatione substantia accidens est, et accidens nihil* (VI), *Deus est primum sine primatu, processus sine variatione, finis sine fine* (VII), *Deus est amor qui plus habitus, magis latet* (VIII), *Deus est semper movens immobilis* (XIX), *Deus est qui sola ignorantia mente cognoscitur* (XXIII) etc.

Il se pourrait donc que l'auteur du *Liber* ait pris chez Porphyre l'idée d'établir *quid est Deus* par une succession de traits, à l'imitation de ses *Sententiae*, cette forme devenant chez l'auteur latin celle de définitions argumentées.

La méthode observée dans la composition des *Sentences* de Porphyre présente également une grande similitude avec celle du *Liber*. Dans la rédaction des *Sentences* de Porphyre, Cristina D'Ancona a relevé deux procédés caractéristiques, qu'elle appelle « création d'une loi » et « collage »[1]. Par le premier, Porphyre tend à donner une formulation générale, axiomatique, à un caractère particulièrement fondamental des intelligibles : en *Sentences* 10, il déclare ainsi « Toutes choses sont en toutes, mais sur un mode approprié à l'essence de chacune », ou encore en *Sentences* 18, il commence ainsi « Autre le pâtir des corps, autre celui des incorporels » ; le même procédé s'observe en *Sentences* 6 et 24[2].

Parallèlement à ces schématisations frappantes, on observe une grande liberté de Porphyre dans l'utilisation de son unique source, à savoir les traités de son maître Plotin. Dans une même sentence, il peut utiliser à la fois une reprise littérale du texte de Plotin et des reprises *ad sensum*, l'une et l'autre façon n'excluant pas d'éventuelles modifications de la pensée d'origine. De plus, une même sentence aura des sources parfois dispersées dans le corpus plotinien, ce qui justifie la notion de « collage », comme le montre l'examen successif des sources plotiniennes des *Sentences*[3].

Or, nous voyons ces deux procédés utilisés également, mais de façon plus audacieuse, dans le *Liber XXIV philosophorum*. La « création d'une loi » devient ici un procédé systématique de formulation d'une définition commençant par *Deus est*, afin de cerner en un petit nombre d'entre elles la nature divine. La loi ou l'axiome, nécessité plutôt scolaire chez Porphyre visant à fixer les esprits, apparaît davantage ici, sous sa forme de définition, comme la nécessité rhétorique de définir l'objet d'un débat ultérieur.

Quant au procédé du « collage », il prend ici une ampleur remarquable, que nous avons désignée du terme de patchwork, ce travail de couture qui réunit de petits morceaux de tissu de provenance diverse afin d'en constituer une nouvelle étoffe. Ici, en effet, l'auteur ne suit pas la pensée d'un maître particulier, même si Porphyre ou l'anonyme de Turin paraissent privilégiés. Le but du *Liber* étant de montrer que le Dieu unique et créateur a des garants assurés dans la philosophie, l'auteur va chercher son bien dans toutes les sources susceptibles de lui fournir les

1. C. D'Ancona, « Les *Sentences* de Porphyre entre les *Ennéades* de Plotin … », dans Porphyre, *Sentences*, I, p. 139-274.

2. Voir la liste de ces « lois », *ibid.*, p. 187.

3. Voir C. D'Ancona, « Les *Sentences* de Porphyre… », dans *Sentences*, I, p. 198-250.

définitions convenables, suivies de leurs justifications appropriées, mêlant textes anonymes et auteurs, passant de l'un à l'autre dès que la pensée considérée lui paraît dévier de son dessein.

## 2. Particularité méthodologique du *Liber XXIV philosophorum*.

Il y a néanmoins un point où la méthode du *Liber* semble plus personnelle, c'est la déduction entre les définitions. Le procédé est esquissé, non systématique. Les sentences X, XI, XVIII et XXIII sont indiquées comme conséquences de définitions précédentes : la sentence X est évidente (*patet*) après les sentences IV et VII, la sentence XI dérive d'un thème du commentaire X précédent, la sentence XVIII est un corollaire (*sequitur*) de la sentence II, et la sentence XXIII est connue (*cognoscitur*) grâce à la XXI. En montrant que les sentences peuvent se déduire les unes des autres, l'auteur insiste sur la rationalité et la cohérence de ses définitions où, comme en géométrie, le résultat acquis permet d'aller plus loin.

Ce procédé n'existe pas clairement dans les *Sentences* de Porphyre, comme l'a constaté Cristina D'Ancona en comparant l'ouvrage avec les *Éléments de théologie* de Proclus[1]. Mais si Proclus établit son texte en une suite de théorèmes *more geometrico* à l'imitation d'Euclide, le *Liber XXIV philosophorum* procède seulement *more dialectico*, par raisonnement, et n'introduit que timidement, par une formule finale d'approbation en II, IV et V, la rigueur du procédé euclidien. De ce point de vue, il se situerait donc entre les *Sentences* de Porphyre et les *Éléments de théologie* de Proclus[2].

Une autre particularité, évidente, du *Liber XXIV philosophorum* est que les sources utilisées rédigées en grec ont été traduites par l'auteur en latin.

## 3. Méthode de traduction

Disons-le d'emblée : le concept de traduction que l'on rencontre dans le *Liber* n'est pas du tout le nôtre. Il ne s'agit pas, en effet, ici de transposer un texte dans une autre langue en s'effaçant derrière l'auteur traduit pour en rendre fidèlement la pensée. On trouve dans le *Liber* très peu de traductions littérales et, si l'on en trouve, elles sont très courtes. Traduire implique seulement ici le passage d'une langue à l'autre, du grec au latin, le traducteur disposant d'une très grande liberté pour rendre le texte en fonction de son projet personnel.

D'ailleurs, le latin ne donne pas à l'auteur du *Liber* l'aisance suffisante pour rendre les subtilités de la pensée philosophique grecque. Sénèque se plaignait déjà de la difficulté de traduire des termes grecs comme οὐσία, *essentia* et τὸ ὄν, *quod*

1. C. D'Ancona, « Les *Sentences* de Porphyre entre les *Ennéades*... », dans Porphyre, *Sentences*, I, p. 193-194.

2. Au XIVe siècle, le dominicain Berthold de Moosburg utilise le *Liber XXIV philosophorum* dans son *Expositio super Elementationem theologicam Procli*, voir CCCM 143A.

*est*[1]. Il s'ensuit ici de nombreuses reformulations, plus concrètes, ou bien une extrême concision (par exemple au comm. VII : *sed non primo ut non prius* traduit « non pas à partir d'un commencement temporel, car le temps n'existait pas encore »)[2]. De plus, en raison même du projet de définitions commentées, les détours de pensée, les reprises et les détails du raisonnement philosophique grec ne peuvent entrer en ligne de compte. L'auteur recherche donc les données acquises, les déterminations établies, touchant l'essence ou la vie des incorporels, la nature des entités transcendantes etc., celles qui pourront s'appliquer au Dieu chrétien.

On observe ainsi plusieurs modalités de traduction :

a) Traduction simple

Il y en a quelques exemples dans le *Liber*. Dans les définitions, la sentence IX *Deus est soli praesens quicquid cuius temporis est*, « Dieu est, pour lui seul, le présent de tout ce qui appartient au temps », traduit le grec ὁ νοῦς αἰώνιος, μόνος καὶ ἀχρόνως ὑποστάς, καὶ τῶν ἐν χρόνῳ αὐτος χρόνος ἐστίν, « l'Intellect éternel, seul et subsistant hors du temps, est aussi lui-même le temps de ce qui est dans le temps », tiré de Porphyre, *Histoire de la philosophie*, IV, fr. 18 (Nauck, p. 15, 12-13).

Le début de la sentence VII *Deus est primum sine primatu* traduit ... πρῶτον· τοῦτο δὲ οὐ τάξει, « l'Un est ... le premier, et cela non par le rang », chez Plotin, *Enn.* VI, 8 [39], 20, 31-32. Mais le sens est différent : alors que pour Plotin, l'Un est premier parce qu'il n'y a rien avant lui, et donc aucune hiérarchie, pour l'auteur latin, le Dieu/Père n'a aucune préséance sur le Dieu/Fils, puisque cette génération se situe hors du temps.

Dans les commentaires, on rencontre des membres de phrases traduits de très près. Ainsi, dans le commentaire I, *Sic quidem etiam est in multis : unaquaeque unitas* ... rend Ὁμοίως δὲ καὶ ἐπὶ τῶν ἄλλων ἀριθμῶν ὁ αὐτὸς λόγος· πᾶς γὰρ ..., « De même aussi pour les autres nombres : chaque nombre en effet ... », Porphyre, *Vie de Pythagore* 51.

Dans le commentaire III, *ipsa simile ubique data ens* traduit probablement τὴν πανταχοῦ παροῦσαν ὁμοίως, Porphyre, *In Tim. ... fragm.*, fr. 61, où l'on remarque l'équivalence παροῦσαν, *data ens*.

Ou bien encore, *illas res quae sunt ad esse producit* (comm. XXII) traduit εἰς οὐσίωσιν ὁ θεὸς τὰ πάντα παρήγαγεν, « le dieu a amené toutes les choses à l'existence », Porphyre, *In Tim. ... fragm.*, fr. 36.

Dans le commentaire X, *et caro et primo* rend κυρίως τε καὶ πρώτως, « au sens propre et premier », expression fréquente chez Porphyre. De même, dans le commentaire XXIII, *superessentialiter* traduit littéralement, nous l'avons vu, l'adverbe grec ὑπερουσίως employé par Porphyre. En revanche, dans le

1. Sénèque, *Epistulae ad Lucilium* 58, 6-7.
2. Voir les textes grecs dans les notes de l'édition ci-dessous.

commentaire XI, l'auteur a bien dégagé de l'adverbe ὑπερόντως de Plotin (*Enn.* VI, 8 [39], 14, 42) son sens verbal pour le rendre par le verbe *superest*.

Les traductions d'Aristote sont elles aussi souvent très proches, ainsi *cum sit totus, sine dimensione* (comm. XVIII) traduit ἐστι καὶ ἀμερὲς καὶ οὐδὲν ἔχον μέγεθος, le Premier Moteur « est à la fois sans partie et n'ayant aucune grandeur », *Physique* VIII 10, 267b25-26. *Sine dimensione* traduit aussi ἀμεγέθως dans la section II[1]. Si l'on compare avec la traduction de ces mêmes textes au Moyen Âge, on observe peu de liens entre les deux traductions. Ainsi, ce passage de *Physique* VIII 10 est traduit par Jacques de Venise (XIIe siècle) « indivisibile et inpartibile est et nullam habens magnitudinem »[2], alors que les expressions du *De anima* « quodammodo est anima » (III 8, 431b21) et « intellectus animae » (III 4, 429a23) de la traduction du même Jacques de Venise se retrouvent identiques dans le *Liber* (section XXI), comme l'a remarqué Z. Kaluza[3]; mais elles sont trop courantes et trop isolées pour permettre d'établir une relation précise entre ces deux textes.

b) Traduction par réaménagement de la source

L'auteur latin peut aussi opérer une traduction par réaménagement, c'est-à-dire façonner sa source afin de la faire entrer dans son schéma rhétorique de définition de Dieu. C'est le cas, par exemple, de la sentence XXI *Deus tenebra est in anima post omnem lucem relicta*, qui reprend, nous l'avons vu, un passage de Plotin (*Enn.* II, 4 [12], 10, 15-17) décrivant l'état de l'âme qui veut penser la matière sensible brute :

> ψυχὴ ἀφελοῦσα ὅσα ἐπὶ τοῖς αἰσθητοῖς οἷον φῶς, τὸ λοιπὸν οὐκέτι ἔχουσα ὁρίσαι, ὁμοιοῦται τῇ ὄψει τῇ ἐν σκότῳ,
> l'âme, ayant enlevé tout ce qui détermine les sensibles à la façon d'une lumière, ne pouvant plus définir le reste, s'assimile à la vue dans l'obscurité, Plotin, *Enn.* II, 4 [12], 10, 15-17, éd. et traduction Narbonne (un peu modifiée), p. 290-291.

Le phénomène est bien situé dans l'âme, mais ne la définit plus, puisque c'est Dieu qui est dit *tenebra*. La suppression des déterminations sensibles est résumée en *post omnem lucem*. Quant au grec τὸ λοιπὸν, le reste, il est escamoté puisqu'il ne peut plus être défini, et se trouve transféré à la ténèbre qualifiée de *relicta*, puisque de fait c'est elle qui reste seule. Le souci d'une expression bien venue n'a pas empêché l'auteur de rendre l'idée du texte, une fois admise la transposition à Dieu.

Mais l'exemple le plus frappant reste la sentence XXII *Deus est ex quo est quicquid est, non partitione; per quem est, non variatione; in quo est quod est, non commixtione*, qui représente le réaménagement traduit de plusieurs lignes du premier fragment du commentaire *In Parmenidem* de Turin (I, 6-10) :

1. Voir ci-dessus, p. 39.
2. *Aristoteles Latinus* VII/1.2, Leiden, 1990, p. 340.
3. Z. Kaluza, « Comme une branche... », p. 110, n. 23.

> ἱκανῶς γὰρ ἀφίστησιν ἀπ' αὐτοῦ (θεοῦ) <ἡ τοῦ ἑνὸς ἔννοια> πᾶν πλῆθος καὶ σύνθεσιν καὶ ποικιλίαν, καὶ τὸ ἁπλοῦν ἐννοεῖν δίδωσι καὶ τὸ μηδὲν πρὸ αὐτοῦ καὶ τὸ ἀρχὴν εἶναι τῶν ἄλλων τὸ ἕν πως.
> De manière adéquate en effet, <la notion d'Un> écarte de lui (le dieu) toute multiplicité, composition et variété, et donne à entendre que l'Un est en quelque sorte à la fois ce qui est simple, ce qui n'a rien avant lui et ce qui est principe des autres choses, <Porphyre>, *In Parmenidem* I, 6-10, éd. et traduction Hadot (un peu modifiée), *Porphyre et Victorinus*, II, p. 64-65.

Les trois éléments écartés de Dieu sont d'abord pris à part et précédés de *non : partitio*, division, rend πλῆθος, multiplicité, puisque, s'agissant de l'Un, c'est par division que l'on obtiendrait la multiplicité; *commixtio*, mélange, traduit σύνθεσις, composition; et *variatio* traduit ποικιλία, variété. Ensuite, l'auteur fait correspondre à chacun de ces termes l'un des trois membres de phrase qui suivent, en commençant par le dernier : « ce qui est principe des autres choses » devient *ex quo est quicquid est* et se trouve associé à *non partitione*, sans qu'il y ait pour lui division; « ce qui n'a rien avant lui » ne peut subir aucun effet, aucune modification de la part de quoi que ce soit, *per quem est, non variatione*; et « ce qui est simple » ne connaît pas la composition, *in quo est quod est, non commixtione*. On s'aperçoit alors que l'auteur latin, en assemblant les six éléments deux à deux, a bien rendu le sens de la phrase, mettant l'accent sur le rapprochement τῶν ἄλλων τὸ ἕν pour signifier les différentes faces de la relation de « l'Un aux autres choses ».

Le texte est ensuite appliqué, adapté – *ad applicationem iustam* traduit ἱκανῶς – à l'action créatrice de Dieu, ce qui détermine l'ordre retenu pour ces éléments : en premier, ce qui exprime l'idée de « principe des choses »; puis le refus de la ποικιλία, *variatio*, de l'Un, s'applique à l'indépendance et à l'intégrité du créateur dans son acte créateur; et enfin sa simplicité exclut toute interférence avec la composition inhérente à la matière.

Certes, par nécessité rhétorique, toutes les définitions sont des traductions réaménagées selon le schéma *Deus est* ..., mais ce cas est remarquable par son ampleur.

c) Traduction par simplification

Nous l'avons dit, le but de l'auteur n'est pas de s'attarder sur les débats philosophiques, mais bien de relever les résultats acquis. Ses traductions seront donc simplifiées par rapport à leur source, entraînant parfois la perplexité du lecteur. En voici quelques exemples.

Dans le commentaire II, l'auteur relève l'analogie établie par Philon (*Quis rerum* 229) entre l'incommensurabilité du ciel et celle de l'être :

| *Quis rerum* 229 | *Liber*, comm. II |
|---|---|
| De même donc que l'être est impossible à circonscrire, de même ce qui est délimité par lui <le ciel> n'est pas mesuré par les mesures parvenues dans notre sens commun, Philon, *Quis rerum* 229, éd. Harl, p. 278-279. | Circulus quidem suae ostensionis est ... nullam habens in communia dimensionem. |

L'analogie a de fait été transposée à la sphère divine, mais l'idée de l'incommensurabilité demeure. La source nous permet d'expliquer ce que signifie *circulus suae ostensionis*, ainsi que l'accusatif *in communia*, alors que le verbe commandant l'accusatif n'a pas été traduit.

Dans le commentaire VI, *Relatione ergo ad primam causam, omnis substantia accidens est* correspond à ce passage de Plotin : « Donc là-bas, au rassemblement de tous les étants, l'un quelconque d'entre eux ... est à la fois substance et qualité » (*Enn.* V, 9 [5], 10, 10-14).

Dans le commentaire IX, à propos de *Deus est soli praesens quicquid cuius temporis est*, le texte de Porphyre, *Sentences* 44 : « en sorte que c'est 'l'ensemble', à la fois sous l'angle de la pluralité et sous l'angle de l'étendue temporelle, qui s'applique à lui <l'Intellect> » (*Sentences* 44, 23-25) est succinctement traduit *propter hoc deitas successivorum totalitas.*

d) Traduction par combinaison de plusieurs sources

Dans cette même section IX, la définition dit *Deus est soli praesens quicquid cuius temporis est*, « Dieu est, pour lui seul, le présent de tout ce qui appartient au temps », mais le commentaire IX fait surgir sans transition le thème du regard du tout, opposé à celui de la partie, donnant le sentiment d'une incohérence entre les textes. C'est l'identification de la source qui fait apparaître le lien conceptuel demeuré implicite entre sentence et commentaire. La sentence se trouve justifiée par un texte de Plotin (*Enn.* III, 7 [45], 3) sous-jacent au commentaire, qui explique que l'intelligible a toutes choses toujours présentes sous son regard. Il y a imbrication dans une même phrase du thème de l'œil de l'âme qui ne voit que partie par partie ce qu'elle possède (Porphyre, *Sentences* 44) avec celui de la vie divine ayant le tout toujours présent.

Il peut y avoir aussi combinaison de deux sources quasi identiques : à la fin du commentaire XI par exemple, l'auteur, voulant préciser dans les intelligibles l'idée de surabondance liée à la puissance (δυνάμεως περιουσίᾳ), exprimée dans Porphyre, *Sentences* 11, se tourne vers le passage de Plotin où la puissance intelligible est précisée comme οὐδαμῇ ἐλλείπουσαν, ἐν αὑτῇ οἷον ὑπερζέουσαν ζωῇ, « pas du tout en manque, en elle-même comme bouillonnante de vie » (*Enn.* VI, 5 [23], 12, 8-9), c'est-à-dire comme puissance de vie. Le latin dit donc *non totum indigenter, sed exabundanter*, où l'adverbe *exabundanter* correspond à ὑπερζέουσαν. Porphyre lui-même a repris cette expression dans *Sententiae* 40, l'appliquant à « une essence en elle-même illimitée selon la puissance », οὐδαμῇ μὲν ἐλλείπουσαν, ὑπερεξαίρουσαν δὲ τῇ ζωῇ τῇ ἀκραιφνεστάτῃ, « pas du tout en manque, mais suréminente de la vie la plus pure »[1]. L'idée est bien la même, mais l'adjectif ὑπερζέουσαν, qui intéresse notre auteur parce qu'il signifie surabondance, a disparu. Il suit donc Plotin, et prend cependant à Porphyre le μὲν ... δὲ absent de Plotin, qu'il rend par *sed*. Ces modifications nous le montrent donc assez familier des textes de Plotin et de Porphyre pour les manier en parallèle, les comparer et prendre à chacun ce qui lui convient. On aboutit à une sorte de collage d'éléments traduits, soit exactement soit avec adaptation.

On observe chez notre auteur une méthode de traduction originale qui retravaille l'expression de la source souvent en profondeur, pour parvenir à un résultat latin satisfaisant dans la forme et dans le fond par rapport à son projet personnel, ceci tout particulièrement pour les définitions elles-mêmes. Dans les commentaires, la forme semble rechercher surtout la brièveté d'expression de résultats acquis.

### 4. Utilisation des sources

Nous avons vu comment s'est construite la sentence XXII et comment l'auteur a repris d'abord le dernier élément du texte retenu. Cette démarche à rebours est fréquente. L'auteur pose d'abord la conclusion de sa source, puis remonte les arguments en ordre inverse, conformément à la structure des définitions commentées. Ainsi, dans le commentaire XIX, la seconde partie, sur l'Intellect divin, reprend une part de l'argumentation de Porphyre, *Sententiae* 44, mais en affirmant d'abord la simplicité de l'Intellect pour en donner ensuite les raisons. La section XIII en offre un autre exemple sur le seul chapitre VIII 10 de la *Physique* d'Aristote.

Ailleurs, il y a changement brutal de source : la sentence VII traduit une citation de Plotin (*Enn.* VI, 8 [39], 20, 31-32), *Deus est primum sine primatu*, complétée à l'aide de la *Sententiae* 24 de Porphyre. Mais le commentaire VII ne replace pas la citation de Plotin dans son contexte plotinien sur l'indépendance de l'Un. Il la rapporte d'abord au thème porphyrien du lien relationnel, et non causal, entre géniteur et progéniture dans la génération (*genitor vero primum capit ratione geniturae*), tiré du commentaire de Porphyre sur les *Catégories*, et poursuit par l'autogénération de l'Intellect décrite dans une traduction-adaptation de *l'Histoire de la philosophie* IV, fr. 18 du même. Ce qui intéresse notre auteur en effet, c'est l'indépendance réciproque de l'Un et de son Intellect, indépendance qui ne peut se disjoindre de l'idée de l'autogénération de ce dernier.

Dans le commentaire XXII, on remarque que les termes utilisés *generator* et *generatus* se retrouvent chez Plotin, *Enn.* V, 1 [10], 6, 51-52 (τὸ γεννῆσαν, τὸ γεγεννημένον), mais comme le contexte plotinien ne convient pas, l'engendré y étant considéré comme inférieur à l'engendrant, Plotin est abandonné pour passer à un autre extrait mieux adapté. Dès que le contexte s'éloigne du projet retenu, il y a changement de source.

1. Voir C. D'Ancona, « Les *Sentences* de Porphyre entre les *Ennéades* de Plotin ... », dans Porphyre, *Sentences*, I, p. 242-243.

## 5. MÉTHODE DE TRAVAIL D'UN AUTEUR LATIN ANTIQUE

Indépendamment de son contenu doctrinal et de la personnalité de son auteur, le *Liber XXIV philosophorum* pourrait donc se révéler comme un témoin intéressant de la méthode de travail d'un auteur latin de la fin de l'Antiquité, postérieur à Porphyre, à l'égard de ses sources grecques.

### 5.1. *Usage des extraits*

On y voit l'importance d'une large recherche d'extraits, le plus souvent brefs, qui essaie de ne rien négliger. Il ne s'agit pas pour l'auteur de s'imprégner de ses sources pour travailler ensuite sa propre pensée. C'est davantage un travail fondé sur l'accumulation et la combinaison des témoignages, suivant l'usage antique des *excerpta*, tel qu'on a pu le préciser à partir de l'étude des auteurs anciens. Des données communes sont en effet apparues[1], dont certaines se reconnaissent précisément dans le *Liber XXIV philosophorum*. Ainsi :

a) les extraits sont par définition en-dehors du contexte. Ils peuvent donc être utilisés dans des buts différents de l'original. C'est bien le cas ici où ces *excerpta ex libris philosophorum* visent à justifier la théologie d'une nouvelle religion, le christianisme ;

b) l'utilisation d'un extrait conduit souvent à l'utilisation d'un autre extrait de la même source, ou d'un extrait d'une autre source, mais sur le même sujet. Le cas est particulièrement frappant ici avec Plotin, *Ennéade* VI, 8 [39], dont on relève douze extraits. Ou bien encore Aristote, *Physique* VIII 6, nourrit la section XIX, tandis que *Physique* VIII 10 nourrit la section XIII. Quant à l'*In Parmenidem* de Turin, on n'en compte pas moins de seize extraits, dont certains se reprennent[2].

c) en effet, un même extrait peut être utilisé plusieurs fois : ainsi, *l'Histoire de la philosophie* IV, fr. 18 (comm. VII, sent. IX, comm. X) ; *Sententiae* 11 (comm. III, comm. XI), 37 (sent. III, comm. XI, sent. XV), 40 (comm. VIII, comm. XI) et 44 (comm. IX, comm. XIX).

### 5.2. *Adaptation du vocabulaire*

Il faut ajouter que l'usage d'extraits dans un but autre que celui de l'auteur d'origine peut entraîner des modifications de vocabulaire liées à des modifications de sens. En voici deux exemples :

a) *existens*

Parlant de l'être divin, l'auteur du *Liber XXIV philosophorum* déclare :

> « sua clausio est infinita et actu, non possibilis, nisi quia necessario existens », son caractère clos est sans limite et en acte, sans en-puissance, indépendamment du fait qu'il existe nécessairement (commentaire X).

1. D'après T. Dorandi, *Le stylet et la tablette. Dans le secret des auteurs antiques*, « Collection l'Âne d'or », Paris, 2000, p. 44.

2. Pour le détail, voir ci-dessous l'Index des sources.

Le caractère clos d'un être renvoie, semble-t-il, à sa limitation soulignée par Aristote en *Metaph.* Δ 17, 1022a8-10. Ici, c'est le *De interpretatione* qui est mis à contribution. *Necessario existens* traduit τὸ ἐξ ἀνάγκης ὂν, ce qui est par nécessité, dans τὸ ἐξ ἀνάγκης ὂν κατ' ἐνέργειάν ἐστιν, « ce qui est par nécessité est en acte » (*De interpretatione* 13, 23a21-22), alors que Boèce, dans sa traduction du *De interpretatione*, dit simplement « quod ex necessitate est »[1]. C'est que l'auteur ici associe « ce qui est nécessairement est en acte » à τὰ μὲν ἄνευ δυνάμεως ἐνέργειαί εἰσιν, οἷον αἱ πρῶται οὐσίαι, « et dans certains cas, on a des actes sans en-puissance, ainsi pour les substances premières » (13, 23a23-24) et applique la conjonction de ces deux passages à l'être divin, donnant ainsi un sens théologique tout à fait nouveau, semble-t-il, à la substance première d'Aristote. Par suite, τὸ ἐξ ἀνάγκης ὂν devient l'*existens* nécessaire, Dieu.

Or pour Victorinus, *exsistentia*, qui traduit le grec ὕπαρξις, désigne l'être considéré en lui-même, seul et sans attribut :

> Exsistentia ipsum esse est et solum esse et non in alio esse aut subjectum alterius, sed unum et solum ipsum esse,
> L'existence est l'être en soi, l'être sans addition, l'être qui n'est ni en un autre, ni sujet d'un autre, mais l'être en soi un et seul, Victorinus, *Candidi Epistola* I 2, 19-21, traduction Hadot[2].

De même, à propos de l'étant et du Logos, *exsistentia* est l'équivalent de *substantia* :

> Ὂν et λόγον quaesierunt philosophi et docti ad legem viri, quid sint et ubi sint. Quid sint, substantiam eorum vel exsistentiam ut explicemus ...
> Les philosophes et les docteurs de la Loi ont cherché l'étant et le Logos, ce qu'ils sont et où ils sont. Ce qu'ils sont, afin que nous expliquions leur substance ou existence ... Victorinus, *Adv. Ar.*, IV 18, 62-65, traduction Hadot modifiée.

Dans le cours de l'œuvre de Victorinus, *exsistentia* semble s'appliquer indifféremment au Père et au Fils, sans exclusivité pour le Fils[3], puisqu'il est d'abord caché dans le Père. On lit ainsi, dans son *Commentaire sur l'Épître aux Philippiens* :

> ... Deum esse, in eo quod est, ipsum principale esse, esse autem ipsum quod est principale habere vivere et intelligere. Sed intelligere atque vivere forma quaedam est et imago ipsius exsistentiae. Cum igitur exsistentia Deus sit, ut multis probatur, atque id magis quod supra existentiam est, forma autem exsistentiae moveri, intellegere, vivere,

1. Boetius, *Aristotelis De interpretatione...*, éd. L. Minio-Paluello, *AL* II/1-2, p. 33, 16-17.

2. Voir J.-F. Courtine, « Essenza, sostanza, sussistenza, esistenza », *Quaestio* 3/2003, p. 27-59 (36).

3. Pour l'opinion qui voit dans la sortie du Fils la pleine justification du terme *ex-sistentia*, en portant l'accent sur la valeur du préfixe, voir V. Carraud, « L'invention de l'existence. Note sur la christologie de Marius Victorinus », *Quaestio* 3/2003. *L'esistenza. L'existence. Die Existenz. Existence*, p. 3-25.

> ... que Dieu est, en tant qu'il est, l'être originel même, et que l'être originel même a le vivre et le comprendre. Mais comprendre et vivre est une sorte de forme et d'image de l'existence même. Donc, comme Dieu est existence, ainsi qu'il y en a bien des preuves, et plutôt ce qui est au-dessus de l'existence, et que la forme de l'existence est se mouvoir, comprendre et vivre ..., Victorinus, *Commentarium Ad Philippenses*, 2, 6-8, éd. F. Gori, CSEL 83/2, p. 188, 19-25, traduction ajoutée.

et plus loin :

> Semper et hoc, intellectus necessitate, capiamus et in eo quod est esse, inesse et vitam, ut et Deo, cui est potentia haec ut esse sit et esse omnibus praebeat, sit tamen intellegens illud et vivens; vel supra intellegentiam et supra vitam et supra exsistentiam Christus, qui vita est, etiam progressa a Deo vita, insit. Et in eo quod vita est ipsa exsistentia et ipsa intellegentia, aequalis Deo est.
> Saisissons toujours aussi, par nécessité de compréhension, que dans ce qui est l'être, il y a aussi l'intelligence et la vie, en sorte que Dieu, à qui appartient cette puissance d'être l'être et de le donner à toutes choses, a cependant aussi ce quelque chose qui comprend et qui vit; ou plutôt que, au-dessus de l'intelligence, au-dessus de la vie et au-dessus de l'existence, se trouve le Christ, qui est vie, et même vie sortie de Dieu. Et du fait que la vie est l'existence même et l'intelligence même, il est égal à Dieu, Victorinus, *Commentarium Ad Philippenses*, 2, 6-8, éd. F. Gori, CSEL 83/2, p. 189, 44-51, traduction ajoutée.

b) *essentia*

Si l'existence n'apparaît qu'une fois dans le *Liber*, sous la forme de l'adjectif *existens*, il n'en est pas de même du substantif *essentia* que l'on ne compte pas moins de huit fois dans le texte : aux commentaires III, IV, V, XVIII, XXII (trois fois) et XXIV, plus la forme adverbiale *superessentialiter* (XX).

À considérer les sources grecques qui ont pu être repérées dans le *Liber* à propos du terme *essentia*, on s'aperçoit qu'il n'y en a guère de précise, en-dehors de ὑπερουσίως que traduit *superessentialiter* et de la définition *ad essentiam data* (XXIV), qui renvoie à la définition οὐσιώδης du *De definitionibus* de Victorinus. On n'observe qu'une seule référence précise à l'*ousia* grecque, dans le commentaire XXII, à propos des *res quae sunt* que le créateur amène à l'être (*ad esse producit*) et qui recevront ainsi l'origine de leur essence (*suum initium suae essentiae perciperent*), car leurs essences/substances sont déjà définies dans l'Intellect (Plotin, *Enn.* V, 1 [10], 7, 22-23). Par ailleurs, un autre emploi, *veritas omnis essentiae* (V), semble désigner l'accord profond avec son être propre.

Dans sa section VI, le *Liber* explique que *Deus est cuius comparatione substantia accidens est et accidens nihil* et conclut en disant que la substance divine, pour laquelle les notions courantes de substance et d'accident ne sont rien, est « une substance étrangère qui ne s'écoule pas » (*substantia aliena quae non fluit*). Il faut donc un autre terme que celui de substance pour la désigner, terme qui sera ici *essentia* et qu'il faudra donc distinguer des emplois de *essentia* comme équivalent de *ousia*, de l'essence/substance.

Il est employé dans le *Liber* pour expliquer la nature de la divinité : *essentia divinitatis in sua simplicitate* (III), *ipsa essentia deitatis* (IV), *sphaera suae essentiae* (XVIII), *sua essentia triformis* et *sui essentia* (XXII). Il y a peut-être une correspondance entre *divinitas – exsistentia* (*existens* dans le *Liber*) et *deitas – essentia*, le premier couple de mots exprimant le simple fait d'être de la divinité, selon la définition d'*existentia* donnée plus haut par Victorinus (*Candidi Epistola* I 2, 19-21), et le second la nature profonde de l'être divin. En ce sens précis, le vocable *essentia* semble rare et, ainsi que le note Pierre Hadot, il n'apparaît qu'en deux endroits de l'*Adversus Arium* [1], à propos de Dieu, Père ou Fils (III 7, 29-35 et IV 6, 5-7). Dans ce second passage, Victorinus en donne l'étymologie :

> ista generatio est ut ab agente actus, *ab eo quod est esse* essentitas vel essentia, a vivente vitalitas vel vita ... nasceretur,
> cette génération <en Dieu> est telle que naisse de l'agent l'acte, de celui qui est être l'entité ou l'essence, du vivant la vitalité ou la vie, *Adv. Ar.* IV 6, 5-6.

On observe donc qu'*essentia* est un néologisme signifiant, plutôt que le substantif *ousia*, le verbe grec *einai*, dans une réinterprétation que Jean-François Courtine situe dans le sens du néoplatonisme porphyrien, celui précisément de Victorinus. Il y voit aussi, dans la mesure où *essentia* s'applique à Dieu, une adaptation théologique de l'*ousia* première d'Aristote[2], phénomène que nous avons déjà constaté à propos d'*existens* dans le *Liber*.

Il se pourrait donc que la théologie du *Liber XXIV philosophorum*, fondée sur un réaménagement nouveau de textes philosophiques et donnant un sens théologique inédit à des vocables métaphysiques, ait marqué une étape dans la naissance de « la science de Dieu », d'autant que l'application de l'ensemble du texte se fait dans un projet lui aussi entièrement nouveau.

1. P. Hadot, *Marius Victorinus. Traités théologiques sur la Trinité*, II, SC 69, p. 951.

2. J.-F. Courtine, « Essenza, sostanza, sussistenza, esistenza », *Quaestio* 3/2003. *L'esistenza. L'existence. Die Existenz. Existence*, p. 27-59 (56), traduction italienne de F. Marrone.

CHAPITRE IV

# LE *LIBER XXIV PHILOSOPHORUM* EST-IL ÉCRIT CONTRE L'ARIANISME ?

Maintenant que nous percevons mieux les textes d'où sentences et commentaires ont été extraits et comment ils l'ont été, ainsi que les rapprochements possibles avec Victorinus, nous pouvons rechercher si et comment le *Liber XXIV philosophorum* répond aux affirmations du prêtre d'Alexandrie Arius et de ses partisans, adressées à l'évêque Alexandre aux environs de 320[1]. Arius et les siens contestaient la nature de la divinité du Christ, dont ils faisaient une sorte de dieu de second rang, créé et non pas engendré.

Dès 325, le premier concile de Nicée a certes condamné l'arianisme, mais l'hérésie demeurait vivace. Il fallait donc conforter le *Credo* ou symbole de Nicée par des raisonnements philosophiques pour établir l'égalité du Père et du Fils, leur consubstantialité et le rôle co-créateur du Verbe, puisque la philosophie était le terrain choisi par Arius pour sa contestation.

## 1. L'AXIOME NÉOPLATONICIEN

C'est en effet l'axiome néoplatonicien « Tout ce qui engendre en vertu de son essence engendre un produit moins bon que lui », exprimé par Porphyre, *Sententiae* 13[2], qui, si l'on en croit Michel Psellos, fut à l'origine de l'hérésie arienne :

> Τὸ δὲ 'πᾶν τὸ γεννῶν τῇ οὐσίᾳ αὐτοῦ χεῖρον ἑαυτοῦ γεννᾷ' ἀρχηγὸν ἐγένετο τῷ 'Αρείῳ τῆς ὑποπτώσεως τοῦ μονογενοῦς πρὸς τὸν πατέρα,

1. J'ai une pensée reconnaissante pour le regretté P. Aimé Solignac, qui m'a indiqué ce texte grec, édité dans *Athanasius Werke*, III/1, *Urkunden zur Geschichte des Arianischen Streites 318-328*, ed. Hans-Georg Opitz, Berlin-Leipzig, 1934, p. 12-13, document 6. Celui-ci a été deux fois traduit en latin, avec quelques variantes par rapport au grec, par saint Hilaire de Poitiers, *De Trinitate*, IV, 12-13 et VI, 5-6, éd. P. Smulders, traduction et notes par G.M. de Durand, Ch. Morel et G. Pelland, SC 448, Paris, 2000.

2. Πᾶν τὸ γεννῶν τῇ οὐσίᾳ αὐτοῦ χεῖρον ἑαυτοῦ γεννᾷ, Porphyre, *Sententiae* 13, éd. Lamberz, p. 5, 10 et *Sentences* 13, 1 et t. II, p. 412-420.

L'axiome "tout ce qui engendre de par son essence engendre un moins bon que lui" devint pour Arius la cause principale de l'abaissement du Fils unique par rapport au Père, Michael Psellos, opusc. 35 Περὶ θεολογίας καὶ διακρίσεως δογμάτων Ἑλληνικῶν, éd. D. J. O'Meara, *Philosophica minora*, II, Leipzig, 1989, p. 120, 3-4.

La raison de cet axiome en est exposée par Porphyre en *Sentences* 14 : « Tout ce qui naît tient d'un autre la cause de sa naissance », même les choses « simples et incomposées qui possèdent l'être dans la simplicité de leur réalité »[1], et cette dépendance causale entraîne l'infériorité de l'effet par rapport à sa cause.

Le *Credo* de Nicée a certes bien précisé, à propos du Christ, qu'il est *genitus, non factus*, « engendré, non pas créé », mais l'ambiguïté du verbe grec γεννάω, « donner naissance à », qui signifie aussi bien engendrer que produire ou créer, demeure, ainsi que l'axiome néoplatonicien.

L'auteur du *Liber XXIV philosophorum* va donc rassembler des extraits philosophiques appropriés, en évitant soigneusement dans le néoplatonisme toute allusion à l'infériorité de l'engendré par rapport à l'engendrant. Il réfute ainsi l'axiome :

1) puisque l'axiome néoplatonicien dit « Tout ce qui engendre en vertu de son essence », où essence est dit *ousia*, il convient de préciser la nature de l'essence de Dieu. La source utilisée ici sera, semble-t-il, l'*In Parmenidem* de Turin (IX, 3-5), qui explicite ce que disent à ce propos les *Oracles chaldaïques*. Puisque l'*In Parmenidem* énonce que « puissance et intellect sont co-unifiés en la simplicité » du dieu, la section III du *Liber* va préciser la nature de la puissance intérieure en Dieu et la section IV[2] celle de l'Intellect en lui, insistant à l'aide de Plotin sur la notion de préexistence d'une sorte d'intellect dans l'Un. Prévenant toute objection, la section V pose ensuite fermement l'unité absolue de Dieu, qui découle de ce qu'il est Bien et Vie parfaits. La section VI[3] détermine ensuite la nature totalement à part de sa substance, étrangère à la problématique habituelle substance/accidents. Il faut donc prendre en compte cette exception de la substance divine et ne pas lui appliquer un axiome qui concerne la génération en vertu de l'οὐσία, de l'essence/substance au sens ordinaire.

Or, l'introduction de l'οὐσία dans l'axiome est une initiative de Porphyre, qui par là modifie sa source plotinienne[4]. Plotin, en effet, appuie la même affirmation sur la perfection de l'engendrant :

> πάντα δὲ ὅσα ἤδη τέλεια γεννᾷ· τὸ δὴ ἀεὶ τέλειον ἀεὶ καὶ ἀίδιον γεννᾷ· καὶ ἔλαττον δὲ ἑαυτοῦ γεννᾷ,
> De plus, tous les êtres, dans la mesure où ils sont déjà arrivés à l'état parfait, engendrent; donc l'être toujours parfait engendre toujours; il engendre un objet

1. Porphyre, *Sentences* 14, 1-2 et 4-6.
2. Voir ci-dessus p. 29-31.
3. Voir ci-dessus, p. 31-34.
4. Voir C. D'Ancona, « Les *Sentences* de Porphyre entre les *Ennéades* de Plotin ... », dans Porphyre, *Sentences*, I, p. 207-208.

éternel; et il engendre un être moindre que lui, Plotin, *Enn.* V, 1 [10], 6, 37-39, traduction Bréhier modifiée.

La perfection désigne ici l'état d'achèvement du vivant selon son essence; lorsque cet état est atteint, le vivant engendre pour se perpétuer, pour perpétuer son espèce. Mais l'état d'achèvement n'est pas la raison de la génération, ce n'en est qu'une circonstance; ce qui suscite la génération, c'est l'essence du vivant qui le pousse à se perpétuer. Or, assimiler aux autres vivants l'être toujours parfait, toujours achevé, c'est oublier sa transcendance absolue. C'est pourquoi Porphyre substitue l'οὐσία à l'état parfait du texte de Plotin, pour énoncer « Tout ce qui engendre en vertu de son essence engendre un produit moins bon que lui » (*Sententiae* 13), c'est-à-dire encore inachevé, encore imparfait. Comme il a précisé auparavant (*Sententiae* 10)[1] – selon une certaine progression logique qui apparaît dans les *Sentences* – que ce qui est dans l'au-delà est sur un mode au-delà de l'essence, forgeant à cette occasion le néologisme ὑπερουσίως, cette règle ne s'applique pas à la génération dans l'Un. Plotin, au contraire, avait présenté son affirmation sur la génération des êtres en vue de justifier l'infériorité de l'Intellect né de l'Un, puisque c'est à son sujet qu'il dit « et il engendre un être moindre que lui ». En introduisant l'*ousia*, Porphyre fait de cette infériorité un principe général qui s'applique à tous les êtres qui engendrent, sauf à l'Un. L'Un n'a pas une *ousia* qui le pousserait à se perpétuer, puisqu'il est éternel. S'il y a génération dans l'Un, elle doit être d'un autre type.

On saisit bien alors pourquoi notre auteur traduit scrupuleusement ὑπερουσίως par *superessentialiter* dans le commentaire XX[2], dans lequel précisément il détermine comment le vivant absolu, Dieu, se distingue de tous les autres vivants du fait qu'il tient sa vie de lui-même. De même, Porphyre a-t-il indiqué, en *Sententiae* 12, les différents sens du mot vie selon la nature des vivants, soulignant que rien ne possède une vie qui approche celle de l'Au-delà[3].

Ce sens aigu de la transcendance de l'Un, que nous avons déjà vu à propos de l'*In Parmenidem* de Turin[4], est très probablement l'une des raisons majeures de l'attachement de l'auteur du *Liber* à ce dernier texte comme à la pensée de Porphyre en général.

2) conformément à ce qui précède et d'après l'expression de l'axiome « tout ce qui engendre », l'auteur détermine dans la section VII que, dans la génération divine, c'est le Fils, l'Intellect, qui s'engendre de son propre mouvement (*procedit generatione*), qui s'autoengendre, sans que l'Un/Père en prenne l'initiative, et sans qu'il y ait changement ni en l'un ni en l'autre, toutes choses que Porphyre a exposées avec insistance, nous l'avons vu, dans son *Histoire de la philosophie*, IV, fr. 18 :

1. Porphyre, *Sentences* 10, 4.
2. Voir *supra*, p. 50-51.
3. Éd. et traduction *Sentences*, I, p. 312-313.
4. Voir *supra*, p. 70-73.

> ἀπὸ δὲ τούτου, τρόπον τινὰ ἀνθρώποις ἀνεπινόητον, νοῦν γενέσθαι τε ὅλον καὶ καθ' ἑαυτὸν ὑφεστῶτα ... προῆλθε δὲ προαιώνιος, ἀπ' αἰτίου τοῦ θεοῦ ὡρμημένος, αὐτογέννητος ὢν καὶ αὐτοπάτωρ· οὐ γὰρ ἐκείνου κινουμένου πρὸς γένεσιν τὴν τούτου ἡ πρόοδος γέγονεν, ἀλλὰ τούτου προελθόντος [*éd.* παρελθόντος] αὐτογόνως ἐκ θεοῦ, προελθόντος [*éd.* παρελθόντος] δὲ οὐκ ἀπ' ἀρχῆς τινὸς χρονικῆς· οὔπω γὰρ χρόνος ἦν,
> À partir de lui (le Bien), d'une manière inconcevable aux hommes, naît l'Intellect total qui subsiste en lui-même .... Et, prééternel, il a procédé en s'étant élancé à partir du dieu-cause, étant de lui-même fils et père; car ce n'est pas parce que celui-là s'est mû à la génération de celui-ci que la procession s'est produite, mais parce que celui-ci a procédé en s'engendrant lui-même du dieu, et il a procédé non pas à partir d'un commencement temporel, car le temps n'existait pas encore, Porphyre, *Histoire de la philosophie*, IV, fr. 18, éd. Nauck, p. 14, 21-24; 15, 1-6; Smith 223F; traduction Segonds (un peu modifiée), p. 193-194.

On ne peut donc dire à propos de l'Intellect « tout ce qui naît tient d'un autre la cause de sa naissance » (*Sententiae* 14), puisque c'est lui-même qui prend l'initiative de sa génération, « d'une manière inconcevable aux hommes ». La génération en Dieu de l'Intellect n'entraîne donc aucune relation causale, l'Intellect n'étant pas l'effet de l'Un, mais l'extériorisation spontanée d'une réalité prééternelle, précontenue dans la simplicité de l'Un. Ainsi se trouve établi, à l'aide de Porphyre lui-même, que l'axiome néoplatonicien allégué par Arius ne s'applique pas à la génération de l'Intellect divin.

C'est dans la section VIII que le *Liber* va considérer le véritable mode par l'effet, qui sera la relation d'amour de la créature à la cause première. Nous sommes alors passés de la génération à la création. On voit ainsi comment le *Liber XXIV philosophorum* s'applique à la réfutation de l'axiome néoplatonicien à la base de la contestation arienne.

Par rapport à Arius lui-même, l'auteur en reprend les affirmations point par point, comme le montre la comparaison avec les écrits de l'adversaire.

## 2. Les thèses d'Arius

### 1. *Unicité de Dieu*

Dès l'abord, Arius confesse un Dieu un (ἕνα θεόν), qu'il détermine à huit reprises à l'aide de l'adjectif μόνος :

> μόνον ἀγέννητον, μόνον ἀΐδιον, μόνον ἄναρχον, μόνον ἀληθινόν, μόνον ἀθανασίαν ἔχοντα, μόνον σοφόν, μόνον ἀγαθόν, μόνον δυνάστην, éd. Opitz, § 2, p. 12, 4-5.
> seul incréé, seul éternel, seul sans commencement, seul vrai, seul à posséder l'immortalité, seul sage, seul bon, seul puissant.

Le *Liber XXIV philosophorum*, dans sa première définition, dit aussi « Deus est *monos*, monadem ex se gignens, in se unum reflectens ardorem ». L'unicité divine, absolue, place Dieu en-dehors du nombre et c'est lui qui engendre l'unité qui, multipliée par elle-même, reste une.

2. *Antériorité du Père*

Arius pose l'antériorité à la fois temporelle et causale du Père, puisque le Fils a été engendré, même si c'est avant la création. Il dit ceci :

> ὁ μὲν θεὸς αἴτιος τῶν πάντων τυγχάνων ἐστὶν ἄναρχος μονώτατος, ὁ δὲ υἱὸς ἀχρόνως γεννηθεὶς ὑπὸ τοῦ πατρὸς ... οὐκ ἦν πρὸ τοῦ γεννηθῆναι, ἀλλ' ἀχρόνως πρὸ πάντων γεννηθείς, μόνος ὑπὸ τοῦ πατρὸς ὑπέστη, éd. Opitz, § 4, p. 13, 8-10.
> Dieu, cause de tout, s'en trouve absolument seul sans commencement, tandis que le Fils, engendré hors du temps par le Père, ... n'était pas avant d'avoir été engendré, mais engendré hors du temps avant toutes choses, il subsista seul du fait du Père.

À cela semble répondre notre auteur dans la sentence IX *Deus est soli praesens quicquid cuius temporis est*, traduisant un passage de *l'Histoire de la philosophie* IV, fr. 18 que nous venons de voir : ὁ νοῦς αἰώνιος, μόνος καὶ ἀχρόνως ὑποστάς, καὶ τῶν ἐν χρόνῳ αὐτος χρόνος ἐστίν, « l'Intellect éternel, seul et subsistant hors du temps, est aussi lui-même le temps de ce qui est dans le temps ». On y remarque les mots mêmes repris par Arius : ἀχρόνως, μόνος, ὑπέστη. Si le Fils est engendré hors du temps, il ne peut y avoir pour lui de passé, de temps où il n'était pas engendré. Dieu et son Logos, qui est la pensée de Dieu agissante, coexistent dans un éternel présent, qui est aussi le présent des choses dans le temps, car le passé et l'avenir n'existent que pour la conscience humaine.

3. *Rapport Père-Fils*

Arius reprend plus loin :

> ὡς μονὰς καὶ ἀρχὴ πάντων, οὕτως ὁ θεὸς πρὸ πάντων ἐστι· διὸ καὶ πρὸ τοῦ υἱοῦ ἐστιν, éd. Opitz, § 4, p. 13, 12-13.
> En tant que monade et principe de toutes choses, Dieu est ainsi avant toutes choses ; c'est pourquoi il est aussi avant le Fils.

Il ne s'agit pas d'un 'avant' temporel, puisque Arius a reconnu précédemment[1] que le Fils a été engendré par le Père hors du temps. Aussi le *Liber* dit-il *Deus est primum sine primatu*, « Dieu est le premier sans primauté » (sent. VII), mais ce disant, il récuse aussi, nous l'avons dit, toute priorité causale. Le commentaire VII explique en effet que *Genitor vero primum capit ratione geniturae*, « Le géniteur d'une part prend la première place en raison de sa progéniture », ce qui renvoie à l'affirmation de Porphyre :

> Οἷον ὁ πατὴρ σὺν τῷ υἱῷ ἐστι πατήρ· σὺν τούτῳ γὰρ ἔχει τὸ εἶναι πατήρ <...> συνεισάγει οὖν ὁ μὲν πατὴρ ἑαυτῷ υἱόν, ὁ δὲ υἱὸς ἑαυτῷ πατέρα <...> δοκεῖ δὲ τὰ πρός τι τοιαῦτα εἶναι
> Le père, par exemple, est père avec le fils ; car c'est avec lui qu'il détient sa paternité <...>. Donc, le père entraîne avec lui le fils et le fils, avec lui, le père

1. ὁ δὲ υἱὸς ἀχρόνως γεννηθεὶς ὑπὸ τοῦ πατρὸς, § 4, p. 13, 8-9, cité ci-dessus.

<...>. Or les relatifs semblent être tous des réalités de ce genre, Porphyre, *In Categ. Arist.*, éd. et trad. Bodéüs, p. 380-381.

Le père ne peut donc pas, en tant que père, être avant le fils. D'où la suite du commentaire VII, *sed non primo ut non prius*, qui pourrait s'entendre en deux sens : le géniteur prend la première place « mais non pas à partir d'un commencement temporel, comme il n'y a pas d'avant » dans l'éternité où se situe cette génération, mais aussi comme il n'est pas géniteur sans la naissance effective du fils.

C'est précisément le point que récuse Arius en disant que le Fils

οὐδε ἅμα τῷ πατρὶ τὸ εἶναι ἔχει, ὥς τινες λέγουσι τὰ πρός τι, δύο ἀγεννή τοὺς ἀρχὰς εἰσηγούμενοι, éd. Opitz, § 4, p. 13, 11-12.
n'a pas non plus l'être en même temps que le Père, *comme certains le disent des termes relatifs,* introduisant deux principes inengendrés.

Or, ne sont corrélatifs que les termes 'père' et 'fils', et non la personne de chacun d'eux prise en elle-même. C'est pourquoi, le commentaire VII poursuit, s'appuyant sur *l'Histoire de la philosophie* de Porphyre :

ἐν ταυτότητι μένων τῆς ἑαυτοῦ αἰωνίας ὑποστάσεως,
<l'Intellect> demeurant dans l'identité de sa réalité éternelle, Porphyre, *Hist. de la philosophie* IV, fr. 18, éd. Nauck, p. 15, 13-14, Smith 223F, traduction Segonds (un peu modifiée), p. 194.

en disant que « l'engendré, de son côté, s'avance en s'engendrant pour aller vers la fin, mais sans recevoir de modification de la part du moyen terme », qui est la vie divine. Il n'y a donc qu'un seul principe inengendré, dans la vie duquel s'autoengendre hors du temps le Fils.

4. *Volonté de Dieu*

Arius dit encore :

θεόν, γεννήσαντα υἱὸν μονογενῆ πρὸ χρόνων αἰωνίων <...> γεννήσαντα δὲ οὐ δοκήσει, ἀλλὰ ἀληθείᾳ, ὑποστήσαντα ἰδίῳ θελήματι, éd. Opitz, § 2, p. 12, 7-9.
Dieu a engendré un Fils unique avant les temps des siècles ..., et il l'a engendré non en apparence mais en vérité, et l'a soumis à sa propre volonté,

affirmant ensuite le Fils

θελήματι τοῦ θεοῦ πρὸ χρόνων καὶ πρὸ αἰώνων κτισθέντα καὶ τὸ ζῆν καὶ τὸ εἶναι παρὰ τοῦ πατρὸς εἰληφότα, éd. Opitz, § 3, p. 13, 4-5.
fondé par la volonté de Dieu avant les temps et avant les siècles et ayant reçu du Père à la fois le vivre et l'être.

À cela s'oppose pleinement le texte cité plus haut de l'*Histoire de la philosophie*, qui pose que la génération de l'Intellect se fait par un mouvement spontané de sa part, qu'il procède en s'engendrant lui-même (αὐτογόνως). Il ne reçoit pas de Dieu le vivre et l'être, car Dieu ne peut exister sans son Verbe/Fils. L'Intellect en effet n'est pas un ajout à l'Un : il est en continuité avec l'Un, avec le

Père, il est pré-contenu en lui, selon la section IV *Deus est mens rationem generans, continuationem perseverans*, « Dieu est l'esprit qui engendre la raison et qui garde continuité avec elle », qui semble dépendre de Plotin, *Enn.* VI, 8 [39], 17 et 18. La génération du Logos n'est pas le fait d'un arbitraire de la volonté du Père.

S'appuyant, semble-t-il, sur ce même traité de Plotin, l'auteur du *Liber* considère précisément la volonté en Dieu dans la section XII, *Deus est cuius voluntas deificae et potentiae et sapientiae adaequatur*, « Dieu est celui dont la volonté est égale tant à la puissance qu'à la sagesse divine », c'est-à-dire qu'il n'y a pas en Dieu de distance de nature, d'intervalle de temps, entre sagesse, volonté et puissance. Ce que Dieu sait, ce qu'il veut et ce qu'il fait coexistent hors du temps, contrairement aux créatures situées dans le temps, pour qui ces trois étapes sont successives et inégales (*non aequalia sunt*, comm. XII). Le Fils n'est pas soumis à la volonté particulière du Père (ὑποστήσαντα ἰδίῳ θελήματι), comme s'il y avait deux volontés indépendantes, voire opposées. Le Fils/Verbe s'engendre spontanément du Père, dont il « est », en tant que Fils, la sagesse, la volonté et la puissance.

5. *Création par le Père avec le Fils*

Pour répondre à Arius qui professe :

> θεόν, γεννήσαντα υἱὸν μονογενῆ πρὸ χρόνων αἰωνίων, δι'οὗ καὶ τοὺς αἰῶνας καὶ τὰ ὅλα πεποίηκε, éd. Opitz, § 2, p. 12, 7-8.
> Dieu, ayant engendré un Fils unique avant les temps des siècles, grâce auquel il a fait à la fois les siècles et l'univers.

c'est-à-dire que les choses se seraient passées en deux moments distincts : d'abord, la génération du Fils avant le temps, puis la création du temps et de l'univers à l'aide du Fils (δι' οὗ, « grâce auquel »). Le *Liber* met au contraire la création en parallèle direct avec la génération de l'engendré, afin de préciser la même relation nécessaire entre les termes. Dans le commentaire XXII en effet, à propos du rôle de l'engendré dans la création, l'auteur explique *ut est ex generato generator, suum initium suae essentiae perciperent per genitum*, « de même que parce qu'il y a un engendré, il y a un engendreur, c'est grâce à l'engendré que les choses peuvent recevoir l'origine de leur essence », où l'on remarque l'équivalence δι' οὗ et *per genitum*. Il y aurait donc même corrélation nécessaire entre la participation de l'engendré, c'est-à-dire de l'Intellect, et l'action créatrice de l'engendreur, Dieu, qu'entre père et fils : de même que le père n'est père qu'avec la présence du fils, de même Dieu n'est créateur qu'avec la présence de son Logos.

Arius déclare encore :

> οὐ γὰρ ὁ πατὴρ δοὺς αὐτῷ πάντων τὴν κληρονομίαν ἐστέρησεν ἑαυτὸν ὧν ἀγεννήτως ἔχει ἐν ἑαυτῷ· πηγὴ γάρ ἐστιν πάντων, éd. Opitz, § 4, p. 13, 6-7.
> le Père, en lui donnant <au Fils> l'héritage de toutes choses, ne s'est pas privé lui-même de ce qu'il possède en lui-même de manière increéée, car il est la source de toutes choses.

Le *Liber* reconnaît également *Sed sic ex generante ipso non dividitur aliquid de sui essentia*, « Mais, de cette façon, rien n'est retranché de l'essence propre de l'engendrant lui-même » (comm. XXII).

Que Dieu est la source, c'est aussi un point d'accord avec Arius, mais le *Liber* affine cette notion en distinguant et en associant la source de vie qu'est la cause première et la source d'amour qu'est l'Intellect. Le commentaire VIII affirme *In prima causa id a quo vita et sperma quo vita tota : igitur id ipsum est fons* <*vitae*> ; *fons amoris in Illo*, « Dans la cause première, il y a ce d'où vient la vie et le germe de la vie totale : c'est donc cela même qui est la source de vie. La source d'amour, elle est en lui, l'Intellect ». La suite du texte montre que cet *id*, repris par le relatif de liaison *quod*, appartient à l'engendrant comme à l'engendré et se penche vers la créature : *Quod si, rei creatae, Illius generantis et geniti ad illam penitus se inclinat*.... L'engendrant et l'engendré sont distingués, mais non pas dissociés.

Enfin Arius, qui sépare excessivement le Père et le Fils, ne distingue pas, en revanche, en Jésus-Christ entre la nature divine, engendrée du Père avant tous les siècles, et la nature humaine, née dans le temps. D'où cette objection dans sa profession de foi :

> εἰ δὲ <...> τὸ ῾ἐκ τοῦ πατρὸς ἐξῆλθον καὶ ἥκω᾽ ὡς μέρος αὐτοῦ ὁμοουσίου καὶ ὡς προβολὴ ὑπό τινων νοεῖται, σύνθετος ἔσται ὁ πατὴρ καὶ διαιρετὸς καὶ τρεπτὸς καὶ σῶμα κατ᾽ αὐτοὺς καὶ τὸ ὅσον ἐπ᾽ αὐτοῖς τὰ ἀκόλουθα σώματι πάσχων ὁ ἀσώματος θεός, éd. Opitz, § 5, p. 13, 17-20.
> Si ... l'expression *C'est du Père que je suis sorti et que je viens* (Ioh. 8, 42) est considérée par certains comme une partie de sa propre substance et comme un prolongement, le Père sera selon eux composite, divisible, transformable et un corps, et tout ce qui chez eux est conséquence du corps, le Dieu incorporel le subira.

Afin d'éviter toute confusion de ce genre et de bien marquer les caractères philosophiques de la seule nature divine, intelligible, du Logos, le *Liber XXIV philosophorum* fait totale abstraction de l'Incarnation et de la Rédemption, où intervient la nature humaine, sensible, du Christ.

L'intention de notre auteur de mener contre Arius la démonstration tant de l'égalité substantielle du Fils avec le Père que du rôle distinct mais conjoint de Dieu et de son Logos dans l'œuvre de création, se perçoit tout au long du *Liber*. Il a recherché partout ce que disent les païens des incorporels, de la substance intelligible suprême, du dieu, du principe, du Premier Moteur et de l'Intellect et, chez les Juifs – Philon et les textes sapientiaux de la Bible – ce qui est dit de la cause première, de l'étant, du Logos, de la Sagesse divine, afin de rassembler tous les arguments rationnels possibles contre l'hérésie arienne. Son insistance à soutenir la génération en Dieu et l'égalité entre engendrant et engendré atteste ce dessein. En conséquence, il est clair que l'auteur n'a pas l'intention de s'attacher à tel ou tel système philosophique, son but étant de fonder en raison la théologie chrétienne.

Pour lutter directement contre l'arianisme, il fallait rechercher les arguments chez les auteurs d'actualité dans la philosophie contemporaine. Il ne s'agit donc pas non plus ici d'une recherche historique dans toute la philosophie antique, mais d'un argumentaire établi à partir des textes circulant à l'époque : d'une part

Porphyre, Aristote et Plotin, et d'autre part les *Oracles chaldaïques* et l'*In Parmenidem* de Turin, Philon et les textes sapientiaux de la Bible.

Mais ce travail si intense, fondé sur tant de lectures, de comparaisons entre les textes, de réflexion, de rapprochements et de combinaisons, pèche par la forme d'expression choisie : le système des définitions commentées oblige à ne consigner que les résultats, sans les processus de pensée intermédiaires, à la façon d'un abrégé, ce qui rend l'ouvrage très difficile à saisir dans sa richesse et sa complexité, un fois perdue la conscience de ses sources.

## 3. Le Christ dans le *Liber XXIV Philosophorum*

À partir du moment où l'intention du *Liber* et ses sources philosophiques se trouvent en grande partie reconnues, on s'aperçoit que le texte présente une logique interne chrétienne.

La définition II de Dieu comme sphère sans limite (*sphaera infinita*) n'est pas un jeu géométrique. C'est, nous l'avons vu (comm. II), la combinaison du ciel sans mesure de Philon, figure de l'être, et des paroles de la Sagesse divine dans le *Siracide* (Si. 24, 4-5), qui permet à cette sphère sans limite de figurer l'activité du Dieu créateur.

Or la tradition chrétienne, depuis saint Justin († c. 165), reconnaît dans la Sagesse de Dieu de l'Ancien Testament le fil conducteur qui, à travers saint Paul donnant au Christ ses traits (1 Cor. 1, 24), conduit à saint Jean pour rendre compte du terme 'Logos' par lequel celui-ci désigne le Christ, Sagesse de Dieu extériorisée, manifestée en une personne divine[1].

Dans le *Liber*, on peut ainsi rapprocher de la fin du commentaire II, à la fois *Et tecum sapientia tua ... quae et affuit tunc cum orbem terrarum faceres*, « Près de toi se tient la Sagesse ... qui était présente lorsque tu créais le monde » (Sg. 9, 9) et *Hoc (Verbum) erat in principio apud Deum* (Ioh. 1, 2). La même *sphaera divina* se retrouve au commentaire XIV, où elle accomplit l'ouvrage divin (*opus divinum*). C'est toujours la Sagesse divine, « artisan de ce qui est » (Sg. 8, 6). Si Dieu amène à l'être en acte, *stabit sphaera*; où l'on peut rapprocher « l'Esprit du Seigneur ... maintient la cohésion de l'univers (καὶ τὸ συνέχον τὰ πάντα) » en Sg. 1, 7 et τὰ πάντα ἐν αὐτῷ συνέστηκεν, « l'univers se tient ensemble en lui <le Christ> », en Col. 1, 17.

De même, dans l'*Adversus Arium*, Victorinus assimile-t-il le νοῦς des philosophes grecs, la Sagesse divine et le Logos universel en un même mouvement circulaire :

> Summus νοῦς et Sapientia perfecta, hoc est λόγος universalis – idem ipsum in aeterno motu – circularis motus erat ...,

1. Voir M.-J. Lagrange O.P., *Évangile selon saint Jean*, « Études bibliques », Paris, 1927³, p. 30-33 ; voir aussi note sur la Sagesse à propos de Prov. 8, 22ss. dans *La Bible de Jérusalem*, Paris, 1978.

> Le *Noûs* suprême et la Sagesse parfaite, c'est-à-dire le Logos universel – car ils sont identiques en un éternel mouvement – étaient le mouvement circulaire …, Victorinus, *Adv. Ar.* I 60, 1-3, traduction Hadot.

et un peu plus loin :

> Hic est Deus, λόγος totus, νοῦς totus, tota Sapientia, omnipotens … substantia,
> C'est Dieu, tout entier *Logos*, tout entier *Noûs*, tout entier Sagesse, substance toute-puissante, Victorinus, *Adv. Ar.* I 60, 27-29, traduction Hadot.

Dans la sentence XII (*Deus est cuius voluntas deificae et potentiae et sapientiae adaequatur*), l'auteur reprend clairement l'expression de saint Paul, identifiant le Christ à la Sagesse de Dieu : *Christum Dei virtutem et Dei sapientiam* (θεοῦ δύναμιν καὶ θεοῦ σοφίαν), « … le Christ, puissance de Dieu et sagesse de Dieu » (1 Cor. 1, 24). La volonté divine est donc le Fils, comme l'expose Victorinus :

> Est igitur Dei voluntas λόγος, cum ipso qui semper est et ad ipsum. Ipsa voluntas filietas est,
> Donc la volonté de Dieu est le Logos, qui toujours est avec lui et auprès de lui (cf. Sg. 9, 9 et Ioh. 1, 2). La volonté elle-même est filiation, Victorinus, *Adv. Ar.* I 31, 28-30, traduction Hadot (un peu modifiée).

Et, si l'on a présents à l'esprit les *Évangiles*, en particulier celui de saint Jean, des rapprochements surgissent en cours de lecture. Il y a en filigrane, semble-t-il, dans le *Liber XXIV philosophorum*, sous-jacente aux traits repris des incorporels/intelligibles des philosophes comme au Logos philonien – dont le statut ambigu n'atteint jamais celui de personne divine[1] – la seconde personne de la Trinité, le Christ de saint Paul et de saint Jean, Fils consubstantiel au Père, en opposition essentielle au Christ d'Arius.

*

L'histoire même des textes nous donne quelques renseignements qui ne sont pas sans intérêt. Nous avons vu revenir très souvent, parmi les sources du *Liber XXIV philosophorum*, le commentaire anonyme *In Parmenidem*, contenu dans un seul manuscrit connu, le palimpseste de Turin F VI 1 (Vᵉ-VIᵉ s.), aujourd'hui brûlé. Ce manuscrit était un évangéliaire de l'abbaye de Bobbio[2], en Italie du Nord, dans la région de Plaisance, non loin de Milan, très ancienne abbaye fondée vers 612 par le moine irlandais saint Colomban (†615), avec l'appui du duc de Turin Agilulf, devenu roi des Lombards (590-616). Agilulf était alors encore arien, car c'est à cette époque que les Lombards passèrent progressivement de l'arianisme au catholicisme[3]. Pour cette raison, il y eut donc à Bobbio des parchemins ariens

1. Voir M.-J. Lagrange, *op. cit.*, p. 31-33.
2. Voir *Dictionnaire d'histoire et de géographie ecclésiastiques*, IX, Paris, 1937, col. 275-284.
3. Voir F. Lot, C. Pfister et F. L. Ganshof, *Les destinées de l'Empire en Occident de 395 à 768*, coll. *Histoire du Moyen-Âge* publiée sous la direction de G. Glotz, t. I/1, Paris, 1940, p. 213, 218, 231.

que les moines réutilisèrent pour y copier d'autres textes[1]. Il est intéressant de constater que l'*In Parmenidem* de Turin s'est retrouvé dans ce milieu chrétien familier de l'arianisme.

De même, si le *Liber XXIV philosophorum* réapparaît à la fin du XII^e^ siècle probablement à Tolède, c'est aussi au troisième concile de Tolède, en 589, que le roi des Wisigoths Reccared renonça à l'arianisme pour le catholicisme, à la suite d'une joute théologique entre les tenants de l'une et l'autre doctrine[2]. Le manuscrit Laon 412, notre unique source ici, est un recueil de cahiers en sept parties de diverses mains, contenant des textes copiés, semble-t-il, en Espagne. La partie V présente, à la suite de l'*Ars catholicae fidei* de Nicolas d'Amiens[3], le début des tables astronomiques dites *Tables de Tolède* ou *Canons* d'Azarquiel[4], que notre copiste a annulé pour rapprocher le *Liber XXIV philosophorum* de l'ouvrage de Nicolas d'Amiens, et qui furent ensuite reprises par une autre main et suivies d'ouvrages d'Avicenne et d'Algazel, à nouveau copiés par la main du *Liber*[5].

1. Voir R. Gryson, *Les palimpsestes ariens latins de Bobbio. Contribution à la méthodologie de l'étude des palimpsestes*, « Armarium Codicum Insignium 2 », Turnhout, 1983.

2. Voir F. Lot, C. Pfister et F. L. Ganshof, *Les destinées de l'Empire en Occident de 395 à 768*, p. 236.

3. L'*Ars catholicae fidei* présente la foi chrétienne selon la méthode des *Éléments* d'Euclide.

4. Voir J. Vernet, *Ce que la culture doit aux Arabes d'Espagne*, traduit de l'espagnol par G. Martinez Gros, Paris, 1985, p. 147-148. L'ouvrage concerne principalement les sciences.

5. CCCM, 143A, p. LXI-LXII.

CHAPITRE V

# TÉMOIGNAGES DE MARIUS VICTORINUS

Si donc l'on peut reconnaître dans le *Liber XXIV philosophorum* à la fois une forme d'expression, la définition, à laquelle s'est intéressé Marius Victorinus, des sources grecques qui lui sont très liées, le contexte anti-arien qu'il a illustré, et des arguments ou conclusions que l'on retrouve dans sa pensée, il est utile de relire quelques passages significatifs de ses ouvrages.

a. Adversus Arium, *IV 18, 62-67* :

> Ὂν et λόγον quaesierunt philosophi et docti ad legem viri, quid sint et ubi sint. Quid sint, substantiam eorum vel exsistentiam ut explicemus ; ubi sint, utrum in Deo an extra et in omnibus reliquis, an in utroque et ubique ? Haec quidem nos in aliis libris exsequenter pleneque tradidimus.
> Les philosophes et les docteurs de la Loi ont cherché l'étant et le Logos, ce qu'ils sont et où ils sont. Ce qu'ils sont, afin que nous expliquions leur substance ou existence ; où ils sont, si c'est en Dieu ou en-dehors et dans tout le reste, ou bien dans les deux et partout ? C'est en vérité ce que nous avons transmis ailleurs, de manière systématique et dense, Victorinus, *Adv. Ar.*, IV 18, 62-67, traduction Hadot modifiée.

Quand l'auteur déclare avoir transmis, à l'aide des philosophes et des docteurs de la Loi, ce que sont l'étant et le Logos et où ils sont, « si c'est en Dieu, ou au-dehors et dans tout le reste, ou bien dans les deux et partout ? » (*Adv. Ar.*, IV 18, 65-66), cela pourrait correspondre à la fois à l'intention du *Liber XXIV philosophorum* (prol. *quid est Deus*) et à son contenu. En effet, l'étant et le Logos sont en Dieu dans l'image de la monade engendrée (I), dans leur relation (IV), le processus de génération (VII), la volonté divine (XII), mais au-dehors lorsqu'ils se penchent vers la créature (VIII), en toutes choses par l'acte divin créateur (X) et la conservation des êtres (XXII). Ils sont à la fois en Dieu, en toutes choses et partout par l'image du centre et de la sphère sans limite (II), qui soutient la création dans l'être (XIV).

b. Ad Candidum, *30, 25-31, 3* :

> Generat enim *noûs* verbum. Generatione igitur Iesus, quoniam *logos* Iesus. Qui gnari sunt rerum dicunt secundum tres modos filium esse : veritate, natura,

positione. Secundum veritatem esse filium, hoc ipso quod est substantia est, et idcirco ipsum et simul et eiusdem substantiae est, quo modo et deus et *logos* est pater et filius. Natura autem filius in animalium generatione. Positione vero ut adoptione. Sunt et alii modi ut moribus, ut aetate, ut disciplina et ut Paulus dicit *Ego vos genui* (1 Cor. 4, 15). Modus igitur secundum veritatem alter modus est et divinior ab omnibus.
Quis autem modus ista generatione filietatis eius <Iesus>, iuxta significatos modos sive iuxta alios modos, confiteor Deo – illius enim potentia factum est – dictum a nobis sufficienter in aliis libris, et omnis progressio et descensus et regressio, permissu Sancti Spiritus, declarata est et de triplici unitate et de unali trinitate.
Car le *Noûs* engendre un Verbe. C'est donc par génération qu'est Jésus, puisque Jésus est Logos. Ceux qui connaissent les choses distinguent trois modes de filiation : la vérité, la nature, la convention. Être fils selon la vérité, c'est l'être par cela même qui est substance et, pour cette raison, c'est la chose même, ensemble et de même substance : selon ce mode, Dieu et le Logos à la fois sont père et fils. Fils par nature, c'est la génération des animaux. Fils par convention, c'est par exemple par adoption. Il y a encore d'autres modes : la manière de vivre, l'âge, l'enseignement et comme dit Paul : *Moi, je vous ai engendrés* (1 Cor. 4, 15). Le mode selon la vérité est donc différent et plus divin que tous les autres.
Mais quel est en cette génération le mode de la filiation de Jésus, est-ce selon les modes indiqués ici ou selon d'autres modes, grâce à Dieu – car c'est par sa puissance que cela a été fait – je l'ai dit ailleurs de manière suffisante, et j'y ai exposé, avec l'aide de l'Esprit-Saint, toute procession, descente et retour tant de l'unité triple que de la trinité une, Victorinus, *Ad Candidum* 30, 25-31, 3, traduction Hadot modifiée.

Comme le remarque Pierre Hadot, c'est dans le premier de ses traités théologiques, l'*Ad Candidum*, que Victorinus mentionne cet ouvrage sur le mode de filiation de Jésus. Il pourrait donc s'agir d'un travail antérieur, aujourd'hui perdu [1], c'est-à-dire précisément de sa recherche documentaire sur l'étant et le Logos.

b. 1. *Les modes de filiation*

D'après le texte (b), il apparaît tout d'abord que cette recherche se situe d'emblée sur le plan chrétien, puisque « Jésus est le Logos ». Il apparaît aussi que le mot *modus* n'a pas le sens vague de 'manière', 'façon', mais le sens technique de 'mode'. Ce travail de Victorinus est une recherche sur les modes de filiation qui peuvent faire comprendre la nature de la génération en Dieu, la nature du Fils et celle du Père.

Qu'appelle-t-on mode de filiation ? Le point de vue qui permet de se dire fils de quelqu'un. Victorinus en cite plusieurs, d'ordre général : la vérité, la génération, l'adoption, ou encore le genre de vie, l'âge, l'enseignement, la conversion.

Dans le *Liber XXIV philosophorum*, les caractérisations de chaque définition, précisées au début de la plupart de leurs commentaires, renvoient certes partiellement, comme nous l'avons vu, à la classification des définitions du *Liber*

1. P. Hadot, *Marius Victorinus. Recherches*, p. 257-259.

*de definitionibus* de Victorinus. Mais une caractérisation représente *aussi* un mode de définition du Père et/ou du Fils :
ainsi l'image (I) et l'exemple (II, comm. XIV, XVIII) sont des modes analogiques ;
le cosignifié (III) est un mode sémantique ;
la raison de la chose (IV), la fin (V), la relation (VI), le concept (VII), l'effet (VIII), la forme (IX, XI) sont des modes logiques ;
la continuité (IV), l'application de l'essence (XXII) et l'essence (XXIV) sont des modes ontologiques.

La plupart de ces modes précisent la filiation entre le Dieu-Père et le Dieu-Fils. Parfois, le mode n'est pas indiqué, comme dans le cas de la volonté divine (XII), qui est par elle-même filiation. Certains modes ne concernent que le Père dans sa transcendance, comme la fin (V), l'essence (XXIV), ou dans sa fonction de créateur, comme la relation (VI), l'effet (VIII), la forme (IX). Où l'on voit que les concepts aristotéliciens sont une composante importante de cette recherche selon les modes.

b. 2. *Procession, descente et retour*

La fin du texte (b) nous dit aussi que cet ouvrage explicite « toute procession, descente et retour tant de l'unité triple que de la trinité une » (*et omnis progressio et descensus et regressio, permissu Sancti Spiritus, declarata est et de triplici unitate et de unali trinitate*). On retrouve ces thèmes dans le *Liber XXIV philosophorum*, sous de multiples facettes, comme l'indique le mot *omnis*[1] :
– *Progressio* et *regressio* de l'Un en unité arithmétique (*ex se gignens, in se reflectens*) qui se multiplie par elle-même et se reflète égale à elle-même, dans une triple unité (sentence I).
– *Progressio* du centre de la sphère vers une circonférence sans limite (II).
– *Progressio* de la génération du Logos dans le Père *per modum continuationis* (IV).
– *Progressio* de la procession autonome du Fils (*procedit generatione*) à partir du Père (VII).
– *Descensus* des puissances de vie et d'amour issues de l'engendrant et de l'engendré vers la créature, et *revertendo per viam regressionis* amour de la créature pour la Cause première (VIII).
– *Descensus* de la puissance de l'être dans la création instantanée (*opera infinita ad ostium*), et *regressio* (*redeundo*) de la création vers le centre par la *bonitas* (X). Puissance, être et bonté sont trois en un.
– *Progressio* de la puissance de Dieu et *regressio* sur elle-même, *cum redeat a se in se* (XI).
– *Progressio* de la création du centre à l'être par la bonté de Dieu (XIV).
– *Descensus et regressio* encore : Dieu est la vie qui donne l'être dans l'unité, et sa bonté le ramène *in via conversa* à l'unité (XV). Vie, être, bonté sont trois en un.

1. Cette présence de l'unité dans la trinité a été soulignée par P. Lucentini, *Il libri dei ventiquattro filosofi*, Milan, 1999, p. 25-28.

– *Progressio* dans l'unité de l'Intellect qui s'engendre à lui-même comme pensée (XVII).
– *Progressio* dans la trinité de la pensée : intelligeant, intelligé, Intellect (XIX).
– *Regressio* de l'âme (*convertit se ad supra se*) vers la cause première (XXI).
– *Descensus* sans *regressio* par application aux réalités (*ad esse producit*) de l'essence une et trine de Dieu : pensée, vie, être, par l'essence, l'existence et la permanence de la forme (XXII).
– *Descensus* sans *regressio* des idées dans l'âme depuis la cause première (*fluxit in esse*), par la puissance du Logos (XXIII).
– *Descensus* sans *regressio* de la lumière divine (*claritatem generat*) dans l'âme (XXIV).

c. Adversus Arium, *III 1, 23-26* :

> At in divinis et aeternis ista duo <substantia et qualitas> unum ; omne enim quod ibi simplex. Et hoc Deus quod lumen, quod optimum, quod exsistentia, quod vita, quod intelligentia ; ac de hoc et in aliis diximus.
> Par contre, dans les réalités divines et éternelles, ces deux <substance et qualité> ne font qu'un, car tout ce qui est là-bas est simple. Aussi Dieu est-il ce qui est 'lumière', ce qui est 'le meilleur', ce qui est 'existence', ce qui est 'vie', ce qui est 'intelligence' ; et de cela aussi nous avons parlé ailleurs, Victorinus, *Adv. Ar.*, III 1, 23-26, traduction Hadot modifiée.

D'après ce texte (c), Victorinus aurait précisé ailleurs que « dans les réalités divines et éternelles, les deux, substance et qualité, ne font qu'un ». Or, dans la sentence VI du *Liber* et son commentaire, nous lisons « Deus est cuius comparatione substantia accidens est et accidens nihil », précisant que la substance divine est d'une autre nature (*aliena*), qui ignore la distinction substance/accident (VI). Aussi Victorinus a-t-il donné dans ce travail plusieurs définitions de Dieu, sans distinguer entre substance et qualités : « Hoc Deus quod lumen, quod optimum, quod exsistentia, quod vita, quod intelligentia ». Dans le *Liber XXIV philosophorum*, la lumière divine traverse l'âme (comm. XXIV), Dieu est « quo nihil melius potest excogitari » (sent. V), est « vita cuius via in formam est unitas » (sent. XV), est « qui solus sui intellectu vivit » (sent. XX). Quant à *exsistentia*, c'est *existens* qui apparaît dans le *Liber* à propos de l'être nécessaire (X).

d. Liber XXIV philosophorum, *un ouvrage perdu de Victorinus ?*

Dans ces passages, Victorinus pourrait donc faire référence à un seul et même ouvrage, composé avant l'*Ad Candidum*. Il y aurait étudié les modes de filiation entre Dieu et son Logos, c'est-à-dire « toute procession, descente et retour » dans une unité triple (texte b), et la nature de Dieu (texte c), à l'aide de ce qu'ont dit « les philosophes et les docteurs de la Loi sur l'étant et le Logos » (texte a).

Lorsque Victorinus fait dire à Candidus, dans la *Praefatio Candidi* qui se situe entre l'*Ad Candidum* et le début de l'*Adversus Arium* :

> Multa licet colligas, o amice Victorine, et argumenta et exempla, quibus adprobare nitaris natum Christum esse, non factum,

> Tu peux bien, ami Victorinus, réunir beaucoup de preuves, beaucoup de citations, pour t'efforcer de démontrer que le Christ est engendré et qu'il n'est pas fait, Victorinus, *Candidi Epistola* II 1, 1-3, traduction Hadot.

c'est sans doute rappeler la méthode de cet ouvrage perdu. Celui-ci aurait représenté le premier pas vers une réfutation en règle de l'arianisme, c'est-à-dire la collecte d'une documentation philosophique (texte a), sous forme de raisonnements argumentatifs (*argumenta*) fondés sur les textes (*exempla*), afin d'assurer la définition de l'objet de la controverse à venir. Cette définition devait comporter la démonstration de la consubstantialité du Fils avec le Père, donc une recherche sur la nature de Dieu (texte c) et sur les modes de filiation du Logos (texte b).

### e. Unus liber *et théologie du Christ universel chez Marius Victorinus*

#### 1. *Le* Commentaire sur l'Épître aux Éphésiens *II, 4, 10*

Victorinus note en général les renvois internes à ses autres textes par *in aliis libris*, sans qu'il s'agisse forcément d'un ouvrage à chaque fois différent. À l'époque, le pluriel *libri* désigne un seul ouvrage en son entier, car le singulier *liber* a pris le sens de subdivision d'un ouvrage en plusieurs livres. *Alii libri* serait donc à comprendre comme une expression générique signifiant « un autre ouvrage », et plus généralement « ailleurs ». Aussi faut-il d'autant plus relever la précision d'un *unus liber* donnée par Victorinus dans son *Commentaire sur l'Épître aux Éphésiens*, à propos de *Qui descendit, ipse est qui ascendit super omnes caelos, ut impleret omnia*, « Celui qui est descendu, c'est le même qui est monté au-dessus de tous les cieux, afin de combler toutes choses » (Eph. 4, 10). Le passage doit être cité largement :

> Christus qui ascendit, super omnes caelos ascendit. Illic enim iam aeternitas est et vita illa incorruptibilis et omnia ex spiritu viventia. Haec autem alio modo se habebant usque in descensionem Christi; quae omnia, mysterio gesto, post passionem Christi et ascensionem, salutem acceperunt et perfecta sunt. Hoc est enim quod subiungit : *ut impleret omnia* <Eph. 4, 10>, id est perfecta redderet et plena, ut nihil minus esset.
>
> Ergo passio illa Christi et resurrectio et ascensio perfectio est omnium tam in mundo quae salvari possent, quam etiam in aeternis et super omnes caelos, quod mysterium ut plenissime *unius libri* explicatione tractavimus. An numquid hoc intellegimus : *ut impleret omnia* quae ei mandata sunt, ut nihil ibi correxerit, nihil ibi perfectum reddiderit ? Sed ascendit supra caelos ut omne mysterium impleret, et descendit, sed ut impleret maiestate, scilicet et perfectione et Dei lumine et caritate. Descensus enim eius et ascensus illuminavit universa. Magis autem illuminavit, cum ascendit perfectus et sanctificatus a Patre. Omnia sancta facit per reditum suum, et unde redit et quousque redit, Victorinus, *In epistulam Pauli ad Ephesios*, II, 4, 10, éd. F. Gori, CSEL 83/2, p. 62, 14-32 (ponctuation modifiée, italique ajouté).
>
> Le Christ qui monte, monte au-delà des cieux. Là-bas en effet, il y a déjà l'éternité, la vie incorruptible et tout ce qui vit de l'esprit. Or ces réalités se trouvaient sous une modalité différente jusqu'à la descente du Christ; mais toutes, une fois le

> mystère accompli, après la passion du Christ et son ascension, ont reçu le salut et ont été menées à leur perfection. C'est en effet ce que <Paul> ajoute : *afin de combler toutes choses* <Eph. 4, 10>, c'est-à-dire afin de les rendre parfaites et complètes, afin que rien ne fût moindre.
> Donc l'éminente passion du Christ, sa résurrection et son ascension sont la perfection de toutes choses, tant celles dans le monde qui pourraient être sauvées que, aussi, dans les réalités éternelles et au-delà de tous les cieux, qui constituent le mystère que nous avons traité le plus complètement possible dans une explication *en un seul livre*. Ou bien est-ce que nous comprenons ceci : *afin de combler tout* ce qui lui a été confié, sans y avoir rien corrigé, sans y avoir rien rendu parfait ? Mais c'est afin de combler tout le mystère qu'il est monté au-delà des cieux, et c'est afin de combler de majesté, c'est-à-dire à la fois de perfection, de lumière de Dieu et d'amour, qu'il est descendu. Car sa descente et sa remontée ont illuminé le tout, mais il l'a davantage illuminé lorsqu'il est remonté, mené à sa perfection et sanctifié par le Père. Grâce à son retour il rend toutes choses saintes, tant à son point de départ qu'à son point d'arrivée.

Ce texte est ici d'une grande importance, car il pourrait donner à comprendre comment le *Liber XXIV philosophorum*, par delà son origine et son rôle dans la controverse anti-arienne, s'intègre dans l'œuvre théologique de Victorinus.

Victorinus a dit plus haut (texte b) avoir traité *in aliis libris*, c'est-à-dire ailleurs, de toute procession, descente et retour[1] au niveau des intelligibles, ce qu'il appelle *in aeternis*, comme dans le texte (c). C'est le mystère dont il précise ici, parce que c'est exceptionnel, qu'il en a traité en un seul livre : « quod mysterium ut plenissime unius libri explicatione tractavimus », avec les mêmes termes que précédemment : *ut plenissime* reprend *exsequenter pleneque* du texte (a).

Ce mystère[2], qui est la génération en Dieu de son Verbe, leur consubstantialité et leur égalité, exposé dans la recherche philosophique antérieure de Victorinus sur la nature divine, le Christ en achève donc l'accomplissement. Si cet *unus liber* était le *Liber XXIV philosophorum*, cela signifierait que, pour Victorinus, l'incarnation du Christ, sa passion, sa résurrection et sa remontée vers le Père correspondent aux réalités intelligibles de la sortie de l'Intellect divin hors de son état d'union à l'Un et de son retour vers l'Un après s'être reconnu lui-même, tels que les décrit l'*In Parmenidem* de Turin XIV, 16-21 :

> Καὶ τὸ νοοῦν καὶ τὸ νοούμενον ὑπάρξει. Τὸ δὲ νοοῦν, ἣν ὁ νοῦ[ς μετε]ξ[έλθη̣] ἀπὸ τῆς ὑπάρξεως εἰς τὸ νοοῦν, ἵνα ἐπανέλθη̣ εἰς τὸ νοητὸν καὶ ἑαυτὸν ἴδη̣, ἐστὶν ζωή· διὸ ἀόριστος <ὁ> κατὰ τὴν ζωήν.
> Selon l'existence, le pensant est à la fois le pensé. Mais, si l'Intellect est sorti de l'existence pour aller vers le pensant, afin de revenir vers l'intelligible et de se voir lui-même, le pensant est la vie, <Porphyre>, *In Parm.* XIV, 16-21, traduction Hadot (modifiée).

C'est bien ce qu'expose, nous l'avons vu, le *Liber XXIV philosophorum*. Dans le monde intelligible, l'Intellect, précontenu dans l'Un, sort de son existence avec

1. Voir *supra*, p. 113-114.
2. Voir P. Hadot, *Marius Victorinus. Recherches*, p. 299-301.

l'Un (section IV) par un mouvement d'autogénération (section VII) pour se retourner vers l'Un, y voir l'intelligible et se reconnaître lui-même, se constituer en pensée de l'Un (commentaire XIX). L'Un, le pensant, est pour sa part la vie (section XX). Pour la vie, l'acte de l'Intellect est sortie de l'existence (section XV), et pour la pensée, c'est un retour vers elle-même, alors que, lorsqu'elle est unie à l'existence de l'Un, l'acte est immobile (section XIX). Ce sont trois aspects d'un seul et même acte, l'acte de Dieu qui vit de l'intellect de lui-même (commentaire XVI).

2. *Double sortie de l'Intellect*

Appliqué au christianisme, pour lequel le Dieu unique est aussi créateur du monde sensible par une création *ex nihilo*, le schéma précédent de la sortie de l'Intellect se dédouble. Le créateur et son Intellect/Verbe qui l'assiste dans son œuvre créatrice ne peuvent rester indifférents à leurs créatures, situées dans le monde sensible. Pour reconnaître parfaitement l'intelligible, y compris dans son application sensible – par une extension de l'expression *ad applicationem iustam* qui ne porte, dans le commentaire XXII, que sur les idées divines – le Verbe doit non seulement sortir de l'Un, mais aussi descendre dans la création, et ce d'autant plus que création et créatures se sont dégradées par les méfaits du mal, c'est-à-dire des créatures spirituelles révoltées, joints aux dérives de la liberté des créatures humaines. Donc, « afin de combler toutes choses, c'est-à-dire afin de les rendre parfaites et complètes », il y a une seconde sortie de l'Intellect/Verbe de l'existence avec le Père : c'est l'Incarnation. À la différence de la philosophie néoplatonicienne, en effet, le christianisme n'oppose pas la matière à Dieu, puisque celle-ci vient aussi de lui par la création *ex nihilo*. Il n'y a donc pas de soi déchéance pour l'intelligible à venir dans le sensible. Mais, comme le précise le *Liber XXIV philosophorum*, il ne s'agit pas alors de composition ou de mélange (*non commixtione*, XXII). Il y a unité par juxtaposition : le Christ est à la fois Dieu et homme, mais il n'est ni demi-dieu ni surhomme.

Cette seconde sortie de l'Intellect/Verbe est beaucoup plus radicale que la première :

> Sed Logos, vita perfecta, complevit mysterium et apparuit in materia, hoc est in carne et in tenebris,
> Mais le Logos, la vie parfaite, a achevé le mystère et est apparu dans la matière, c'est-à-dire dans la chair et dans les ténèbres, Victorinus, *Adv. Ar.* I 26, 38-40,

car l'Intellect/Verbe doit se reconnaître lui-même dans l'intelligible devenu sensible et dégradé : lui-même, le Christ, a subi les tentations du mal, connu la haine et l'injustice, enduré la faiblesse humaine, la souffrance et la mort. Cette seconde sortie est une mission confiée par le créateur au Christ/Verbe cocréateur :

> Ma nourriture est de faire la volonté de celui qui m'a envoyé et de mener son œuvre à bonne fin (ἵνα … τελειώσω αὐτοῦ τὸ ἔργον), Ioh. 4, 34.

et encore :

> Car c'est de Dieu que je suis sorti et que je viens ; je ne suis pas venu de mon propre chef, c'est lui qui m'a envoyé, Ioh. 8, 42.

Le Christ est le Verbe incarné qui exprime en la réalisant la pensée de Dieu, laquelle est en même temps sa volonté. C'est pourquoi il parle avec déférence et obéissance du Père dont il est la pensée en acte.
Mais, en soi, sa nature et son statut l'établissent égal à Dieu, comme pensée exprimée du pensant égale au pensant lui-même. C'est pourquoi Victorinus souligne, dans son *Commentaire sur l'Épître aux Philippiens* 2, 6-8, que le Christ agit aussi de sa propre volonté :

> Illud autem diligenter et acute adtendendum puto, quod, cum et ipse se missum a Deo dicat et voluntatem patris implere, hoc ita positum mysterium est ut ipsius sit voluntatis quod venerit et quod formam vel imaginem servi sumpserit. Sic enim ait <Paulus> : *qui, cum in forma Dei constitutus esset, non rapinam arbitratus est ut esset aequalis Deo, sed semet ipsum exinanivit et servi sumpsit formam* (Phil. 2, 6-7), Victorinus, *Commentarium Ad Philippenses* 2, 6-8, éd. F. Gori, CSEL, 83/2, p. 189, 38-44.
> Or, il faut, je pense, porter une attention scrupuleuse et pénétrante sur le point suivant : alors que lui-même, <le Christ>, se dit envoyé par Dieu et accomplir la volonté du Père, il a été posé précisément comme mystère que c'est de sa propre volonté qu'il est venu et qu'il a pris la forme ou image du serviteur. Car c'est bien ce que dit <Paul> : *Et lui, alors qu'il était établi dans la forme de Dieu, il n'a pas jugé usurpé d'être égal à Dieu, mais il s'est dépouillé de lui-même et il a pris la forme du serviteur* (Phil. 2, 6-7),

Sans parler du Christ « dans la forme de Dieu » qui évoque la section XV du *Liber*, on perçoit nettement ici le soin que prend Victorinus de rechercher dans les textes chrétiens l'accord avec les textes païens, dans le cas présent l'accord avec l'autonomie de l'Intellect, déterminée par Porphyre dans son *Histoire de la philosophie* et par l'*In Parmenidem* de Turin.

Par son incarnation, le Verbe de Dieu engendré du Père avant le temps et « par qui tout a été fait », le Christ, descend dans la création. Par sa passion et sa mort, il la prend tout entière sur lui, la menant à sa perfection et assurant ainsi son salut. Par là, il reconnaît dans son application sensible l'intelligible qui le constitue en tant qu'Intellect de Dieu, c'est-à-dire les idées des réalités que le débordement d'amour du créateur amène sans cesse à l'être, auxquelles lui-même donne forme et qu'il organise et rassemble en une sphère de l'être que Dieu maintient dans l'être en acte (sections XIV et XXII). Par sa résurrection, le Christ atteste – en reprenant les termes de l'*In Parmenidem* de Turin XIV, 16-20 – que, si l'Intellect est sorti de l'existence avec l'Un où pensant et pensé sont conjoints, le pensant est la vie, la vie divine, identique dans le Fils et dans le Père (sections VII et XV). Et par son ascension, le Verbe/Fils ramène au Père la création tout entière sauvée et régénérée par son amour infini pour le Père (sections X et XV).

Ainsi l'Intellect divin, autoengendré de l'Un dans le monde intelligible et incarné dans le monde sensible, a-t-il quitté l'existence divine auprès de l'Un et s'est-il reconnu lui-même, non seulement dans les idées des réalités créées, mais aussi dans leur devenir sensible. Et ainsi le Christ, par sa vie terrestre et son retour,

> sachant que le Père a remis toutes choses entre ses mains, qu'il est sorti de Dieu et qu'il va vers Dieu, Ioh. 13, 3,

a donné sens et lumière au tout, dans le monde sensible comme dans le monde intelligible : « grâce à son retour, il rend toutes choses saintes, tant à son point de départ qu'à son point d'arrivée », c'est-à-dire donnant au monde sensible le salut et au monde intelligible sa plénitude de sens. Les réalités divines, qui jusqu'à l'incarnation du Verbe étaient sous la seule modalité intelligible, passent également, avec l'entrée du Christ dans l'histoire, sous la modalité sensible. C'est pourquoi Victorinus dit dans le texte cité, en accord avec saint Paul, Eph. 1, 9-10[1], que le retour du Christ vers le Père a porté à leur perfection à la fois le monde intelligible et le monde sensible.

C'est cette double sortie du Verbe, la première de toute éternité, la seconde dans l'histoire du monde, qui se trouve précisément exposée dans le prologue de l'*Évangile* de saint Jean :

> 1) Au commencement était le Verbe, et le Verbe était tourné vers Dieu (πρὸς τὸν θεόν), et le Verbe était Dieu. Il était au commencement tourné vers Dieu. Tout fut par lui, et rien de ce qui fut, ne fut sans lui. En lui était la vie et la vie était la lumière des hommes ... (Ioh. 1, 1-4).
> 2) Le Verbe était la véritable lumière qui illumine tout homme venant dans le monde. Il était dans le monde et le monde fut par lui ... Et le Verbe s'est fait chair et il a habité parmi nous et nous avons vu sa gloire, cette gloire que, Fils unique plein de grâce et de vérité, il tient du Père (Ioh. 1, 9-10, 14).

D'où l'importance de ce prologue pour Victorinus, qui voulait le voir gravé en lettres d'or dans les églises[2], et pour Augustin qui, le mettant en parallèle avec le contenu de ce qu'il appelle *quidam libri platonicorum*, y trouve bien correspondance avec la première sortie du Verbe, mais non avec la seconde, l'Incarnation (*Conf.* VII, IX, 13-14)[3].

### 3. *La Trinité et la descente du Christ*

Dans le texte du *Commentaire sur l'Épître aux Éphésiens* cité plus haut[4], Victorinus dit des réalités divines qu'elles ont été modifiées par la descente du Christ dans le monde : « Haec autem alio modo se habebant usque in descensionem Christi » :

> Le Christ qui monte, monte au-delà des cieux. Là-bas en effet, il y a déjà l'éternité, la vie incorruptible et tout ce qui vit de l'esprit. *Or ces réalités se trouvaient sous*

1. « ... récapituler toutes choses en Christ, ce qui est dans les cieux et ce qui est sur la terre ».

2. Saint Augustin, *De civitate Dei*, X, 29 et P. Hadot, *Marius Victorinus. Recherches*, p. 237, n. 12.

3. P. Hadot, *Marius Victorinus. Recherches*, p. 239-241. Pour un aperçu sur Augustin et les *libri platonicorum*, voir *DPhA*, dir. R. Goulet, I, Paris, CNRS, 1989, n° 508, pp. 665-675 (G. Madec).

4. Voir *supra*, p. 117-118.

> *une modalité différente jusqu'à la descente du Christ*; mais toutes, une fois le mystère accompli, après la passion du Christ et son ascension, ont reçu le salut et ont été menées à leur perfection.

Nous avons déjà reconnu[1] une particularité des traités théologiques sur la Trinité de Victorinus relevée par Pierre Hadot : celle de laisser en retrait l'Esprit-Saint. Dans le *Liber XXIV philosophorum*, il est évoqué par le mot *bonitas*. Cette bonté, cet amour anime un mouvement réciproque, dans le Père où il est cause de la création (comm. XIV), et dans le Fils qui ramène l'être vers l'unité du Père (XV), mais sans que l'Esprit-Saint n'y atteigne, semble-t-il, un statut égal à ceux du Père et du Fils. La remarque de Victorinus sur le changement de modalité intervenu dans les réalités divines après la descente du Christ pourrait signifier que cette *bonitas*, cet amour qui unit le Père et le Fils, n'a pris sa pleine dimension qu'après cet événement.

En effet, lorsque Jésus déclare à ses disciples, quelques heures avant sa passion : « Si vous m'aimiez, vous vous réjouiriez de ce que je vais vers le Père, parce que le Père est plus grand que moi » (Ioh. 14, 28), il ne s'agit pas là d'une différence de nature ni de substance entre le Père et le Fils, qui serait un argument pour les ariens. Mais, à ce moment de sa vie terrestre, Jésus n'a pas encore pleinement répondu à l'amour de son Père. C'est par ses souffrances et par sa mort, prix de la liberté que Père et Fils ont donnée aux anges et aux hommes, liberté qui a dégradé l'œuvre divine de la création, que le Christ va donner le témoignage suprême de son amour pour le Père. Et aussitôt, en retour, l'amour du Père rend au Fils la vie divine par sa résurrection (Ioh. 13, 31-32). Quand, ensuite, le Christ retourne auprès du Père avec son corps d'homme marqué des stigmates de sa passion, mais « glorifié » de la vie divine que l'amour du Père lui a rendue, c'est toute la création dans son devenir concret que le Verbe co-créateur ramène au Père, régénérée et rendue à sa dignité première. L'amour mutuel du Père et du Fils ayant donné la preuve de sa totale et parfaite réciprocité, la *bonitas* dans le Père et dans le Fils est désormais l'Esprit-Saint qui agira seul et à plein dans le monde,

> car l'Esprit-Saint n'était pas encore donné, parce que Jésus n'avait pas encore été glorifié, Ioh. 7, 39.

C'est pourquoi Victorinus ajoute dans le même texte[2], parlant du Christ : « C'est afin de combler tout le mystère qu'il est monté au-delà des cieux ».

### 4. *La Trinité et le retour du Christ vers le Père*

Dans ce même texte encore (*In epistulam Pauli ad Ephesios*, II, 4, 10), Victorinus insiste pour donner une plus grande importance au retour du Christ au-delà des cieux qu'à sa descente, disant « sa descente et sa remontée ont illuminé le tout, mais il a davantage illuminé lorsqu'il est remonté, mené à sa perfection et sanctifié par le Père ». Il ne s'agit plus, comme précédemment, de « combler le mystère » de la vie divine trinitaire par l'éclatante manifestation de l'amour

1. Voir *supra*, p. 47.
2. Voir *supra*, p. 117-118.

mutuel du Fils et du Père, mais d'« illuminer le tout », *universa*, c'est-à-dire la création.

Or, avec le *Liber XXIV philosophorum*, la théologie chrétienne de Marius Victorinus présente la création tout entière comme *opus divinum*, œuvre divine, c'est-à-dire œuvre non seulement du créateur, mais œuvre indivise des trois personnes de la Trinité, selon le commentaire XIV : « Et est continue agens sphaera divina opus divinum. Et la sphère divine est sans cesse en train d'accomplir l'ouvrage divin ». Pour le Père, en effet, cette œuvre créatrice est expression de sa surabondance de vie et d'amour et extériorisation de sa puissance d'être en acte dans une création continue ; pour le Verbe/Fils, elle est pensée de Dieu constituant et organisant l'être selon les idées divines en nombre infini ; quant à l'Esprit-Saint, trait d'union entre le Père et le Fils, il est celui qui ramène la multiplicité de l'être vers l'unité du Père (comm. XV).

Plaçant le créateur au centre de la figure symbolique de la sphère sans limite de l'être, cette théologie élève jusqu'à lui tout l'univers créé. La création prend ainsi place de manière cohérente dans la vie trinitaire. Et la liberté des créatures supérieures – liberté que Dieu respecte puisqu'il l'a donnée, mais dont les bénéficiaires sont responsables –, même si elle dégrade fortement la création dans son devenir temporel, ne pourra lui ôter cette place. Car le Christ/Verbe incarné, quittant le temps historique par son retour vers le Père, pour qui tout est éternellement présent (section IX), a définitivement reconquis et restauré l'œuvre divine dans sa gloire. C'est pourquoi le Christ « a davantage illuminé le tout, lorsqu'il est remonté sanctifié par le Père ».

f. *Place possible de l'*unus liber *dans l'œuvre de Victorinus*

*Unus liber* serait donc le texte désigné ailleurs par *alii libri* au sens générique d'ouvrage. Cette expression marquerait la singularité d'un texte court et cependant complet. L'*Adversus Arium* traite de la Trinité en quatre livres. Les deux *Candidi epistolae*, exposant les arguments ariens, sont ici hors de question. L'*Ad Candidum* pourrait convenir par son sujet, mais c'est un exposé rapide et partiel, auquel ne s'appliquerait pas *ut plenissime*, et c'est précisément à la fin de ce texte que Victorinus rappelle son travail antérieur. Ces difficultés montrent que le court texte de Victorinus qu'il appelle *unus liber* n'a sans doute jamais eu de titre.

Nous avons vu, au début de cette recherche, que le *Liber de definitionibus* de Victorinus s'intéresse au problème de la définition de Dieu, pour aboutir à la même conclusion que le *Liber XXIV philosophorum*, ce qui laisserait supposer, si ce dernier est bien de Victorinus, qu'il pourrait se situer avant la rédaction du *Liber de definitionibus*, l'un et l'autre ouvrage marquant l'intérêt de leur auteur pour cette forme littéraire. D'ailleurs, il y a dans le *Liber XXIV philosophorum* encore des incertitudes quant à la spécification des définitions, comme pour les sentences VI et VII[1].

1. Voir *supra* p. 33 et 42.

Après sa conversion, Victorinus rappellera ses efforts de définition de Dieu, dans ce passage si important de son *Commentaire sur l'Épître aux Philippiens* :

> Quid autem sit Dei forma, non figura, non vultus, sed imago et potentia, plene de hoc et hic tetigi *Ad Ephesios* et plenius uberiusque in aliis tractavi libris, Deum esse, in eo quod est, ipsum principale esse, esse autem ipsum quod est principale habere vivere et intelligere. Sed intelligere atque vivere forma quaedam est et imago ipsius exsistentiae. Cum igitur exsistentia Deus sit, ut multis probatur, atque id magis quod supra existentiam est, forma autem exsistentiae moveri, intelligere, vivere (circumformatur enim et definitur quodammodo, id est in considerationem et cognoscentiam devocatur quod sit illud esse quod invisibile est et inconprehensibile, vivere intelligitur et intelligere), ita esse pater est. Vivere autem et intelligere, quae ista ipsa in eo sunt quod est esse, quasi forma. Christus ergo Dei forma est. Vita est enim Christus et cognoscentia et intellectus. Haec igitur forma et imago Dei. Quanta potentia et quanta deitas vel virtus sit, alibi expressimus,
>
> Mais ce que peut être la forme de Dieu, non sa configuration, non son visage, mais son image et sa puissance, j'en ai touché pleinement ici, dans l'*Ad Ephesios*, et j'en ai traité davantage et de manière plus nourrie dans un autre ouvrage, à savoir que Dieu est, en tant qu'il est, l'être originel même, et que l'être originel même a le vivre et le comprendre. Mais comprendre et vivre est une sorte de forme et d'image de l'existence même. Donc, comme Dieu est existence, ainsi qu'il y en a bien des preuves, et plutôt ce qui est au-dessus de l'existence, et que la forme de l'existence est se mouvoir, comprendre et vivre (il est cerné en effet et dans une certaine mesure défini, c'est-à-dire qu'il est réduit à être considéré et connu comme cet être qui, invisible et incompréhensible, est saisi comme vivre et comprendre), c'est ainsi que le Père est l'être. Mais le vivre et le comprendre, qui eux-mêmes sont dans ce qu'est l'être, en sont comme la forme. Donc le Christ est la forme de Dieu, car le Christ est vie, connaissance et intellect, et c'est donc là la forme et l'image de Dieu. Quant à la grandeur de sa puissance et à celle de sa nature divine ou de sa valeur, nous l'avons exprimé ailleurs, Marius Victorinus, *Commentarium Ad Philippenses*, 2, 6-8, éd. F. Gori, CSEL 83/2, p. 188, 17-33, traduction ajoutée.

Enfin, conformément à la nécessité exprimée par Victorinus de fixer au préalable par une définition l'objet d'un débat, le *Liber XXIV philosophorum* serait à placer bien avant ses recherches développées sur *homoousios* et la consubstantialité du Père et du Fils au sein de la Trinité, dans sa controverse contre l'arianisme. Il n'y a encore dans le *Liber* aucun des néologismes techniques typiques des études trinitaires de Victorinus, comme *exsistentialitas, substantialitas, essentialitas*, mais déjà, comme nous l'avons vu, bien des mots nouveaux : *sphaericitas, totalitas, clausio, finitas, clangatio, indigenter, exabundanter, superessentialiter* etc. D'autres, comme *deificus, unitor* ou la tournure *solum* + génitif, semblent propres à Victorinus.

Dans la *Candidi Epistola de generatione divina*, Victorinus présente les réfutations des ariens contre certains modes de filiation[1], comme si un autre texte avait été le point de départ de ses recherches contre l'hérésie arienne, selon une possible progression de son œuvre théologique, qui serait la suivante :

« *Unus liber* » (*Liber XXIV philosophorum*), recueil d'arguments contre l'hérésie d'Arius, formulés à l'aide de ce qu'ont dit « les philosophes et les docteurs de la Loi sur l'étant et le Logos » ;

*Candidi Epistola de generatione divina*, réfutation prêtée aux ariens ;

*Ad Candidum*, première réponse construite de Victorinus ;

*Praefatio Candidi* ou *Candidi Epistola II*, présentation de nouveaux textes ariens ;

*Adversus Arium* (ou *Liber de Trinitate*), grand traité de Victorinus sur l'ensemble de la question trinitaire et sur la consubstantialité de Dieu et de Jésus-Christ.

Selon ce schéma, le *Liber XXIV philosophorum* pourrait se situer avant la fin des années 350[2], soit entre 355 et 358[3], puisque les ouvrages suivants de Victorinus sont datés de 359-363[4].

La comparaison entre les manuscrits qui contiennent ou dont on sait qu'ils contenaient le *Liber XXIV philosophorum* et ceux qui transmettent les différents traités de l'*Adversus Arium*[5] ne révèle aucun point de contact. C'est dire que la disparition de la recherche de Victorinus sur l'étant et le Logos doit probablement remonter à la fin de l'Antiquité. Nous savons par l'historien Paul Orose que, vers 400, l'Église d'Espagne, inquiète des progrès de l'hérésie, envoya chercher à Rome des documents pour la réfuter. On en rapporta les œuvres de Marius Victorinus, mais elles demeurèrent inutilisées[6]. C'est pourtant avec le *Liber de causis* qui vient d'Espagne, que notre texte réapparaît à la fin du XIIe siècle[7].

Au Moyen Âge, les œuvres de Victorinus furent peu connues en Occident. Un des rares témoins en est Hugues de Honau, diacre du palais de Frédéric Barberousse (1152-1191). Il écrivit après son retour d'ambassade à

1. Voir « ... si quis dixerit generationem a Deo secundum istos modos esse : iuxta effulgentiam, iuxta radii emissionem, iuxta puncti fluentum, iuxta emissionem, iuxta imaginem, iuxta characterem, iuxta progressum, iuxta quod superplenum est, iuxta motum, iuxta actionem, iuxta voluntatem, iuxta nominatum typum aut si quis alius fuerit ad id istud modus », ... si quelqu'un dit que la génération en Dieu a lieu selon ces modes : le reflet, la projection d'un rayon, le flux d'un point, la projection, l'image, le caractère, la procession, le trop-plein, le mouvement, l'acte, la volonté, ce qu'on appelle un type, ou s'il y a quelque autre mode pour cela, Victorinus, *Candidi Epistola* I 4, 1-7, traduction Hadot.

2. P. Hadot, *Marius Victorinus. Recherches*, p. 278-279, à propos de l'ouvrage perdu.

3. P. Monceaux, *Histoire littéraire de l'Afrique chrétienne*, III, p. 402.

4. Éd. Henry et Hadot, *Marii Victorini Opera* I, CSEL 83/1, p. VII-IX.

5. CCCM 143A, p. L-LXXXII pour le *Liber*; éd. Henry et Hadot, CSEL 83/1, p. X-XXII pour Victorinus.

6. P. Hadot, *Marius Victorinus. Traités théologiques*, I, SC 68, p. 72-73.

7. Voir F. Hudry, « Le *Liber XXIV philosophorum* et le *Liber de causis* dans les manuscrits », *AHDLMA*, 59 (1992), p. 63-71. À la suite de la présente recherche, j'ajouterai que ce rapprochement dans les manuscrits est sans doute d'autant moins fortuit que les deux textes reposent sur des traductions précises, gréco-latine et gréco-arabo-latine, de philosophes grecs.

Constantinople en 1179 un *Liber de homoysion et homoeysion*[1], compilation d'extraits des Pères de l'Église et des auteurs chrétiens sur la distinction entre *homoousios* et *homoiousios*, « de même substance » ou « de substance semblable », point crucial de la contestation arienne. Dans ces extraits figurent plusieurs passages des écrits théologiques de Victorinus, exactement cités[2]. C'est là une compilation sur un problème éteint en Occident, qui ne peut se comparer à l'élaboration directe d'arguments tirés des païens en vue de résoudre une controverse chrétienne en plein développement. Elle montre néanmoins que les textes de Victorinus étaient à cette époque encore connus en Orient[3].

D'autres auteurs, bien sûr, se sont attaqués à l'arianisme, en particulier Hilaire de Poitiers (v. 315-v. 367), contemporain de Victorinus. Mais Hilaire de Poitiers est beaucoup plus théologien que philosophe : il combat l'arianisme à l'aide de l'Écriture et de la Révélation, à l'aide du Christ, et non à l'aide des philosophes. On ne trouve pas dans ses écrits de considérations si philosophiques, ni une expression semblable à celle du *Liber XXIV philosophorum*.

1. Éd. N. Häring, « The *Liber de homoysion et homoeysion* by Hugh of Honau », *AHDLMA* 34 (1967), p. 129-253 et 35 (1968), p. 211-295. Hugues de Honau a aussi écrit un *Liber de diversitate naturae et personae*, éd. N. Häring, *AHDLMA* 29 (1962), p. 103-216.

2. Ces extraits sont repris dans l'éd. P. Henry et P. Hadot, CSEL 83/1, p. XXVII-XXXIV.

3. La collection syriaque *Prophecies of the Pagan Philosophers* (voir *supra*, p. 18) donne ainsi sous le nom de Porphyre (Smith 432F, éd. Brock, n° 13, p. 230) un texte que l'on pourrait rapprocher de Victorinus, *In Eph.*, II, 4, 10, éd. Gori, CSEL 83/2, p. 62, 27-30, cité *supra*, p. 117 : Sed ascendit… universa.

CHAPITRE VI

# TÉMOIGNAGES SUR MARIUS VICTORINUS

## 1. SAINT AUGUSTIN (354-430)

Augustin présente Marius Victorinus en ces termes (*Conf.* VIII, II, 3[1]) :

> ille doctissimus senex et omnium liberalium doctrinarum peritissimus quique philosophorum tam multa legerat et diiudicaverat
> ce vieillard si savant et si compétent dans tous les arts libéraux, qui avait lu tant de textes de philosophes et en avait fait le tri critique.

Le mot important ici est *diiudicaverat*: Victorinus avait fait le tri (*di-*) critique (*-iudicaverat*) dans ses lectures philosophiques entre ce qui l'intéressait et ce qu'il rejetait. Ces lectures, fort nombreuses (*tam multa*), étaient faites à la lumière des arts libéraux, qui lui permettaient de soutenir son jugement critique. Nous sommes donc amenés à ne pas considérer Victorinus comme un simple traducteur, mais comme un philosophe à part entière qui fait œuvre nouvelle à partir de l'examen critique de quantité de textes antérieurs. En ce cas, plutôt que de traduire des textes *in extenso*, il n'en aurait traduit que les passages qui l'intéressaient, en sorte que ses traductions seraient des morceaux choisis tirés de ses lectures de philosophes, des *excerpta ex libris philosophorum.*

Victorinus, pour sa part, ne parle pas de traduction à propos de son travail, mais de transmission[2] de la pensée des philosophes, ce qui implique évidemment traduction, mais aussi interprétation, adaptation. Comme le constatait Paul Monceaux, comparant la traduction de l'*Isagoge* de Porphyre par Victorinus à celle de Boèce, la première est « fort exacte ... mais au point de vue philosophique. Il <Victorinus> ne s'astreignait pas à rendre mot pour mot, il se préoccupait d'interpréter plutôt que de traduire ». Transportant ces observations aux autres ouvrages de Victorinus qualifiés de traductions, Paul Monceaux conclut : « selon toute apparence, c'étaient moins des traductions proprement dites, que des adaptations où intervenaient les commentaires »[3].

1. Texte rappelé par M. Baltes, *Marius Victorinus...*, p. 115, n. 597.
2. Cf. *supra*, p. 113, texte a : *tradidimus*.
3. P. Monceaux, *Histoire littéraire de l'Afrique chrétienne*, III, p. 393 et 394.

Pour cette transmission, Victorinus aurait donc réalisé un montage d'éléments philosophiques, traduits du grec et aménagés selon son propre point de vue, rangés en définitions commentées, afin de préciser les notions de génération en Dieu de l'Intellect/Fils, de transcendance et de création sans intermédiaire, essentielles pour s'opposer à l'hérésie arienne. Dans cette hypothèse, les éléments philosophiques choisis et traduits se trouveraient ordonnés, exposés et commentés par Victorinus lui-même, en sorte que l'ouvrage aurait un caractère personnel bien marqué. Par ce montage d'éléments d'origine philosophique diverse, plus ou moins adaptés – principalement Porphyre, Plotin, le commentaire *In Parmenidem* de Turin, les *Oracles chaldaïques*, Aristote, Philon et les textes sapientiaux de la Bible – Victorinus aurait de fait « transmis ce qu'ont dit les philosophes et les docteurs de la Loi sur l'étant et le Logos », mais selon son propre dessein.

## 2. Simplicianus

Simplicianus était ami d'Augustin et prêtre de l'entourage de saint Ambroise, auquel il succéda comme évêque de Milan en 397. Augustin nous rapporte comment il le félicita de ses lectures (*Conf.* VIII, II, 3) :

> Narravi ei circuitus erroris mei. Ubi autem commemoravi legisse me quosdam libros platonicorum, quos Victorinus, quondam rhetor urbis Romae – quem christianum defunctum esse audieram – in latinam linguam transtulisset, gratulatus est mihi <Simplicianus> quod non in aliorum philosophorum scripta incidissem, plena fallaciarum et deceptionum *secundum elementa huius mundi* (Col. 2, 8), in istis autem omnibus modis insinuari Deum et eius Verbum,
> Je lui racontai les détours de mon erreur. Mais quand je mentionnai que j'avais lu un certain recueil des Platoniciens que l'ancien rhéteur de Rome Victorinus – décédé chrétien, avais-je entendu dire – avait traduit en latin, <Simplicianus> me félicita de n'être pas tombé sur les écrits d'autres philosophes, pleins d'erreurs et de tromperies *selon les éléments de ce monde* (Col. 2, 8), tandis que dans ceux-ci sont insinués par tous les modes Dieu et son Verbe, *Conf.*, VIII, II, 3, éd. et trad. (un peu modifiée) P. de Labriolle, Paris, 1977, CUF, I, p. 177.

Simplicianus fit donc allusion à cette parole de saint Paul (Col. 2, 8) :

> *Videte ne quis vos decipiat per philosophiam et inanem fallaciam secundum traditionem hominum,* secundum elementa huius mundi, *et non secundum Christum,*
> *Veillez à ce qu'on ne vous abuse pas par la philosophie et par une vaine tromperie selon la tradition des hommes,* selon les éléments de ce monde, *et non selon le Christ*, Col. 2, 8.

Si la lecture d'Augustin avait porté sur des traités de platoniciens grecs, traduits par Victorinus selon notre conception moderne de la traduction, il se serait bien agi de philosophie « selon la tradition des hommes, selon les éléments de ce monde, et non selon le Christ ». Puisqu'Augustin n'a pas lu un ouvrage écrit « selon les éléments de ce monde », c'est donc qu'il a lu l'ouvrage d'un philosophe certes – Simplicianus parle d'« autres philosophes » – mais écrit « selon le

Christ». Dans cet ouvrage, la philosophie antique était donc envisagée déjà du point de vue chrétien et le travail de Victorinus serait allé au-delà d'une simple traduction, ce qui était naturel puisqu'il recherchait la réfutation philosophique de l'hérésie arienne.

C'est ce que disait aussi Simplicianus à Augustin :

> <Victorinus> legebat, sicut ait Simplicianus, sanctam scripturam omnesque christianas litteras investigabat studiosissime et perscrutabatur et dicebat Simpliciano non palam, sed secretius et familiarius : «Noveris iam me esse christianum?»,
> <Victorinus> lisait l'Écriture sainte, me raconta Simplicianus; il scrutait avec un soin extrême tous les textes chrétiens et les approfondissait. Et il disait à Simplicianus, non pas en public, mais en privé et dans l'intimité : « Sais-tu que je suis déjà chrétien ? », *Conf.* VIII, II, 4, éd. et trad. P. de Labriolle (un peu modifiée) [1].

En abordant la recherche philosophique contre l'arianisme, Victorinus n'était donc probablement pas encore chrétien et la question arienne ne l'a peut-être intéressé au départ que comme problème philosophique. Or, ce n'est pas la simple lecture des textes chrétiens qui a mené Victorinus au christianisme, mais la surprise et sans doute comme un éblouissement de découvrir que la pensée longuement élaborée par les philosophes grecs – outils conceptuels d'Aristote et théories de l'Un des néoplatoniciens, en particulier celle de Porphyre – pouvait fort bien s'adapter à la subtile théologie trinitaire du christianisme. Ce fut le même cas pour Augustin, mais inversé, c'est-à-dire que l'éblouissement eut lieu pour lui à la lecture des *quidam libri platonicorum*, où précisément cette adaptation se serait trouvée réalisée.

En raison de cette conversion intellectuelle de Victorinus, Simplicianus précise que dans les *quidam libri platonicorum* traduits par lui *omnibus modis insinuari Deum et eius Verbum*, «sont insinués de toutes les façons Dieu et son Verbe». Ce sujet circonscrit en termes chrétiens pourrait correspondre à la recherche sur ὄν *et* λόγον, l'étant et le Logos, dont Victorinus dit avoir transmis, donc traduit, ce qu'en ont dit les philosophes grecs et les docteurs juifs, dans le texte (a) que nous avons vu précédemment (*Adv. Arium*, IV 18, 62-67) : «Ὂν et λόγον quaesierunt philosophi et docti ad legem viri, quid sint et ubi sint» etc.

Il faudrait aussi comprendre le terme *modus* au sens fort et spécifique que lui donne Victorinus : mode de définition selon le point de vue envisagé, dans le texte (b) cité plus haut (*Ad Candidum* 30, 25-31, 1) qui se réfère explicitement au Christ :

> Mais quel est en cette génération le mode de sa filiation <de Jésus>, est-ce selon les modes indiqués ou selon d'autres modes, grâce à Dieu – car c'est par sa puissance que cela a été fait – je l'ai dit ailleurs de manière suffisante, Victorinus, *Ad Candidum* 30, 35-31, 1, traduction Hadot (modifiée).

1. Voir P. Hadot, *Marius Victorinus. Recherches*, p. 238.

Il s'agirait donc d'une recherche technique et pointue, à partir de textes non chrétiens, sur la nature de Dieu et de son Intellect/Fils et sur leur relation, exprimée selon différents points de vue philosophiques, les modes. Cela correspondrait tant au rappel présenté par Victorinus qu'au contenu du *Liber XXIV philosophorum*, où les modes envisagés sont très variés : *secundum imaginationem, per modum imaginandi ut, secundum consignificationem, per modum continuationis, a fine, sub relatione, secundum speciem, per effectum, secundum formam, formalis, facit imaginari, ad essentiam.*

### 3. Les *quidam libri platonicorum* d'Augustin[1]

Il n'est pas certain que dans l'expression *quidam libri platonicorum* employée par Augustin, *libri* soit à comprendre au sens de plusieurs ouvrages. Si, en effet, l'expression d'Augustin devait désigner des ouvrages d'auteurs platoniciens, le latin n'aurait-il pas dit plutôt *libri a platonicis scripti*? À supposer même qu'ils s'agissent bien d'ouvrages de plusieurs auteurs platoniciens, il en faudrait au minimum deux pour justifier le pluriel *platonicorum*. Mais comment concilier au moins deux ouvrages d'auteurs différents avec les *guttae paucissimae*, le très petit nombre de gouttes, analogues aux gouttes d'un parfum précieux – ce qui suggère que l'ensemble du texte est aussi bref et dense – dont Augustin parle à propos de l'ouvrage dense et complet (*pleni*) que lui remit son ami Celsinus en 386[2]. Car les écrits platoniciens ne sont généralement pas d'une brièveté d'exposition ni d'une concision de pensée telles que l'on puisse évoquer à leur propos l'image de gouttes[3]. Pour expliquer cette apparente contradiction, il faudrait plutôt envisager que ces gouttes seraient des extraits tirés de différents auteurs platoniciens et rassemblées en un texte indépendant.

Il existe, en effet, un emploi de *libri* suivi du génitif pluriel, désignant plusieurs éléments rassemblés, divers mais de même nature. Le mot *libri* a alors le sens de 'recueil'. Ainsi, *libri litterarum* chez Cicéron désigne un recueil de lettres, soit reçues soit envoyées :

> <Vettius> misit in Siciliam litteras ad Carpinatium ... quas ego Syracusis apud Carpinatium *in litterarum allatarum libris*, Romae in litterarum missarum apud magistrum L. Tullium ... inveni,
> Vettius a envoyé en Sicile une lettre à Carpinatius ..., lettre que j'ai trouvée à Syracuse chez Carpinatius dans le recueil des lettres reçues, à Rome dans celui des

1. Les *quidam libri platonicorum* ne sont considérés ici que par rapport à Victorinus.

2. « Cum 'ecce tibi libri quidam pleni', ut ait Celsinus : bonas res arabicas ubi exhalarunt in nos, ubi illi flammulae instillarunt pretiosissimi unguenti guttas paucissimas... incredibile incendium ... », Lorsque 'voici pour toi un livre dense', comme le dit Celsinus : au moment où il eut exhalé sur nous de bonnes odeurs d'Arabie, où il eut instillé sur cette petite flamme <de l'âme> très peu de gouttes de son parfum si précieux ... un incendie incroyable ... », *Contra Academicos*, II, II, 5.

3. C'est pourquoi Pierre Hadot s'est demandé si ces *quidam libri platonicorum* ne seraient pas les *Sentences* de Porphyre, dont la forme pourrait évoquer des *guttae paucissimae*, P. Hadot, *Marius Victorinus. Recherches* ..., p. 209, n. 39. Mais, en ce cas, il n'y aurait qu'un seul auteur platonicien.

minutes des lettres envoyées, chez le directeur L. Tullius, Cicéron, *In Verrem*, III, 71, 167, éd. et traduction H. de La Ville de Mirmont, CUF, Paris, 1945, p. 97.

Dans l'expression *libri platonicorum*, le génitif serait descriptif comme dans celle de *libri litterarum*. L'expression désignerait un « recueil des platoniciens », soit d'extraits de textes platoniciens, si l'on considère *platonicorum* comme un neutre, soit des philosophes platoniciens, si c'est un masculin.

Ce dernier sens semble plus probable, puisque dans le passage de la *Cité de Dieu* X, 23 cité plus haut[1], Augustin parle de Porphyre indiquant les principes divins *tanquam platonicus*, « en tant que platonicien » :

> Or quels sont les principes que dit <Porphyre> en tant que platonicien, nous le savons. Il dit en effet un dieu-père et un dieu-fils, etc.

Cette qualité de platonicien serait invoquée ici en référence à ce recueil où des philosophes platoniciens définiraient les principes. Nous avons vu en effet que dans le commentaire VII du *Liber XXIV philosophorum*, nous avons bien un dieu-père et un dieu-fils tirés de Porphyre, et un *medium* entre les deux. *Libri platonicorum (philosophorum)* au sens de « recueil des Platoniciens » ne serait pas si éloigné du titre médiéval *Liber XXIV philosophorum*. On pourrait objecter que ce dernier, ayant recours aussi aux textes d'Aristote, ne saurait correspondre à un recueil de philosophes platoniciens. Mais Aristote, d'abord disciple de Platon, n'a pas été renié par les néoplatoniciens, en sorte qu'on a pu dire que Plotin s'était par endroits rapproché de la conception du dieu d'Aristote[2].

Considérons encore ce qu'Augustin dit ailleurs de ces *quidam libri platonicorum* (*Conf.* VII, IX, 13) :

> <VIII, 12. Tu vero, Domine...> Et primo volens ostendere mihi ... quanta misericordia tua demonstrata sit hominibus via humilitatis, quod « Verbum tuum caro factum est et habitavit inter homines » (Ioh. 1, 14), procurasti mihi *per quemdam hominem immanissimo tyfo turgidum* quosdam libros platonicorum ex graeca lingua in latinam versos,
> <VIII, 12. Mais toi, Seigneur...> Et voulant d'abord me montrer ... de quelle grande miséricorde tu as fait preuve pour les hommes par voie d'humilité, du fait que « ton Verbe s'est fait chair et a habité parmi les hommes » (Ioh. 1, 14), tu m'as procuré, *par l'intermédiaire d'un certain individu gonflé du plus monstrueux orgueil*, un certain recueil des Platoniciens traduit du grec en latin, *Conf.*, VII, IX, 13, éd. et trad. P. de Labriolle (modifiée, italique ajouté), CUF, I, p. 157-158.

Dans le contexte de notre recherche, il devient clair que ce « certain individu gonflé du plus monstrueux orgueil » pourrait bien être Arius lui-même, l'hérésiarque qui prétendit défier la Trinité en contestant au Christ une divinité égale à celle du Père. Rappelons que c'est à Milan en 386, lors de l'attaque arienne

1. Voir *supra*, p. 44.
2. Voir J.-M. Narbonne, *Plotin. Les deux matières [Ennéade II, 4, (12)]*, p. 33-34.

contre l'évêque Ambroise[1], qu'« un certain recueil des Platoniciens » parvint à Augustin.

Augustin signifierait donc que Dieu s'est servi de la recherche philosophique contre l'hérésie arienne établie par Victorinus pour lui montrer, à lui Augustin, la vraie nature et la vraie grandeur de son Verbe, qui pourtant a accepté de prendre la condition humaine pour le salut du monde. Il opposerait ainsi l'humilité du Verbe divin à l'orgueil insensé d'Arius.

Observons au passage que le personnage en question, bien précis dans l'esprit d'Augustin, est désigné comme « un certain individu » (*quemdam hominem*); de même, les *quidam libri platonicorum* sont probablement tout aussi circonscrits et précis dans sa pensée; de même encore, lorsqu'il rapporte les paroles de Celsinus et dit *libri quidam pleni*[2]. Il faut sans doute distinguer chez Augustin entre ces *quidam libri platonicorum* découverts en 386 et les platoniciens ou livres de platoniciens en général, se rapportant à l'école platonicienne, ses auteurs et ses textes.

Augustin cependant poursuit (*Conf.* VII, IX, 13) :

> Et ibi legi, non quidem his verbis, sed hoc idem omnino *multis et multiplicibus* suaderi *rationibus*, quod « In principio erat Verbum et Verbum erat apud Deum et Deus erat Verbum. Hoc erat in principio apud Deum. Omnia per ipsum facta sunt, et sine ipso factum est nihil quod factum est. In eo vita est, et vita erat lux hominum; et lux in tenebris lucet, et tenebrae eam non comprehenderunt <Ioh. 1, 1-5> ». Et quia hominis anima, quamvis testimonium perhibeat de lumine, non est tamen ipsa lumen, sed Verbum, Deus ipse, est lumen verum, quod « inluminat omnem hominem venientem in hunc mundum <Ioh. 1, 9> »; et quia « in hoc mundo erat, et mundus per eum factus est, et mundus eum non cognovit <Ioh. 1, 10> »,
>
> Et là j'ai lu, non certes en ces termes, mais que c'était tout à fait la même chose qui était soutenue *par des raisonnements nombreux et divers*, à savoir que « Au commencement était le Verbe, et le Verbe était auprès de Dieu et le Verbe était Dieu. Il était au commencement auprès de Dieu. Toutes choses ont été faites par lui, et rien de ce qui a été fait n'a été fait sans lui. En lui est la vie, et la vie était la lumière des hommes; et la lumière luit dans les ténèbres et les ténèbres ne l'ont pas saisie <Ioh. 1, 1-5> ». Et que l'âme humaine, bien qu'elle porte témoignage de la lumière, n'est cependant pas la lumière elle-même, mais c'est le Verbe, Dieu lui-même, qui est la vraie lumière, qui « illumine tout homme venant en ce monde <Ioh. 1, 9> »; et que « il était en ce monde, et le monde a été fait grâce à lui, et le monde ne l'a pas connu <Ioh. 1, 10> », *Conf.*, VII, IX, 13, éd. et trad. P. de Labriolle (modifiée, italique ajouté), CUF, I, p. 158-159.

Enfin, résumant le sujet d'ensemble des *quidam libri platonicorum*, Augustin ajoute :

> Indagavi quippe in illis litteris *varie dictum et multis modis*, quod sit Filius « in forma Patris, non rapinam arbitratus esse aequalis Deo » <Phil. 2, 6>, quia naturaliter id ipsum est,

1. Voir S. Lancel, *Saint Augustin*, Paris, 1999, p. 119-126.
2. Voir ci-dessus p. 130, n. 2.

J'ai de fait découvert dans cet écrit, *dit de manière variée et sous de nombreux modes*, que le Fils serait « dans la forme du Père, sans avoir jugé usurpé d'être égal à Dieu » <Phil. 2, 6>, puisqu'il est cela même par nature, *Conf.*, VII, IX, 14, éd. et trad. P. de Labriolle (un peu modifiée), CUF, I, p. 159, italique ajouté.

ce qui correspond à la forme générale et au thème du *Liber XXIV philosophorum*, et plus particulièrement à sa section XV, c'est-à-dire à la première sortie du Verbe du sein du Père. Nous voyons une nouvelle fois que le « recueil des platoniciens » semble concerner principalement, voire uniquement, Dieu et son Verbe, leur nature respective, leur relation et leurs rapports à la création et à l'âme, avec ces précisions sur la forme : « par des raisonnements nombreux et divers » *(multis et multiplicibus rationibus)* et « dit de manière variée et sous de nombreux modes » *(varie dictum et multis modis)*, d'un contenu aussi dense et riche, dans sa concision, que des gouttes de parfum.

Nous verrons au chapitre suivant ce que peuvent signifier les critiques portées ensuite par Augustin sur l'ouvrage en question (*Conf.*, VII, IX, 15).

## 4. RÉSUMÉ DES TÉMOIGNAGES DE VICTORINUS ET D'AUGUSTIN

Auparavant, il peut être utile de résumer ce que nous ont dit Victorinus et Augustin :

a) Victorinus a constitué, par traduction du grec en latin, un dossier sur les recherches des philosophes et des docteurs de la Loi sur l'étant et le Logos, pour connaître leur nature et leur rapport au Dieu unique, et éventuellement aux réalités extérieures (*Adv. Ar.* IV 18, 62-67, ci-dessus p. 113). Il qualifie son travail en disant *exsequenter pleneque tradidimus*, « nous avons transmis de manière conséquente et complète ».

b) Plus tard, il rappellera avoir écrit un ouvrage en « un seul livre » (*unus liber*), donc bref, qui est l'explication du mystère des « réalités éternelles et au-delà de tous les cieux » dans leur modalité intelligible (*In Eph.* II, 4, 10, ci-dessus p. 117-118). Il qualifie l'ouvrage en disant *ut plenissime tractavimus*, « nous en avons traité de la manière la plus complète possible ».

c) Augustin, de son côté, a lu un texte traduit du grec en latin par Marius Victorinus, qu'il désigne sous les termes de *quidam libri platonicorum*, que nous comprenons comme « un certain recueil de platoniciens ». Dans ce texte, il est question, en un très petit nombre de gouttes – qui pourraient prendre la forme de raisonnements ou de modes divers – de Dieu et de son Verbe selon la pensée « platonicienne », de leur rapport à l'âme et au monde, non pas dans les termes, mais dans le sens du Prologue de l'Évangile de saint Jean. Cependant, il n'y est pas question de l'incarnation du Verbe, dont Augustin martèle avec insistance l'absence (*Conf.* VII, IX, 13-14). C'est un ouvrage dense (*libri pleni*).

Ces trois textes évoqués par Victorinus et Augustin sont considérés aujourd'hui comme perdus. Il est permis d'envisager qu'il pourrait ne s'agir que d'un seul texte, la contradiction dans les termes entre *quidam libri platonicorum* et *unus liber* ayant été précédemment levée.

Or, le *Liber XXIV philosophorum* est un texte court, en un seul livre, composé d'extraits traduits du grec en latin, tirés des philosophes, principalement Aristote, Plotin et Porphyre, et d'auteurs juifs comme Philon et les auteurs des livres sapientiaux de la Bible. Ces extraits, organisés en vingt-quatre brèves définitions commentées, concernent le Dieu/Un et son Intellect/Fils, leur nature, leur relation et leurs rapports au monde et à l'âme. Il n'y est pas question de l'incarnation du Verbe, ni du Christ. L'ouvrage n'a pas eu de titre jusqu'au XIVe siècle et son auteur est demeuré jusqu'ici indéterminé.

## 5. SAINT JÉRÔME (V. 347-420)

Dans son *De viris illustribus*, par. 101, saint Jérôme parle de Marius Victorinus en ces termes :

> Victorinus, natione Afer, Romae sub Constantio principe rhetoricam docuit et in extrema senectute, Christi se tradens fidei, scripsit *adversus Arium libros more dialectico valde obscuros*, qui nisi ab eruditis non intelleguntur, et commentarios in Apostolum, cité par P. Hadot, *Marius Victorinus. Recherches*, p. 15, n. 7, italique ajouté
>
> Victorinus, Africain d'origine, enseigna la rhétorique à Rome, sous l'empereur Constance. Et en son extrême vieillesse, embrassant la foi au Christ, il écrivit contre Arius, selon la méthode dialectique, un livre fort obscur, qui n'est compris que des érudits ; il écrivit aussi des commentaires sur l'apôtre Paul.

Ici encore, le pluriel *libri* serait à prendre au sens générique d'ouvrage, car il n'est pas du tout sûr qu'en disant « adversus Arium », Jérôme parle de ce que nous appelons aujourd'hui l'*Adversus Arium* de Victorinus, en plusieurs livres. Cette œuvre, en effet, semble n'avoir eu ce titre que tardivement. Les catalogues de bibliothèques du Moyen Âge l'appellent *De Trinitate*[1]. Hugues de Honau la cite comme *Liber de Trinitate* ou *Liber quod Trinitas homoysia sit*[2]. C'est l'édition Sicard, Bâle 1528, qui a répandu le titre *Adversus Arium*[3].

De plus, selon Pierre Hadot, ce traité n'est que rarement *more dialectico* et n'est pas si obscur, puisqu'il s'appuie à la fois sur l'Écriture et sur le raisonnement. Seuls les neuf premiers chapitres de la lettre de Candidus *De generatione divina* sont purement dialectiques. Pierre Hadot souligne encore que, pour saint Jérôme, *more dialectico* s'oppose à « scripturaire » d'une part, ce qui signifie que l'ouvrage concerné ne s'appuie pas sur l'Écriture, et à « rhétorique » d'autre part[4], ce qui indique qu'il ne cherche pas à plaire par l'agrément du style. L'ouvrage signalé par saint Jérôme comme écrit selon la méthode dialectique par Victorinus contre Arius pourrait donc être sa recherche préliminaire sur « ce

1. Éd. Henry et Hadot, *Marii Victorini Opera* I, CSEL 83/1, p. X.
2. Éd. Häring, *AHDLMA* 34 (1967), p. 138, 144, etc., et ci-dessus p. 126.
3. Éd. Henry et Hadot, CSEL 83/1, p. X et XX-XXI.
4. Marius Victorinus, *Traités théologiques sur la Trinité* I, SC 68, p. 70-75.

qu'ont dit les philosophes et les docteurs de la Loi de l'étant et du Logos », ce qui en expliquerait le caractère érudit, accessible aux seuls savants.

S'il s'agissait de fait du *Liber XXIV philosophorum*, la pertinence de la présentation de saint Jérôme serait remarquable. Le texte en effet ne s'appuie pas sur la Révélation en tant que telle pour argumenter, même s'il a recours à la pensée des textes sapientiaux de la Bible, ou bien à certaines formulations bibliques. Son vocabulaire marqué de néologismes et d'hellénismes, son style serré à l'extrême, selon l'expression de P. Séjourné [1], et la quantité de références traduites de plus ou moins près, qui exigent d'être identifiées pour être comprises, le rapprochent tout à fait de la description donnée par saint Jérôme.

On peut se demander, à titre d'hypothèse, si à l'origine l'auteur du *Liber* n'avait pas inscrit en marge, dans les premiers exemplaires du texte, le nom des auteurs-sources : Porphyre, Plotin, Aristote, Philon, les *Oracles chaldaïques*, Apulée etc., dont la plupart plusieurs fois répétés. Cela eût été en accord avec la collecte d'*excerpta* en vue d'un traité développé et construit contre l'arianisme, et aussi avec la fiction littéraire d'une réunion de plusieurs philosophes. Augustin, impressionné par ces indications, aurait tout naturellement désigné le texte comme un « recueil des Platoniciens », *libri platonicorum*. Dans le commentaire VII du *Liber* précisément, à propos duquel nous avons rapproché l'indication d'Augustin sur Porphyre « tanquam platonicus » (*Cité de Dieu* X, 23) [2], on remarque une phrase sans sujet, commençant par *Intendit enim*, « Il veut dire en effet », après le passage adapté de *l'Histoire de la philosophie* de Porphyre. Si le sujet de *intendit* était le texte cité, celui-ci serait sans doute repris par un mot comme *hoc* ou *quod*. Mais si le nom de Porphyre était porté en marge, *intendit* n'avait pas besoin de sujet exprimé et l'attribution d'Augustin allait de soi.

Dans l'exemplaire de Jérôme, ces mentions auraient disparu, d'où le désarroi de celui-ci devant l'obscurité du texte livré à lui-même, ce qui en expliquerait pour partie l'effacement pendant des siècles.

1. P. Séjourné, *Dictionnaire de théologie catholique*, t. 15², Paris, 1947, col. 2895.
2. Voir *supra*, p. 44 et le commentaire VII *infra*, p. 162-163.

## CHAPITRE VII

# REJET DE LA SPHÈRE DIVINE SANS LIMITE (INFINIE)

La disparition du texte du *Liber XXIV philosophorum* pendant tant de siècles fut-elle due seulement à son obscurité et/ou au hasard? Certes, sa difficulté de compréhension n'a fait que croître à mesure que se perdaient la connaissance et le souvenir des sources grecques dont il est directement issu. Néanmoins s'il s'avérait, après examen des œuvres de saint Augustin, que le *Liber XXIV philosophorum* est bien ces *quidam libri platonicorum* dont celui-ci parle, il y aurait peut-être des raisons intrinsèques à un rejet partiel de l'ouvrage.

### 1. REPROCHES DE SAINT AUGUSTIN

Augustin, en effet, rendant compte de ce qu'il a trouvé dans les *quidam libri platonicorum*, déclare (*Conf.*, VII, IX, 15, 1-11 et 20-24) :

> Et ideo legebam ibi etiam immutatam gloriam incorruptionis tuae in idola et varia simulacra, *in similitudinem imaginis corruptibilis hominis et volucrum et quadrupedum et serpentium* (Rom. 1, 23), videlicet Aegyptium cibum, quo Esau perdidit primogenita sua, quoniam caput quadrupedis pro te honoravit populus primogenitus, *conversus corde in Aegyptum* (cf. Act. 7, 39) et curvans imaginem tuam, animam suam, ante imaginem *vituli manducantis faenum* (Ps. 106, 20). Inveni haec ibi et non manducavi, *Conf.*, VII, IX, 15, 1-11.

et plus loin :

> Et non adtendi in idola Aegyptiorum, quibus de auro tuo ministrabant *qui transmutaverunt veritatem Dei in mendacium et coluerunt et servierunt creaturae potius quam creatori* (Rom. 1, 25), *Conf.*, VII, IX, 15, 20-24.

À quoi correspond cette violence contre les idoles à propos de la philosophie des *quidam libri platonicorum*? La philosophie platonicienne en elle-même est bien éloignée de tout culte rendu à une divinité. Et s'il s'agissait du *Liber XXIV philosophorum*, on ne voit pas non plus d'idole dans ce texte. Visiblement, Augustin pousse le trait pour mieux exprimer son désaccord.

La citation complète de Rom. 1, 23 dit : *et mutaverunt gloriam incorruptibilis Dei in similitudinem imaginis* ..., texte lui-même repris du Ps. 106 (105), 20 : *Et mutaverunt gloriam suam in similitudinem vituli comedentis foenum,* auquel Augustin fait aussi allusion. On voit que l'expression *mutaverunt gloriam* des citations bibliques est devenue *immutatam gloriam ... in idola et varia simulacra.* Le verbe *immuto, -are* peut signifier transférer, faire passer sur [1]. D'autre part, une idole est une image analogique du dieu, qui finit par être adorée pour elle-même, tandis que *simulacrum* désigne toute représentation figurée. On pourrait comprendre les deux passages cités d'Augustin ainsi :

> C'est pourquoi j'y lisais aussi la gloire de ton incorruptibilité transférée sur des analogies et des figures diverses, *à la ressemblance de l'image de l'homme corruptible, des oiseaux, des quadrupèdes et des serpents* (Rom. 1, 23), c'est-à-dire la nourriture égyptienne qui fit perdre à Esaü son droit d'aînesse, puisque le peuple premier-né a honoré, au lieu de Toi, la tête d'un quadrupède, *étant tourné de cœur vers l'Égypte* (cf. Act. 7, 39) et courbant ton image, son âme, devant l'image *d'un veau mangeant du foin* (Ps. 106, 20). J'y ai trouvé cela et n'en ai point mangé, *Conf.*, VII, IX, 15, 1-11.
> Et je n'ai pas prêté attention aux analogies des Égyptiens, auxquelles fournissaient sur ton or *ceux qui transformèrent la vérité de Dieu en mensonge et honorèrent et servirent la créature plutôt que le créateur* (Rom. 1, 25), *Conf.*, VII, IX, 15, 20-24.

S'agissant d'écrits intellectuels, *idolum* serait une comparaison, une analogie destinée à faire comprendre une abstraction et *simulacrum* la représentation figurée d'une réalité mentale.

Mais comment se fait-il qu'Augustin reproche ici aux *quidam libri platonicorum* d'avoir des images à la façon d'idoles égyptiennes ou juives et de « transformer la vérité de Dieu en mensonge », alors qu'en *Conf.* VIII, II, 3, il nous montre Simplicianus jugeant que ce même texte n'est pas écrit « selon les éléments de ce monde », donc qu'il est « selon le Christ », d'après Col. 2, 8 ? Il y a peut-être là une distinction entre le fond et la forme du texte : Simplicianus, ayant personnellement reconnu le christianisme sincère de Victorinus, portait sur son travail qui traite de Dieu et de son Verbe un jugement d'ensemble positif, alors qu'Augustin, rhéteur de profession comme Victorinus et donc plus attaché à la forme, y aurait trouvé des figures contestables.

Dans le *Liber XXIV philosophorum*, nous avons de fait à quatre reprises un mode imagé de représentation de la nature de Dieu, que marquent les expressions *secundum imaginationem* en I, pour la monade, image de la cause première; *per modum imaginandi ut* en II, pour la figure du centre de la sphère et de son expansion sans limite, sphère symbolique tirée de l'analogie de l'être avec le ciel sphérique, et reprise en XVIII pour bien préciser qu'elle n'est pas matérielle; et *facit imaginari* en XIV, pour la métaphore de Dieu « comme emprisonné » dans ce centre. Dans la section I, ce n'est pas tant la monade ou Logos, image de la cause première, qui fait problème que le mot *ardor* pour désigner son éclat de lumière

1. Voir par exemple : « Auctoritatem enim viri inmutant in feminam », On transfère en effet l'autorité de l'homme sur la femme, Ps. Augustin, *Quaestiones Veteris et Novi Testamenti*, I, 23, CSEL 50, p. 51, 6-7.

que Dieu se retourne vers lui-même. Nous avons vu que cet *ardor* réfléchi pourrait venir de l'*ardor caeli* du *De philosophia* perdu d'Aristote, d'après ce qu'en dit Cicéron. Dans la section II, le centre de la sphère, figure du nombre parfait trois, est issu des Pythagoriciens, tandis que la sphère sans mesure du Logos vient de Philon d'Alexandrie. Quant à Dieu comme emprisonné au centre de la sphère de la section XIV, il pourrait avoir sa source dans les *Oracles chaldaïques*.

*Ardor* repris de l'éther céleste, centre d'une sphère figure du nombre trois, sphère sans limite à l'image de l'immensité du ciel, Dieu emprisonné au centre de cette sphère, ce pourrait être là « les analogies des Égyptiens » tirées de textes païens, mais aussi de textes juifs alexandrins, puisque la monade et la sphère sans limite viennent de Philon. Cela expliquerait l'étroite association dans les remarques d'Augustin entre ce qui est égyptien et ce qui est juif, d'autant que ces analogies sont également « fournies sur ton or », c'est-à-dire nourries de textes bibliques, comme les livres sapientiaux de la Bible dans le commentaire II du *Liber*.

## 2. VESTIGES DU CULTE COSMIQUE ANTIQUE ET RISQUE D'UNE COMPRÉHENSION PANTHÉISTE DANS L'EXPRESSION DU *LIBER XXIV PHILOSOPHORUM*

Associer le Logos divin à l'éclat de feu du ciel, imaginer le Verbe de Dieu comme une sphère sans limite analogue à l'immensité du ciel, n'est-ce pas « transformer la vérité de Dieu en mensonge et honorer la créature plutôt que le créateur » (Rom. 1, 25)? Il y a de fait dans le *Liber XXIV philosophorum* des vestiges du culte antique rendu à l'univers et à ses parties, surtout dans les images utilisées, puisque c'est précisément le *De philosophia* d'Aristote qui semble être la source originelle du courant de pensée accordant la divinité au monde. Jean Pépin, dans sa recherche sur la théologie cosmique à partir d'un passage de saint Ambroise[1], en a réuni de nombreux témoignages, qui attribuent la divinité suprême tantôt à une intelligence autonome au-delà du ciel visible, tantôt à l'éther, substance supracéleste. L'un des témoins de cette tradition en est aussi Philon et sa notion du ciel, intermédiaire entre le monde intelligible et le monde matériel[2]. Le *De caelo* d'Aristote, dont le chapitre I 9 semble utilisé ici à plusieurs reprises (comm. II, III, XI), en fait également partie. Or il applique, en I, 1, le nombre trois des Pythagoriciens au tout et à toutes choses, c'est-à-dire à l'univers :

> Καθάπερ γάρ φασι καὶ οἱ Πυθαγόρειοι, τὸ πᾶν καὶ τὰ πάντα τοῖς τρισὶν ὥρισται· τελευτὴ γὰρ καὶ μέσον καὶ ἀρχὴ τὸν ἀριθμὸν ἔχει τὸν τοῦ παντός.
>
> Car, comme le disent les Pythagoriciens, le tout et toutes choses sont délimités par le nombre trois; en effet, fin, milieu et commencement ont le nombre du tout, Aristote, *De caelo*, I, 1, 268a11, trad. Dalimier (un peu modifiée).

1. Voir J. Pépin, *Théologie cosmique et théologie chrétienne*, p. 278-291.
2. Voir M. Harl, *Philon. Quis rerum divinarum heres sit*, p. 97-98.

Il n'est pas douteux que l'auteur du *Liber XXIV philosophorum* qui, s'agissant de Victorinus, serait contemporain de saint Ambroise, a relevé ces thèmes liés au cosmos, tant dans l'expression *in se unum reflectens ardorem* (I) que dans son commentaire II disant de l'expansion du centre divin de la sphère que « le cercle qui en vérité manifeste ce centre trouve sa limite au-delà, c'est-à-dire aussi en dehors ». Le mot *ostensio*, employé ici, correspond sans doute au grec ἐπιφάνεια, qui désignait la surface extérieure du ciel, lieu du divin, avant de signifier chez les alexandrins la manifestation de la divinité[1]. L'adjectif *triformis*, généralement appliqué à la Lune-Hécate, mais déterminant ici l'essence divine dans le commentaire XXII, relève de ces mêmes abus de langage.

Il faut cependant souligner deux points : d'une part, l'auteur n'accorde à ces images reprises des auteurs païens ou juifs qu'une valeur explicative, une valeur de symboles permettant de faire comprendre par l'image la relation du Dieu chrétien et de son Verbe, ainsi que leur rôle respectif dans la création du monde, vérités difficiles pour lui à exposer par le langage. Et c'est là le deuxième point : la langue latine avait peine – on le voit précisément dans les commentaires des définitions – à s'adapter à un ordre de pensée si élevé, toujours au-delà de la réalité concrète, exprimée ici à plusieurs reprises par *in rebus* (comm. XVI, XVII, XXIV).

La lutte contre la cosmolâtrie dans la tradition chrétienne s'appuyait sur plusieurs passages de saint Paul : Romains 1, 20-25 ; Colossiens 2, 8 et Galates 4, 9[2]. Or, les deux premiers textes sont ceux précisément que cite Augustin à propos des *quidam libri platonicorum*, l'un en sa faveur (Col. 2, 8) et l'autre contre lui (Rom. 1, 23-25). Augustin lui-même a précisé le sens du rappel de Colossiens 2, 8 en *Cité de Dieu*, VIII, X, 1 :

> <Le chrétien> se garde cependant de ceux qui exposent la philosophie selon les éléments de ce monde, et non selon Dieu, par qui le monde même a été fait. Car il est averti par le précepte de l'Apôtre qu'il écoute avec foi : *Gardez-vous bien de vous laisser tromper* ...(Col. 2, 8), *Cité de Dieu*, VIII, X, 1, B. A. 34, p. 264-265.

Une philosophie « selon les éléments de ce monde » s'oppose donc à la philosophie créationniste chrétienne, parce qu'elle accorde un rôle divin aux éléments du cosmos. Or, Simplicianus a précisément fait remarquer à Augustin, à propos des *quidam libri platonicorum*, que ce texte n'était pas « selon les éléments de ce monde » : c'est donc qu'en dépit d'expressions et d'images malheureuses, il traitait bien de la création *ex nihilo*, qui soumet à Dieu le cosmos tout entier.

Ces traces de culte cosmique sont probablement à l'origine de l'abandon de la métaphore du centre et de la sphère pour désigner la relation de Dieu et de son Verbe, alors que l'image de la monade, plus aisée à adapter à la nature divine trinitaire si l'on dit *Deus est monas*, semble avoir survécu, par exemple chez l'évêque Vigile de Thapse[3] à la fin du Vᵉ siècle Ainsi, dans le *Contra Iulianum* de

1. Voir A. J. Vermeulen, « Le développement sémasiologique d'ἐπιφάνεια... », p. 20, 35-39.

2. Voir J. Pépin, *Théologie cosmique et théologie chrétienne*, p. 281.

3. Vigile de Thapse, *Contra Felicianum arianum de unitate Trinitatis*, 11, PL 42, 1165. Voir aussi P. Hadot, SC 69, p. 680.

Cyrille d'Alexandrie († 444), on retrouve certains textes utilisés par notre *Liber* : les extraits de l'*Histoire de la philosophie* de Porphyre, transmis par Cyrille précisément ; et comme faisant partie du l. I de cet ouvrage, un passage de la *Vie de Pythagore* (49) donnant l'un comme dénomination appropriée à la cause première. Mais il est frappant de constater que le passage de cette même *Vie de Pythagore* (51) qui concerne la figure du nombre trois, c'est-à-dire le centre de la sphère, n'a pas été retenu. À sa place, pour évoquer la Trinité, Cyrille rappelle la théophanie de Mambré, où trois hommes apparurent à Abraham, qui les appelle Seigneur au singulier (Gen. 18, 1-16)[1]. On retrouve cependant plus loin dans le *Contra Iulianum* d'autres textes qui ont inspiré l'auteur du *Liber XXIV philosophorum* : le fr. 15 de l'*Histoire de la philosophie* de Porphyre en I, 43 ; le fr. 18 en I, 45 ; son *De abstinentia* (II, 34, 1-3) en II, 37.

Par ailleurs, quelqu'un a-t-il jamais repris, dans l'Antiquité chrétienne, la métaphore de Dieu comme emprisonné au centre de la sphère de l'être ? Exploitant à propos de la création l'image du centre et de la sphère dans le commentaire XIV, notre auteur prend le risque d'une confusion entre la sphère divine de la Sagesse/Logos qui conçoit l'idée des êtres en une sphère sans limite de l'être, et la sphère créée, risque d'une pensée panthéiste au cas où Dieu serait compris comme au centre de l'univers.

De même, dire que « Dieu est les opposés être et non-être en tant que médiation de ce qui est » (XIV) présente un risque d'incompréhension, si l'on n'insiste pas conjointement sur le mode supérieur d'être de Dieu, sans limitation, sans forme et toujours en acte, qui constitue le soutien métaphysique à la fois des êtres réalisés et des êtres possibles à venir.

Si l'on considère en outre que la définition *Deus tenebra est in anima post omnem lucem relicta* (XXI) est une transposition à Dieu de la pensée de Plotin sur le mode de perception de la matière sensible brute, le risque de confusion entre Dieu et la matière se confirme. C'est pourquoi, d'ailleurs, la sentence XXII, *Deus est ex quo est quicquid est* ..., suit aussitôt pour affirmer fortement la position transcendante du créateur par rapport à ses créatures. Et le commentaire XXIV oppose non moins nettement l'effet de la *lux creata* à celui de la *lux increata* qui ne touche que l'âme. Mais là encore, l'auteur cite l'*infinitum in se* qui désigne la matière chez Plotin. Or, *infinitum* rappelle la *sphaera infinita* de la sentence II, ce qui pourrait encore prêter à confusion. Si l'on se souvient que cet *infinitum in se* a disparu de la version commune médiévale du *Liber XXIV philosophorum*, il apparaît comme tout à fait probable que le risque d'une compréhension panthéiste a de tout temps fortement pesé sur le texte.

*

Néanmoins, en dépit de ces réserves qui relèvent des conceptions et des approximations de langage du passé, il ne faut pas méconnaître l'intérêt de cette

1. Cyrille d'Alexandrie, *Contra Iulianum*, I, 26, éd. P. Burguière et P. Evieux, SC 322, t. I, Paris, 1985, p. 156-159.

figure symbolique de Dieu, à la fois centre et expansion d'une sphère sans limite de l'être (II) : située sur le plan métaphysique, elle veut exprimer la parfaite symbiose créatrice du Dieu-Père et du Dieu-Fils, cause première et Logos/Verbe, source de vie et source d'amour (VIII), consubstantiels et égaux, dont l'un est l'initiateur de la venue à l'être d'une création continue (XIV), et l'autre – le Christ – l'ordonnateur et le rassembleur, l'unificateur de cette création (XXII), la *bonitas* qui l'unit au Père assurant la cohésion des êtres et leur retour en Dieu (X et XV). Cette figure manifeste ainsi toute la place que tient la création dans la vie « personnelle » de chacune des trois personnes divines de la Trinité chrétienne.

# CONCLUSION

Au terme d'une longue recherche, il apparaît désormais que le *Liber XXIV philosophorum* est un montage d'éléments philosophiques grecs, sélectionnés et traduits-adaptés par un philosophe latin, en vue d'établir au moyen de définitions commentées la nature philosophique de Dieu, dans la perspective d'un débat contre l'hérésie d'Arius, qui s'était lui-même placé sur le terrain philosophique pour contester la Trinité chrétienne. Ces définitions portent sur l'identité de substance et l'égalité de l'Un/Dieu et de son Intellect/Verbe et sur leur rapport à la création et à l'âme humaine. L'auteur prend appui principalement sur Porphyre et sur le commentaire *In Parmenidem* anonyme de Turin, mais aussi sur Aristote, les *Oracles chaldaïques* et Plotin, ainsi que sur Philon et les textes sapientiaux de la Bible. Cet ensemble de sources le situe donc au IV^e siècle de notre ère.

Deux textes se révèlent ici fondamentaux : d'une part, un passage de la *Vie de Pythagore* (51) de Porphyre, soulignant la valeur du centre de la sphère comme figure du nombre trois, et d'autre part le *Commentarium in Parmenidem* du manuscrit de Turin. L'auteur fait coïncider les trois éléments du centre de la sphère : commencement, milieu et fin, avec les trois aspects du principe que pose l'*In Parmenidem* de Turin : existence, vie, pensée. De la sorte, la vie divine est le *medium*, le moyen terme grâce auquel l'Intellect s'autoengendre de l'Un. Le centre et la sphère sans limite sont la figure symbolique de Dieu, vie et esprit, et du rôle conjoint du Père et du Fils dans la venue à l'être des choses.

Le *Liber XXIV philosophorum* prend ainsi place, de manière inattendue, dans la suite directe de Porphyre. Sur le plan formel il offre, comme les *Sentences* de Porphyre, une succession de textes brefs marqués par une subtile combinaison des sources et une recherche d'énoncés mnémotechniques. Plus nettement que les *Sentences* cependant, et bien avant les *Éléments de théologie* de Proclus, il manifeste déjà un souci, encore timide, de progression rigoureuse inspirée de celle des théorèmes de géométrie.

Du point de vue conceptuel, il dépend étroitement du philosophe de Tyr, depuis sa *Vie de Pythagore* jusqu'aux *Sentences*, en passant par les commentaires sur les *Catégories* et l'*Histoire de la philosophie*, sans parler de la source la plus constante tout au long de l'ouvrage, à savoir le commentaire *In Parmenidem*, d'origine encore controversée, du manuscrit de Turin. L'auteur du *Liber XXIV philosophorum* trouve dans ces textes des analogies, des explications notionnelles applicables à Dieu, mais surtout un vif sens de la transcendance du dieu suprême et une conception originale de la génération de l'Intellect qui en exclut, semble-t-il, toute infériorité par rapport à l'Un.

Les travaux de Pierre Hadot ont montré combien Marius Victorinus avait été influencé par Porphyre et par l'*In Parmenidem* anonyme de Turin. Victorinus s'est également intéressé à la forme littéraire de la définition dans son *Liber de definitionibus*. Il a lui-même déclaré avoir transmis ce qu'ont dit de l'étant et du Logos les philosophes et les docteurs de la Loi (*Adv. Arium*, IV 18, 62-67), c'est-à-dire des auteurs grecs et judéo-grecs, ce qui suppose une collecte d'extraits de langue grecque traduits en latin. Et c'est sans doute ce dont parle aussi saint Jérôme, en disant : « Il écrivit contre Arius, selon la méthode dialectique, un livre fort obscur, qui n'est compris que des érudits ». Quant à l'*Adversus Arium* (ou *Liber de Trinitate*), il est frappant de constater que certains textes qui paraissent être à la source du *Liber XXIV philosophorum* s'y retrouvent dans des commentaires plus développés.

On pourra objecter que l'on ne voit pas chez Victorinus les termes du *Liber XXIV philosophorum*. L'ouvrage, en effet, représenterait une première tentative pour aller à l'essentiel et rendre en latin des textes grecs difficiles, avant toute constitution d'un vocabulaire théologique propre. Comme l'a constaté notamment Paul Monceaux à propos de sa traduction de l'*Isagoge* de Porphyre, Victorinus ne traduit généralement ni mot à mot ni complètement ses sources grecques. De même, il y a dans le *Liber XXIV philosophorum* une première recherche, pointue et condensée, justifiant élaboration des sources et tâtonnements de traduction.

Le *Liber XXIV philosophorum* se présente donc comme la résurgence d'un texte antique, d'un travail de première main d'adaptation à la théologie chrétienne d'acquis de la philosophie grecque, mêlés d'exégèse alexandrine, pouvant convenir à Dieu et à son Verbe, dans la perspective d'une réfutation de l'hérésie arienne.

Ainsi restitué à Victorinus, le *Livre des vingt-quatre philosophes* prend pour nous un nouvel intérêt à plusieurs titres :

a) d'une part, la présence importante dans les extraits traduits du commentaire anonyme *Sur le Parménide* du manuscrit de Turin avec d'autres œuvres de Porphyre, et les rapprochements qui en découlent, en confortent l'attribution probable à ce dernier. Découvrir ainsi réunis dans un texte latin Porphyre, le commentaire *Sur le Parménide* de Turin, les *Oracles chaldaïques* et Philon sur un sujet correspondant à la recherche par « les philosophes et les docteurs de la Loi sur l'étant et le Logos » dont parle Victorinus, c'est être probablement en présence du chaînon manquant dans la démonstration de Pierre Hadot sur les rapports entre Porphyre, le commentaire anonyme *Sur le Parménide* et Victorinus. Cette démonstration s'en trouverait ainsi pleinement justifiée.

b) d'autre part, si l'on reprend ce que dit Augustin des *quidam libri platonicorum* traduits en latin par le même Victorinus, il faut convenir que leur caractère platonicien, joint au fait qu'ils concernent Dieu et son Verbe, sous divers modes, en de nombreux raisonnements variés, aussi brefs et denses que des gouttes de parfum, qu'ils sont parvenus à Augustin par l'intermédiaire d'un individu d'un orgueil monstrueux – qui serait Arius précisément – et qu'ils contiennent des images profanes de Dieu qu'Augustin récuse, tout correspond avec grande exactitude au *Liber XXIV philosophorum*, une fois celui-ci replacé dans la perspective de Marius Victorinus. Cette concordance si précise entre les sources, l'origine, la structure, le sujet, l'intention et les défauts mêmes du *Liber XXIV philosophorum* et ce que met saint Augustin sous l'expression *quidam libri platonicorum (philosophorum)* permettrait d'envisager sur des bases solides l'identité d'un seul et même texte.

c) ce texte enfin, resitué dans l'œuvre de Victorinus, représenterait le volet intelligible, au sens platonicien du terme, d'une intéressante théologie du Christ universel que l'auteur latin expose dans ses commentaires pauliniens.

Par son ancienneté et son originalité, le *Liber XXIV philosophorum* mériterait un commentaire doctrinal approfondi ainsi qu'une recherche de sa probable influence sur saint Augustin, qui relèvent d'autres travaux dépassant très largement les limites de cette *Quellenforschung*, de cette recherche des sources.

*

Le *Liber XXIV philosophorum* ressurgit à la fin du XIIe siècle, nous l'avons dit, chez le théologien Alain de Lille (c. 1120-1202), dans son *Sermon sur la sphère intelligible* et sa *Règle de théologie* 7. Alain de Lille était probablement en contact avec des savants anglais à Tolède, qui lui auront fait connaître à la fois le *Liber XXIV philosophorum* et le *Liber de causis*, dont il est également le premier témoin latin. Il a sans doute été sensible à la méthode dialectique de ces textes, particulièrement adaptée à la lutte contre l'hérésie, l'hérésie arienne dans le cas du *Liber XXIV philosophorum*, l'hérésie cathare dans son cas.

Mais, une fois le danger d'hérésie passé, la grande proximité entre la philosophie païenne et la théologie chrétienne dans le *Liber XXIV philosophorum* a été perçue négativement, d'où le revirement, observé ailleurs[1], à l'égard d'Hermès Trismégiste à propos de ce texte et la censure latente et progressive dont il fut l'objet. Alain de Lille avait déjà lui-même désamorcé le texte[2] par une profonde réinterprétation de la sentence II, brisant la sphère divine sans limite, figure symbolique de Dieu et de son Verbe, pour en faire une sphère intelligible, figure du Dieu éternel et prévoyant, ayant la création pour centre :

> *Dieu est la sphère intelligible dont le centre est partout et la circonférence nulle part.* <...> Le centre désigne la créature : comme le temps qui ne vaut qu'un instant au regard de l'éternité, celle-ci comparée à l'immensité de Dieu ne vaut qu'un point ou centre. Et l'immensité de Dieu, c'est la circonférence : organisant

1. CCCM 143A, p. XXV-XXXII et XCII-CVII.

2. Voir F. Hudry, « Métaphysique et théologie dans les *Regulae theologiae* d'Alain de Lille (†1202) », p. 210-212.

> tout, il fait en quelque sorte le tour de tout et embrasse tout en son immensité. <...>, Alain de Lille, *Règles de théologie* 7, traduction F. Hudry, Paris, 1995, p. 109 et 110; texte latin, éd. N. Häring, *AHDLMA*, 48 (1981), p. 131-132.

Néanmoins, la densité de pensée du *Liber XXIV philosophorum* lui a permis une seconde vie, autonome, du Moyen Âge aux temps modernes. La figure de la sphère infinie, dont le centre est partout et la circonférence nulle part, a traversé les siècles dans les domaines les plus divers: théologique, mystique, littéraire, physique[1]. Curieusement en effet, ce n'est pas l'égalité consubstantielle du Dieu-Père et du Dieu-Fils que le texte a transmise, l'hérésie arienne ayant été vite oubliée en Occident. Mais par l'élévation de sa pensée, la hardiesse de ses images et l'heureuse expression de ses définitions, le *Livre des vingt-quatre philosophes* a ouvert certains esprits à une réflexion philosophique, mystique, poétique ou scientifique, plus subtile, plus haute, plus métaphysique et plus hardie que ne pouvait le faire la théologie scolastique[2].

*

Le texte dont l'édition suit n'a jamais eu de titre propre. Celui de *Liber XXIV philosophorum*, tiré du prologue, lui a été donné par Maître Eckhart au XIVe siècle et a été repris par la critique moderne[3]. L'édition s'appuie sur le manuscrit conservé le plus ancien, Laon, Bibliothèque municipale 412 (déb. XIIIe siècle), ff. 92v-93v (*L*)[4], corrigé si nécessaire. Ces corrections peu nombreuses n'ont pas donné lieu à un apparat critique distinct.

Texte et traduction de l'édition de 1989 ont été entièrement revus[5]. *Infinitus* est traduit dans son sens antique de sans limite, illimité ou indéterminé, pour éviter le sens métaphysique qu'il a pris par la suite.

1. Voir CCCM 143A, apparat *Testes* (théologie et mystique); G. Poulet, *Les Métamorphoses du cercle*. Préface de Jean Starobinski, « coll. Champs », Paris, 1979[2] (littérature); A. Koyré, *Du monde clos à l'univers infini*, Paris, 1973 (physique), etc.

2. Voir par ex. W. Wackernagel, *Ymagine denudari. Éthique de l'image et métaphysique de l'abstraction chez Maître Eckhart*, « Études de philosophie médiévale 68 », Paris, Vrin, 1991.

3. *Liber viginti quattuor philosophorum*, éd. F. Hudry, CCCM 143A, p. CVII-CIX.

4. Voir description de Laon 412 dans CCCM 143A, p. LXI-LXIII.

5. Je voudrais remercier ici Luc Brisson, à la fois pour son soutien à la publication de ce travail et pour son aide à la mise en forme de la traduction du texte.

# ÉDITION DES SENTENCES ET COMMENTAIRES *

* L'annotation, avec appels en chiffres, au bas du texte latin indique les sources grecques repérées, où sont intercalés entre parenthèses les rendus latins, précédés du signe = lorsque ce sont des approximations ou des équivalents.

L'annotation, avec appels en lettres, au bas de la traduction française présente des lieux parallèles chez Victorinus, avec renvois éventuels aux notes chiffrées en vis-à-vis. Les citations bibliques précisent les proximités possibles avec l'Écriture. Leur traduction française suit généralement *la Traduction œcuménique de la Bible* (*TOB*) ou *la Bible de Jérusalem*.

# *LIBER XXIV PHILOSOPHORUM*

## <PROLOGUS>

Congregatis viginti quattuor philosophis, solum eis in quaestione[1] remansit : quid est Deus[2] ? Qui communi consilio, datis iudiciis et tempore iterum veniendi in statuto[3], singuli de Deo proprias proponerent interpretationes sub definitione, ut ex propriis[4] definitionibus certum id[5] de Deo communi consensu statuerent[6]. Quorum unus sic proposuit :

1. *in quaestione* : voir « Omnis definitio in quaestione rem habet incertam », Toute définition en question a un objet incertain, Victorinus, *Liber de definitionibus*, éd. T. Stangl, p. 3, 12-13, traduction ajoutée.

2. *quid est Deus ?* : voir « Quand on produit des raisonnements sur les intelligibles, la bonne façon de procéder serait… d'appliquer son intelligence sur la nature intelligible à partir de l'intelligible lui-même, puisque la question « qu'est-ce que c'est ? » est le point de départ », Plotin, *Enn.* VI, 5 [23], 2, 19-20 et 23-24, traduction R. Dufour, Brisson et Pradeau (dir.).

3. *Quaestio, dare iudicium* sont des termes du langage judiciaire. Voir « … inducimus deductionem eiusdem definitionis in eam speciem de qua quaestio est et de qua iudicium est constitutum », nous amenons la déduction de cette même définition sur le concept dont il est question et sur lequel on a établi le débat, Victorinus, *Liber de definitionibus*, éd. Stangl, p. 5, 7-9, traduction ajoutée.

4. *proprias … propriis* : entre ces deux emplois de *proprius*, il y a la même différence qu'entre les adjectifs grecs οἰκεῖος, propre, approprié, et ἴδιος, propre, particulier.

5. *certum id* : voir « certius id », Victorinus, *Liber de definitionibus*, éd. Stangl, p. 2, 29.

6. *ut ex propriis definitionibus certum id de Deo …statuerent* : à rapprocher de τὰς γνωριστικὰς ἰδιότητας τοῦ ὄντος, les propriétés qui font connaître l'être, Porphyre, *Sentences* 38, 15-16.

# *LE LIVRE DES XXIV PHILOSOPHES*

## <Prologue>

Lors d'une réunion de vingt-quatre philosophes[a], il ne leur resta qu'un seul point en question : qu'est-ce que Dieu ? Ils décidèrent donc en commun, une fois fixés les débats et la date de nouvelles rencontres dans une résolution, qu'ils proposeraient chacun à leur tour une explication[b] appropriée sur Dieu sous forme de définition, en vue d'établir d'un commun accord, à partir de leurs définitions propres, quelque chose de certain sur lui[c]. Or, un seul d'entre eux présenta ce qui suit :

a. Nous avons vu que ces vingt-quatre philosophes sont un artifice littéraire pour annoncer le caractère éclectique de l'ouvrage, qui n'a en réalité qu'un seul auteur. Voir *supra*, p. 17-19.

b. *Interpretatio* a le double sens d'explication et de traduction. Ainsi, Sénèque, *Epist. ad Lucilium* 58, 19 : « Adiciam definitioni interpretationem, quo tibi res apertior fiat », J'ajouterai une explication à la définition, pour que la chose te devienne plus claire. Et Victorinus, à propos d'un ouvrage en cours sur la venue et le retour du Christ, précise « ut omnia necessaria ad istius modi intelligentiam *liberi a necessitate interpretationis* valeamus implere », pour que, libéré de la nécessité de traduire, nous soyons capable d'accomplir tout ce qui est nécessaire à la compréhension de ce mode d'agir, Victorinus, *In Eph.* II, prol., éd. F. Gori, p. 60, 19-20, traduction et italique ajoutés.

c. Voir ce que dit Victorinus du rôle de la définition : « Le premier mot d'un exposé et d'une discussion est toujours – et les dialecticiens comme Cicéron lui-même l'ont déjà assez souvent rappelé – ce que l'on appelle la définition, comme de fait pour un affrontement et une controverse rien, de ce qui du moins consiste en paroles, ne peut jamais être gagné si le sujet du combat à venir n'a pas d'abord été fixé par une définition, afin que puisse être clair entre chacun de ceux qui vont engager ce débat, ce qu'est l'objet dont on traitera dans la question à venir », Victorinus, *Liber de definitionibus*, éd. Stangl, p. 1, 1-7. Voir Introduction, p. 18.

# I

## DEUS EST *MONOS* [1], MONADEM [2] EX SE GIGNENS [3], IN SE UNUM [4] REFLECTENS ARDOREM [5]

Haec definitio data est [6] secundum imaginationem [7] primae causae [8], prout se numerose multiplicat in se, ut fuerit multiplicans acceptus sub unitate, multiplicatus sub binario [9], reflexus sub ternario [10].

Sic quidem etiam est in multis : unaquaeque unitas [11] proprium habet numerum quia super diversum ab aliis reflectitur [12].

1. monos] *LX* monas *cett.* (CCCM 143A, p. 6) – *Deus est monos* : μόνος δὲ καὶ καθ' αὑτὸν εἷς ὢν ὁ θεός, « Dieu est unique et un en soi », Philon, *Legum allegoriae* II, 1, éd. Mondésert, p. 104.

2. *monadem* : voir ὁ λόγος αὐτῷ (θεῷ) ἀσώματος <...> ἀδιαφορῶν μονάδος, « le Logos pour lui (Dieu) est incorporel... sans différence avec l'unité », Philon, *Quod Deus* 83, éd. et traduction (un peu modifiée) Mosès, p. 104-105.

3. *ex se gignens* : voir ἀφ' ἑαυτοῦ γεννῶν, Porphyre, *In Timaeum ...fr.*, fr. 40, éd. Sodano, p. 26, 15-16.

4. unum] *L et aliqui codd.* suum *ceteri* (CCCM 143A, p. 6).

5. *in se unum reflectens ardorem* : voir Cicéron, *De natura deorum* I, 13, 33, dans Introduction, *supra*, p. 26-28. – pour la variante *suum ardorem* : voir ὁ πατὴρ ἥρπασσεν ἑαυτὸν, οὐδ' ἐν ἑῇ δυνάμει νοερᾷ κλείσας ἴδιον πῦρ, « Le Père s'est dérobé lui-même, sans avoir enfermé dans sa puissance intellective le feu qui lui est propre », *Oracles chaldaïques*, fr. 3, éd. Des Places, p. 67.

6. *Haec definitio data est* : voir les expressions similaires « Haec definitio et ab ipsis rebus sumpta est », « Haec sola discretio est data », Victorinus, *In Ciceronis Rhetoricam* I, 15 et II, 51, éd. Halm, p. 196, 20-21, 23 et 300, 21.

7. *secundum imaginationem* : voir « Nona species definitionis est καθ' ὑποτύπωσιν, id est per quandam imaginationem », La neuvième sorte de définition est καθ' ὑποτύπωσιν, c'est-à-dire à l'aide d'une certaine image, Victorinus, *Liber de definitionibus*, éd. Stangl, p. 25, 16-17.

8. *imaginationem primae causae* : voir μονὰς μέν ἐστιν εἰκὼν αἰτίου πρώτου, « l'unité est l'image de la cause première », Philon, *De specialibus legibus* III, 180, éd. Mosès, p. 172.

9. *binario* : voir Τὸν δὲ τῆς ἑτερότητος καὶ ἀνισότητος καὶ παντὸς τοῦ μεριστοῦ καὶ ἐν μεταβολῇ καὶ ἄλλοτε ἄλλως ἔχοντος δυοειδῆ λόγον ... προσηγόρευσαν, « Quant à la raison de l'altérité, de l'inégalité, de tout le divisible qui change et revêt diverses formes, ils (les Pythagoriciens) l'ont appelée double », Porphyre, *Vie de Pythagore*, 50, éd. et traduction Des Places, p. 60, 3-6.

10. *ternario* : voir πᾶν τὸ μεσότητι προσκεχρημένον τριοειδὲς εἶναί φασιν. Οὕτως δὲ καὶ πᾶν τὸ τέλειον προσηγόρευσαν, « ils (les Pythagoriciens) disent que tout ce qui a un milieu est ternaire. Et ils ont appelé ainsi tout ce qui est parfait, Porphyre, *Vie de Pythagore* 51, éd. et traduction Des Places (un peu modifiée), p. 60, 21-23.

11. *Sic quidem etiam est in multis : unaquaeque unitas* : Ὁμοίως δὲ καὶ ἐπὶ τῶν ἄλλων ἀριθμῶν ὁ αὐτὸς λόγος· πᾶς γὰρ..., « De même aussi pour les autres nombres : chaque nombre en effet... », Porphyre, *Vie de Pythagore* 51, éd. Des Places, p. 60, 16-17.

12. *proprium habet numerum ... reflectitur* : voir, à propos du nombre un de l'Être, Καὶ οὗτός ἐστιν ὁ οὐσιώδης ἀριθμός· ἄλλος δὲ ὁ μοναδικός λεγόμενος εἴδωλον τούτου, « Et ce nombre-là est le nombre essentiel, et autre est le nombre (= *proprium numerum*) dit composé d'unités (= *unaquaeque unitas*) qui en est l'image (*reflectitur*) », Plotin, *Enn.* VI, 6 [34], 9, 34-35, éd. J. Bertier, L. Brisson *et alii*, p. 108 et traduction L. Brisson (un peu modifiée), Brisson et Pradeau (dir.), p. 309.

## I

## DIEU EST L'UNIQUE, ENGENDRANT AU-DEHORS DE LUI-MÊME L'UNITÉ[a], RENVOYANT SUR LUI-MÊME UN SEUL ÉCLAT DE FEU[b]

Cette définition a été donnée d'après la représentation de la cause première par la monade, dans la mesure où celle-ci se multiplie numériquement par elle-même, en sorte que le multiplicateur a été pris sous la forme du nombre un, le multiplicande sous celle de un *bis* et le réfléchi sous celle de un *ter*[c].

Il en va de même aussi en vérité dans les nombres autres que l'un : chaque unité a son propre nombre parce que, par-delà leur caractère opposé, elle est réfléchie par les autres unités[d].

a. Voir « Moi et le Père, nous sommes un », Ioh. 10, 30.

b. Voir « ...refulgentia enim splendor luminis, et ipsa in se lumen habet a Patre, et in lumine est et foris, ergo et in Patre Filius », ... car le reflet est éclat de la lumière : il a en lui-même la lumière issue du Père et il est à la fois dans la lumière et en dehors; il s'ensuit que le Fils est aussi dans le Père, Victorinus, *Adv. Ar.* I 34, 41-43, traduction Hadot. – Voir « <La Sagesse> est un reflet de la lumière éternelle », Sg. 7, 26, et « Ce Fils est resplendissement de sa gloire », Hébr. 1, 3.

c. Les mots grecs δυοειδής et τριοειδής, correspondant au latin *binarius, ternarius*, indiquent qu'il s'agit ici d'images de l'unité plutôt que du double ou du triple.

d. Le nombre composé d'unités (μοναδικός, cf. *supra* n. 12) est le reflet autant de fois répété de l'unité première et essentielle (οὐσιώδης), par-delà l'opposition entre unité et nombre pluriel.

## II

### DEUS EST SPHAERA INFINITA [1] CUIUS CENTRUM EST UBIQUE, CIRCUMFERENTIA VERO NUSQUAM

Haec definitio data est per modum imaginandi ut centrum[2] ipsam primam causam in vita sua. Circulus quidem suae ostensionis est supra, ubi et extra[3], terminans – propter hoc ubique est centrum eius –, nullam habens in communia dimensionem[4]. Cum quaerit <causa prima> circumferentiam suae sphaericitatis[5], elevatam in infinitum dicet[6], quia quicquid est[7], sine dimensione sicut creans[8], fuit et in initium[9], et sic eius terminus nusquam. Sic patet propositum.

1. *Deus est sphaera infinita* : sur le double sens de la *sphaera infinita* comme être sans limite (ἄπειρον) et comme Intellect sans détermination (ἀόριστος), voir Introduction, p. 35-40.

2. *imaginandi ut centrum* : voir a) ἔστι τι ἐν τῇ φύσει τῶν πραγμάτων ἔχον ἀρχὴν καὶ μέσον καὶ τελευτήν. Κατὰ τοῦ τοιούτου εἴδους καὶ κατὰ τῆς τοιαύτης φύσεως τὸν τρία ἀριθμὸν κατηγόρησαν, « il existe dans la nature une chose qui comporte commencement, milieu et fin. Eh bien ! c'est à cette forme et à cette nature qu'ils (les Pythagoriciens) ont appliqué le nombre trois », Porphyre, *Vie de Pythagore*, 51, éd. et traduction Des Places, p. 60 ; b) καὶ γὰρ ἀρχὴ καὶ μέσον τοῦ μεγέθους καὶ τέλος ἐστίν, car <le centre> est le commencement et le milieu de la grandeur (*i.e.* la sphère), ainsi que sa fin, Aristote, *Phys.*, VIII 9, 265b3-4, traduction Pellegrin.

3. *supra ubi et extra* : voir ὑπὲρ τὴν ἐξωτάτω φοράν, les êtres divins sont disposés « au-dessus de la translation la plus extérieure », Aristote, *De caelo* I 9, 279a20.

4. *circulus suae ostensionis... nullam habens in communia dimensionem* : voir Ὥσπερ οὖν ἀπερίληπτον τὸ ὄν, οὕτως καὶ τὸ ὁριζόμενον ὑπ' αὐτοῦ μέτροις τοῖς εἰς τὴν ἡμετέραν ἐπίνοιαν ἥκουσιν οὐ μεμέτρηται, « De même donc que l'être est impossible à circonscrire, de même ce qui est délimité par lui <le ciel> (= *circulus suae ostensionis*) n'est pas mesuré par les mesures (= *nullam habens dimensionem*) parvenues dans notre sens commun (*in communia*) », Philon, *Quis rerum* 229, éd. Harl, p. 278-279.

5. *suae sphericitatis* : voir ἐπεὶ κυκλοτερὴς ὢν καὶ ἄκρως εἰς σφαῖραν ἀποτετορνευμένος, « parce que <le ciel> est circulaire et parfaitement tourné de façon à former une sphère », Philon, *Quis rerum* 229, éd. Harl, p. 278-279.

6. *Cum quaerit circumferentiam, elevatam in infinitum dicet* : voir ce que dit la Sagesse : γῦρον οὐρανοῦ ἐκύκλωσα μόνη, « Seule j'ai fait le tour du cercle du ciel », Si. 24, 5 et ἐγὼ ἐν ὑψηλοῖς κατεσκήνωσα, « Moi, j'ai habité dans les régions élevées », Si. 24, 4.

7. *quicquid est* : ce qui est, quel qu'il soit, en général, c'est-à-dire l'être. Le latin peine à rendre un mot aussi abstrait que l'être.

8. *sicut creans* : voir *infra*, comm. XVIII, n. 2.

9. *quicquid est, sine dimensione, fuit et in initium* : voir <Τὸ ὄντως ὂν> σύνεστι τῷ μεγέθει τοῦ κοσμοῦ κατὰ τὴν αὐτοῦ ἰδιότητα, ἀμερῶς τε καὶ ἀμεγέθως, « L'être qui est réellement (= *quicquid est*) est associé (= *fuit et*) à la grandeur du monde (= *in initium*) selon sa nature propre, sans partie ni grandeur (*sine dimensione*) », Porphyre, *Sentences* 34, 16-17, et « Près de toi se tient la Sagesse ... qui était présente lorsque tu créais le monde », Sg. 9, 9.

## II

## DIEU EST UNE SPHÈRE SANS LIMITE DONT LE CENTRE EST PARTOUT ET LA CIRCONFÉRENCE NULLE PART[a]

Cette définition a été donnée en prenant le centre de la sphère comme mode de représentation[b] de la cause première elle-même dans sa vie. Le cercle qui en vérité manifeste ce centre[c] trouve sa limite au-delà, c'est-à-dire aussi en dehors – c'est pourquoi son centre est partout –, puisqu'il n'a aucune dimension pour le sens commun. Lorsque la cause première cherche la circonférence de sa sphéricité, elle la dira élevée à l'infini, parce que l'être, sans dimension comme le créateur, était là aussi dès le commencement[d], et de la sorte il n'a de limite nulle part. Ainsi la proposition est évidente.

a. Voir « Hic est Deus ... ipse sibi et locus et habitator... ubique existens et nusquam », C'est lui, Dieu... il est lui-même pour soi à la fois le contenant et le contenu... étant à la fois partout et nulle part, Victorinus, *Adv. Ar.* I 50, 1, 8-10, traduction Hadot.

b. Voir « La dixième sorte est ὡς τύπος ; nous l'avons dite 'par l'exemple' », Victorinus, *Liber de definitionibus*, éd. Stangl, p. 26, 7-11, voir *supra*, p. 35. – À rapprocher de « Dicunt quidam generationem esse a deo iuxta nominatum 'typum'. Deus enim spiritus est; spiritus autem naturam suam nunc intendit, nunc in semet ipsum residit; istius modi motum 'typum'nominant », Certains disent qu'il y a génération à partir de Dieu selon ce qui est appelé un 'type'. Dieu en effet est esprit ; or cet esprit tantôt distend sa nature, tantôt s'arrête en lui-même ; le mouvement de cette sorte, ils l'appellent un 'type', Victorinus, *Candidi Epist.* I 9, 1-4, traduction Hadot (un peu modifiée). C'est le mouvement de la sphère qui tantôt s'enfle à l'infini à partir de son centre et tantôt se rétrécit sur celui-ci.

c. C'est-à-dire « Summus νοῦς et Sapientia perfecta, hoc est λόγος universalis, idem ipsum in aeterno motu, circularis motus erat... », Le *Noûs* suprême et la Sagesse parfaite, c'est-à-dire le Logos universel, car ils sont identiques en un éternel mouvement, étaient le mouvement circulaire..., Victorinus, *Adv. Ar.* I 60, 1-3. Et plus loin : « Si igitur prima motio vita, inquam, et intelligentia – ista enim illud perfectum Unum et Solum – non solum circularis motio ista, sed sphaerica, et magis sphaera, et vere omnimodis perfecta sphaera », Si donc le premier mouvement est vie, dis-je, et intelligence – car ce sont là l'Un et Seul parfait – ce mouvement n'est pas seulement circulaire, il est sphérique, bien plus, il est la sphère, la sphère vraiment parfaite sous tous rapports, Victorinus, *Adv. Ar.* I 60, 12-15, traduction Hadot (un peu modifiée).

d. Voir « Dicit enim evangelium : *In principio erat* λόγος et λόγος *erat circa Deum* (Ioh. 1, 1) ... Romani πρὸς τὸν θεὸν *apud Deum* dicunt quasi penitus intus, id est in Dei exsistentia. Et hoc verum. ... Causa enim est ipsum esse ad actionem », Car l'Évangile dit : Au commencement était le Logos et le Logos était auprès de Dieu (Ioh. 1, 1) ... Les Romains traduisent πρὸς τὸν θεὸν par *apud Deum*, en Dieu, comme si c'était complètement à l'intérieur, c'est-à-dire dans l'existence de Dieu. Et c'est vrai. ... Car l'être en soi est cause de l'acte, Victorinus, *Ad Candidum*, 20, 6-7, 9-13, traduction Hadot (un peu modifiée). On notera l'expression qui situe le Logos *circa Deum*, autour de Dieu. – Voir « Jésus leur répondit : en vérité, en vérité je vous le dis, avant qu'Abraham fût, Je Suis », Ioh. 8, 58.

## III

### DEUS EST TOTUS[1] IN QUOLIBET SUI[2]

Haec definitio data est secundum consignificationem essentiae divinitatis[3] in sua simplicitate[4]. Cum non sit aliquid ipsi resistens, ipsa, simile ubique data ens[5] – et etiam similiter super et extra –, ubique non distrahitur defectu virtutis[6] alicuius in ipsa deficientis nec[7] stat etiam aliter sic virtute alieni dominantis[8].

1. *Deus est totus* : voir l'être incorporel est … ἐν ὅλῳ ὅλον, « tout entier en un tout », Porphyre, *Sententiae* 38, éd. Lamberz, p. 46, 10 ; « a whole in a whole », traduction anglaise par J. Dillon, *Sentences* 38, II, p. 824.

2. *in quolibet sui* : voir à propos de l'âme, καθ' ἕκαστον τὸ τυχὸν αὐτῆς ψυχή, la nature de l'âme est d'une puissance infinie et « dans n'importe quelle partie d'elle-même elle est âme », Porphyre, *Sententiae* 37, éd. Lamberz, p. 43, 9-10 et *Sentences* 37, 13-14.

3. *essentiae divinitatis* : voir τὸ θεῖον, le divin, Aristote, *De caelo* I 9, 279a32 et *infra*, n. 8.

4. *in sua simplicitate* : voir… δύναμιν τε αὐτῷ διδόασι καὶ νοῦν ἐν τῇ ἁπλότητι αὐτοῦ συνηνῶσθαι…, « … ils (les *Oracles chaldaïques*) lui accordent (au dieu) que puissance et intellect sont co-unifiés en sa simplicité… », <Porphyre>, *In Parm.* IX, 3-5, éd. Hadot, *Porphyre et Victorinus*, II, p. 90-91. Voir *infra*, sentence XII, n. 3.

5. *ipsa simile ubique data ens* : formule reprise de l'âme de l'univers, τὴν πανταχοῦ παροῦσαν ὁμοίως, « elle qui est partout présente de façon semblable », Porphyre, *In Tim.… fragm.*, fr. 61, éd. Sodano, p. 46, 4-5.

6. *non distrahitur defectu virtutis* : voir Αἱ ἀσώματοι ὑποστάσεις … μερίζονται … ὕφεσει δυνάμεως, « Les réalités incorporelles… se divisent… par relâchement de puissance », Porphyre, *Sententiae* 11, éd. Lamberz, p. 5, 1-2 et *Sentences* 11, 1-2. Voir *infra*, comm. XI, n. 9.

7. nec] *cett.* ut *L.*

8. *virtutis alicuius in ipsa deficientis nec stat etiam aliter sic virtute alieni dominantis* : voir à propos de τὸ θεῖον, le divin : Οὔτε γὰρ ἄλλο κρεῖττον ἐστιν ὅ τι κινήσει … οὔτ' ἐνδεὲς τῶν αὑτοῦ καλῶν οὐδενός ἐστιν, « En effet, il n'y a rien d'autre de plus fort (= *alieni dominantis*) qui l'ébranlera (= *nec stat etiam aliter*) en quelque chose (= *sic*), … et il ne manque d'aucun des biens (= *virtutis alicuius deficientis*) qui lui sont propres (= *in ipsa*) », Aristote, *De caelo* I 9, 279a33-35, traduction Dalimier et Pellegrin (un peu modifiée).

## III

## DIEU EST TOUT ENTIER EN N'IMPORTE QUEL POINT DE LUI-MÊME

Cette définition a été donnée d'après la connotation de l'essence de la divinité en sa simplicité[a]. Comme aucune chose ne lui résiste, elle qui est donnée comme étant en tout point semblable – et même au-delà et en dehors[b] –, c'est en tout point qu'elle n'est pas divisée[c] par défaillance de quelque puissance qui lui ferait défaut, et ne se trouve pas non plus de la sorte dans un état altéré par la puissance d'un élément étranger qui la dominerait.

a. Voir *supra*, n. 4 : la connotation dans le texte cité, <Porphyre>, *In Parm.* IX, 3-5, porte sur la puissance.

b. Rappel du commentaire II sur la sphère sans limite.

c. Voir sentence IV et suivante.

## IV

### DEUS EST MENS RATIONEM GENERANS[1], CONTINUATIONEM PERSEVERANS[2]

Haec definitio dicit vitam propriam secundum rationes diversas ipsius essentiae deitatis : numerat enim se genitor gignendo, genitura vero verificat se quia gignitur[3]. Adaequatur[4] vero per modum continuationis. Et sic est perseverans[5].

1. *Deus est mens rationem generans* : voir οὕτω τοι κἀκεῖνο, τῆς νοερᾶς περιθεούσης δυνάμεως, τὸ οἷον ἰνδάλματος αὑτοῦ ἀρχέτυπον, ἐν ἑνὶ νοῦν, ... ἐκείνου πρὸ νοῦ μείναντος, τῆς δυνάμεως αὐτοῦ νοῦν (*éd.* νοῦς) γεννήσαντος, « de même <faut-il comprendre que> Celui-là, que la puissance intellectuelle entoure, lui qui est pour ainsi dire l'archétype de son propre reflet, est intellect dans l'Un (= *Deus est mens*)... alors que Celui-là demeurait à un stade antérieur à l'Intellect, sa puissance propre engendrait l'Intellect (= *rationem generans*) », Plotin, *Enn.* VI, 8 [39], 18, 25-27, 29-30, éd. et traduction Leroux (un peu modifiée), p. 184-185. L'expression *rationem generans* plaide en faveur de la leçon νοῦν γεννήσαντος (voir *ibid.*, p. 380 et traduction L. Lavaud, dir. Brisson et Pradeau, p. 316, n. 338). Pour l'emploi de *ratio*, voir la note 2, *infra*.

2. *continuationem perseverans* : voir εἰ δὲ τὸ πρὸ τοῦ τοιούτου ἀρχή, δηλονότι προσεχὴς τούτῳ τῷ οὕτω λελογωμένῳ, « si par ailleurs ce qui se trouve avant l'Intellect est principe (= *Deus*), il est clair qu'il est en continuité (*est continuationem perseverans*) avec ce qui est ainsi rempli de formes (= *ratio*) », Plotin, *Enn.* VI, 8 [39], 17, 18-19, éd. et traduction Leroux, p. 182-183 ; voir traduction Lavaud, p. 235 : « ce qui a ainsi reçu une forme rationnelle » et n. 316.

3. *numerat se genitor gignendo, genitura vero verificat se quia gignitur* : voir οὕτω τοι καὶ τὸν νοῦν καὶ τὸ ὂν χρὴ λαμβάνειν γενόμενον ἐξ ἐκείνου ... ἐκ τῆς αὑτοῦ νοερᾶς φύσεως μαρτυρεῖν τὸν οἷον ἐν ἑνὶ νοῦν οὐ νοῦν ὄντα· ἓν γάρ, « c'est ainsi qu'il faut comprendre que l'Intellect qui est à la fois l'être (*genitura*), en naissant (*quia gignitur*) de lui (*genitor*), ... du fait de sa nature intellectuelle témoigne de ce quasi-intellect (= *verificat se*) qui est dans l'Un sans être l'Intellect, car l'Un est un (= *numerat se*) », Plotin, *Enn.* VI, 8 [39], 18, 18-22, éd. et traduction Leroux (un peu modifiée), p. 184-185. Voir traduction Lavaud, p. 315-316, n. 334 et 335.

4. *adaequatur* : voir Ἐπεὶ καὶ ἀπὸ τοῦ ἑνὸς γενόμενον τὸ ὄν, ὡς ἦν ἓν ἐκεῖνο, δεῖ αὐτὸ οὕτως ἀριθμὸν εἶναι, « Puisque l'être est venu à l'existence à partir de l'Un, il faut qu'il soit nombre à la manière dont cet Un est un », Plotin, *Enn.* VI, 6 [34], 9, 31-33, éd. Bertier, Brisson *et alii*, p. 108 et traduction Brisson, dir. Brisson et Pradeau, p. 309. Or, l'Intellect, c'est l'être.

5. *per modum continuationis. Et sic est perseverans* : voir ... πᾶν ὃ λόγος καὶ νοῦς, μᾶλλον δ' ἂν εἴη νοῦς καθὸ ἐφάπτεται καὶ ᾗ ἐφάπτεται (*mss.*, *éd.* ἐξήρτηται) αὐτοῦ ..., ἅτε παρ' ἐκείνου ἔχων τὸ νοῦς εἶναι, « ... tout cela qui est raison et Intellect, et ce serait plutôt Intellect dans la mesure et selon le mode où c'est en contact avec lui (*per modum continuationis*) ..., attendu que c'est de Celui-là qu'il tient d'être l'Intellect (= *et sic Deus est perseverans*) », Plotin, *Enn.* VI, 8 [39], 18, 5-7, éd. et traduction (modifiée) Leroux, p. 182-183. Les manuscrits répètent le verbe ἐφάπτεται, comme le montre la traduction de Marsile Ficin, citée par G. Leroux, *ibid.*, note p. 373 : « quatenus attingit illum, et qua ratione attingit ».

## IV

### DIEU EST L'ESPRIT[a] QUI ENGENDRE LA RAISON ET QUI GARDE CONTINUITÉ AVEC ELLE

Cette définition dit la vie propre de l'essence même de la nature divine[b] qui se manifeste dans ses diverses raisons[c] : le géniteur en effet, en engendrant, se pose comme nombre[d], tandis que la progéniture se révèle comme telle du fait qu'elle est engendrée. Or, elle se trouve égale à lui parce qu'elle reste en continuité avec lui[e]. Et c'est ainsi que Dieu garde continuité avec elle[f].

a. Voir « Hic est Deus, hic pater, praeintelligentia praeexsistens », C'est lui Dieu, c'est lui le Père, préintelligence préexistante, Victorinus, *Adv. Ar.* I 50, 1-2.

b. Le latin dit ici *deitas*, nature divine, mot du langage chrétien que l'on trouve chez Arnobe, Hilaire de Poitiers, Victorinus, puis Augustin, voir *Bibliothèque Augustinienne* 34, Paris 1959, note complémentaire 25, p. 575-576. Il est repris ici au commentaire IX. Voir la formule de Victorinus dans le texte cité *supra*, p. 124 : « quanta deitas vel virtus sit » ; or la *virtus* est d'abord le caractère distinctif qui donne de la valeur.

c. Ces « raisons » correspondent aux *logoi* ou fondements de l'essence divine.

d. L'Un se pose comme un, car il ne peut garder en lui l'Intellect sous peine de ne plus être l'Un. Voir *supra*, n. 3.

e. Puisque la progéniture sort de Dieu et reste en contact avec lui, et que Dieu est tout entier en tout point de lui-même (sentence III), sa progéniture se trouve égale à lui.

f. Voir « Hic est Deus, λόγος totus, νοῦς totus, tota Sapientia », C'est Dieu, tout entier *Logos*, tout entier *Noûs*, tout entier Sagesse, Victorinus, *Adv. Ar.* I 60, 27-28, traduction Hadot. – Voir aussi « C'est le Père qui, demeurant en moi, accomplit ses propres œuvres », Ioh. 14, 10.

## V

### DEUS EST QUO NIHIL[1] MELIUS POTEST EXCOGITARI[2]

Haec definitio data est a fine[3]. Unitas vero finis est et perfectio : quod ergo sonat hoc[4], bonum[5], et quanto magis <unitas>, tanto magis bonum[6].

Gaudium ergo veritatis omnis essentiae sua vita est[7]. Vita quidem omnis ab unitate, hoc autem <unum>[8] ab inferiori indivisione : quanto igitur magis imum, tanto magis unum[9]. Sua unitas est summa. Et sic patet propositum.

1. Nihil] *cett.* nullus *L.*

2. *Deus est... excogitari* : voir ἡ δὲ νόησις ἡ καθ' αὑτὴν τοῦ καθ' αὑτὸ ἀρίστου, καὶ ἡ μάλιστα τοῦ μάλιστα, « L'intellection en elle-même est intellection du meilleur en lui-même, et l'intellection à son plus haut point (=*potest excogitari*) est intellection du meilleur au plus haut point (=*quo nihil melius*) », Aristote, *Metaph.* Λ 7, 1072b18-19, traduction M.-P. Duminil et A. Jaulin, p. 393. Le latin rend μάλιστα, le plus possible, à l'aide du verbe *potest*.

3. *data est a fine* : ἡ γνωρίζουσα τίνος ἕνεκεν ἐστι πρακτέον ἕκαστον· τοῦτο δ' ἐστὶ τἀγαθὸν ἑκάστου, ὅλως δὲ τὸ ἄριστον ἐν τῇ φύσει πάσῃ, la science la plus propre à commander ... « est celle qui acquiert la connaissance de la fin en vue de laquelle chaque chose doit être faite, c'est-à-dire le bien de chaque chose et globalement le meilleur dans la nature entière », Aristote, *Metaph.* A 2, 982b5-7, traduction Duminil et Jaulin, p. 76-77. – Voir la définition ἀπὸ (ἐκ) τοῦ τέλους, Ammonius, *In Isagogen Porphyrii*, intr., éd. A. Busse, CAG 4/3, Berlin, 1891, p. 3, 7-8 et 4, 15-16.

4. *quod ergo sonat hoc* : même formule dans « hoc ipsum quod sonat genus... », Victorinus, *In Cicer. Rhetor.*, I, 5, éd. Halm, p. 171, 6 ; « hoc quod sonat nomen... », *ibid.* I, 24, p. 214, 17-18.

5. *Unitas vero finis est – bonum* : voir τοῦτο γάρ ἐστι τὸ ἀγαθὸν τῇ μιᾷ ταύτῃ φύσει τὸ εἶναι αὑτῆς καὶ εἶναι αὐτήν, τοῦτο δ' ἐστὶ τὸ εἶναι μίαν, « car le bien c'est, pour cette nature qui est une, de s'appartenir à elle-même et d'être elle-même (=*finis est*) : c'est d'être une (*unitas*) », Plotin, *Enn.* VI, 5 [23], 1, 18-20, traduction R. Dufour, dir. Brisson et Pradeau, p. 55.

6. *perfectio – bonum et quanto magis, tanto magis bonum* : voir Εἰ δὲ δὴ καὶ αὐτὸ αὑτῷ ἀγαθόν ἐστι, πολὺ μᾶλλον ἂν εἴη ἀγαθὸν αὐτῷ ἡ τελειότης αὐτοῦ, « Si en vérité un être est lui-même aussi un bien (*bonum*) pour lui-même, ce qui serait beaucoup plus un bien (*tanto magis bonum*) pour lui, c'est son parfait achèvement (*perfectio*) », Plotin, *Enn.* VI, 7 [38], 27, 13-14.

7. *Gaudium ergo veritatis omnis essentiae sua vita est* : voir Ἔστι γὰρ καὶ τὸ ἄσμενον ὄντως ἐκεῖ... Τὸ δὲ ὄντως ὀρεκτὸν ἡμῖν, ἄλλως μὲν ἡμεῖς αὐτοῖς εἰς τὸ βέλτιστον ἑαυτῶν ἀνάγοντες ἑαυτούς, τοῦτο δὴ ... ζωὴν ἐναργῆ καὶ νοερὰν καὶ καλήν, « Car là-bas, il y a la vraie joie (*gaudium*) ... mais, dans un autre sens, ce que nous désirons réellement, c'est surtout nous-mêmes, en nous ramenant nous-mêmes à nous-mêmes (= *omnis essentiae*), à ce qu'il y a de meilleur en nous (*sua*), c'est-à-dire à ce qui est ... vie lumineuse, intellectuelle et belle (*vita est*) », Plotin, *Enn.* VI, 7 [38], 30, 29-30 et 36-40, traduction F. Fronterotta, dir. Brisson et Pradeau, p. 90. Voir aussi : ἡ ὄντως ἀλήθεια οὐ συμφωνοῦσα ἄλλῳ ἀλλ' ἑαυτῇ, « la vérité qui existe réellement puisqu'elle est en accord non pas avec autre chose, mais avec elle-même ... », Plotin, *Enn.* V, 5 [32], 2, 18-19, traduction R. Dufour, dir. Brisson et Pradeau, p. 145. Remarquer la présence à chaque fois de l'adverbe ὄντως pour exprimer la réalité intelligible.

8. *Vita quidem omnis ab unitate, hoc autem <unum>* : Οὐ γὰρ δὴ μίαν ζωὴν ἔδει αὐτὸ ἔχειν, ἀλλ' ἄπειρον, καὶ αὖ μίαν καὶ τὴν μίαν οὕτω μίαν, ὅτι πάσας ὁμοῦ ... ἀφ' ἑνὸς ἀρξαμένας, « Car il faut assurément qu'elle <l'âme> possède non pas une vie unique, mais une vie illimitée ; et cette vie est bien une, elle est une vie une au sens où les vies sont toutes ensemble (= *vita quidem omnis ab unitate*) ... parce qu'elles ont leur commencement dans une seule et unique chose (*hoc unum*), Plotin, *Enn.* VI, 4 [22], 14, 8-11, traduction R. Dufour, Brisson et Pradeau (dir.), p. 48.

9. *ab inferiori indivisione : quanto igitur magis imum, tanto magis unum* : voir Πάρεστιν οὖν πῶς ; Ὡς ζωὴ μία. ... ἀναμνησθήτω τῆς δυνάμεως ..., εἰς ἄπειρον διαιρῶν τῇ διανοίᾳ, ἀεὶ ἔχει δύναμιν τὴν αὐτὴν βυσσόθεν ἄπειρον, « De quelle façon l'intelligible est-il donc présent ? – Comme une seule et unique vie .... Que l'on se remémore cette puissance ..., si on la divise à l'infini par la pensée, elle présente toujours la même puissance, d'une profondeur illimitée », Plotin, *Enn.* VI, 5 [23], 12, 1, 3-5, traduction R. Dufour, Brisson et Pradeau (dir.), p. 70-71.

## V

## DIEU EST CE DONT RIEN DE MEILLEUR NE SE PEUT CONCEVOIR

Cette définition a été donnée du point de vue de la fin. Or, c'est l'unité qui est la fin et le parfait achèvement; cela signifie par conséquent qu'il s'agit du bien; et plus il y a d'unité, plus il y a de bien[a].

On sait que la joie de la vérité de toute essence, c'est sa vie. Toute vie vient assurément d'une unité, mais cette unité vient d'une indivision plus fondamentale : par conséquent plus elle est profonde, plus elle est une[b]. Or, son unité à lui est suprême. Et ainsi la proposition est évidente[c].

a. Voir « Hic est Deus ... beatitudo ... vitalitas, optimitas ... unalitas counitionis nulla counitione », Voici Dieu ... bonheur... puissance de vie, excellence ... unité d'union sans réunion, Victorinus, *Adv. Ar.* I 50, 1, 19-21, traduction Hadot (un peu modifiée).

b. Voir « Hic est Deus ... perfectus super perfectos ... simplicitate unus qui sit, tres potentias couniens, exsistentiam omnem, vitam omnem et beatitudinem, sed ista omnia et unum et simplex unum », Voici Dieu ... parfait au-dessus des parfaits ... bien que un en sa simplicité, il réunit trois puissances : toute existence, toute vie et bonheur, mais ces trois sont un, et un simple, Victorinus, *Adv. Ar.* I 50, 1, 5, 10-12, traduction Hadot (un peu modifiée). Où l'on reconnaît une variation sur <Porphyre>, *In Parm.* XIV, 10-16.

c. Parce que plus il y a d'unité, plus il y a de bien, comme il a été dit plus haut.

## VI

### DEUS EST CUIUS COMPARATIONE SUBSTANTIA ACCIDENS EST ET ACCIDENS NIHIL[1]

Haec definitio data est sub relatione : subiectum quoque accidentis propria substantia est cum aliena. Quae aliena <si> recedit, perit accidens, id est proprietas agens[2]. Relatione ergo ad primam causam, omnis substantia accidens est[3], accidens ut et substantia nihil.

Et est aliena autem substantia divina, ut est propria substantia quae non fluit[4].

1. *Deus est cuius comparatione… nihil* : voir μηδέν ἐστιν πάντα τὰ ἄλλα πρὸς αὐτόν (τὸν θεὸν) … οὐδεμίαν ἔχων πρὸς αὐτὰ παραβολὴν, « toutes les autres choses ne sont rien par rapport à lui (le dieu) … (celui-ci) n'ayant aucune comparaison avec elles », <Porphyre>, *In Parm.* IV, 24, 28-29, éd. Hadot, *Porphyre et Victorinus*, II, p. 76. – Voir τὰ ἄλλα πάντα, « tous les autres termes », autres que la substance, Aristote, *Categ.* 5, 2a34 *sq.*

2. *sub relatione. Subiectum quoque accidentis propria substantia est cum aliena. Quae aliena si recedit, perit accidens, id est proprietas agens* : voir Πρός τι γὰρ τὸ ὑποκείμενον, οὐ πρὸς τὸ ἐν αὐτῷ, ἀλλὰ πρὸς τὸ ποιοῦν εἰς αὐτὸ κείμενον. Καὶ τὸ ὑποκείμενον ὑποκεῖται πρὸς τὸ οὐχ ὑποκείμενον· εἰ <δὲ> τοῦτο, πρὸς τὸ ἔξω, « 'Sujet' est en effet un terme relatif (= *sub relatione*), relatif non à ce qui est en lui (= *propria substantia*), mais à ce qui agit sur lui (= *proprietas agens*). Et le sujet est sujet relativement à ce qui n'est pas sujet (= *subjectum quoque accidentis*), et donc à un terme extérieur (= *cum aliena*) », Plotin, *Enn.* VI, 1 [42], 27, 14-17, traduction Bréhier (un peu modifiée).

3. *Relatione ergo ad primam causam omnis substantia accidens est* : voir Ἐκεῖ μὲν οὖν ὁμοῦ πάντων ὄντων, ὅτι ἂν λάβῃς αὐτῶν, … καὶ οὐσία καὶ ποιόν, « Donc là-bas (*relatione ergo ad primam causam*), au rassemblement de tous les étants, l'un quelconque d'entre eux (*omnis*) … est à la fois substance et qualité (*substantia accidens est*) », Plotin, *Enn.* V, 9 [5], 10, 10-14, signalé par M. Baltes, *Marius Victorinus…*, p. 114-115, n. 594.

4. *est substantia quae non fluit* : voir l'intelligible, ἀέναος οὖσα φύσις οὐ ῥέουσα, « qui est une nature éternelle qui ne s'écoule pas », Plotin, *Enn.* VI, 4 [22], 5, 5-6 ; la ῥέουσα οὐσία, « substance qui s'écoule », est la matière dans les *Oracles chaldaïques*, voir H. Lewy, *Chaldean Oracles*, p. 492.

## VI

## DIEU EST CELUI EN COMPARAISON DE QUI LA SUBSTANCE EST ACCIDENT ET L'ACCIDENT N'EST RIEN [a]

Cette définition a été donnée sous la catégorie de la relation [b] : le sujet de l'accident est aussi la substance propre jointe à une substance étrangère [c]. Si cette substance étrangère se retire, l'accident, c'est-à-dire la propriété agissante, disparaît. Relativement donc à la cause première, toute substance est accident, et l'accident tout comme la substance n'est rien [d].

D'ailleurs, la substance divine est elle aussi étrangère, comme l'est une substance propre qui ne s'écoule pas.

a. Voir, chez Victorinus, la définition par suppression des contraires : « Sub hanc definitionem cadunt etiam notiones, cum accidentia tolluntur et alia omnia quae diversa sunt, et cum contraria accidentis vel consequentis accidentia tolluntur. Ut, si quis id esse substantiam dicat, quod neque qualitas neque quantitas neque alia accidentia sit, cum omnia alia quae diversa sunt tolluntur .... Quo genere definitionis deus definiri potest », Sous cette définition se rangent aussi des notions, lorsque les accidents sont enlevés et toutes les autres choses différentes, et lorsque les contraires de l'accident ou les accidents du conséquent sont enlevés. Ainsi, si l'on disait substance ce qui n'est ni qualité, ni quantité, ni aucun autre accident, alors que toutes les autres choses qui sont différentes sont supprimées .... Par ce genre de définition on peut définir Dieu, Victorinus, *Liber de definitionibus*, éd. Stangl, p. 24, 11-18.

b. C'est la quatorzième sorte de définition du *Liber de definitionibus* de Victorinus : « Quarta decima species est definitionis κατὰ τὸ πρός τι, id est ad aliquid », La quatorzième sorte de définition est κατὰ τὸ πρός τι, c'est-à-dire par rapport à quelque chose, Victorinus, *Liber de definitionibus*, éd. Stangl, p. 28, 9-10. Ici, c'est le statut de sujet de l'accident par rapport à la substance propre.

c. Voir « substantia magis subiectum cum sit alteri, subiectum est ei quod in ipso est (τὸ ὑποκείμενον ὑποκείται πρὸς τὸ οὐχ ὑποκείμενον) et ut alterum est ab eo quod in ipso est (τὸ ὑποκείμενον, οὐ πρὸς τὸ ἐν αὐτῷ) », la substance étant surtout sujet d'autre chose, est sujet de ce qui est en ce sujet et elle est comme quelque chose d'autre par rapport à ce qui est en ce sujet, Victorinus, *Candidi Epist.* I 2, 4-6, traduction Hadot ; cf. *supra*, n. 2.

d. Voir « in supernis aeternisque, id est in intellectibilibus atque intellectualibus, nihil accidens, nihil qualitas », dans les choses d'en haut, dans les choses éternelles, c'est-à-dire dans les intelligibles et intellectuels, rien n'est accident, rien n'est qualité, Victorinus, *Adv. Ar.* IV 2, 18-19, traduction Hadot (un peu modifiée).

## VII

### DEUS EST PRIMUM SINE PRIMATU[1], PROCESSUS SINE VARIATIONE, FINIS SINE FINE

Haec definitio data est secundum speciem <centri>[2].

« Genitor vero *primum* capit ratione geniturae[3], sed non primo ut non prius. Genitus vero procedit generatione[4] » in *finem*, sed non recipit variationem ut[5] medii[6]. Intendit enim quod idem est finis vero nomine generantis et geniti, quia non est vita divina nisi unum *medium* tantum. Sed non est ratione operationis, ut quies motus.

1. *Deus est primum sine primatu* :... πρῶτον· τοῦτο δὲ οὐ τάξει, « l'Un est... le Premier, et cela non par le rang », mais par sa souveraineté et sa puissance, Plotin, *Enn.* VI, 8 [39], 20, 31-32, éd. et traduction Leroux, p. 190-191.

2. *secundum speciem centri* : depuis la sentence II donnée plus haut, la cause première est décrite dans le *Liber* par l'image du centre de la sphère, qui est trois en un, c'est-à-dire à la fois commencement, milieu et fin de la figure : καὶ γὰρ ἀρχὴ καὶ μέσον τοῦ μεγέθους καὶ τέλος ἐστίν, « car <le centre> est le commencement et le milieu de la grandeur (*i.e.* la sphère), ainsi que son terme », Aristote, *Phys.*, VIII 9, 265b3-4. Les mots commencement, milieu et fin sont soulignés dans le texte latin.

3. *Genitor primum capit ratione geniturae* : voir ὁ πατὴρ σὺν τῷ υἱῷ ἐστι πατήρ· σὺν τούτῳ γὰρ ἔχει τὸ εἶναι πατήρ, « le père est père avec le fils : c'est avec lui en effet qu'il tient d'être père », Porphyre, *In Categ. Aristote*, éd. Busse, p. 118, 8-9.

4. *sed non primo ut non prius. Genitus vero procedit generatione* : voir οὐ γὰρ ἐκείνου κινουμένου πρὸς γένεσιν τὴν τούτου ἡ πρόοδος γέγονεν, ἀλλὰ τούτου προελθόντος [*éd.* παρελθόντος] αὐτογόνως ἐκ θεοῦ, προελθόντος [*éd.* παρελθόντος] δὲ οὐκ ἀπ' ἀρχῆς τινὸς χρονικῆς· οὔπω γὰρ χρόνος ἦν, « En effet, ce n'est pas parce que celui-là (le Bien, *genitor*) s'est mû à la génération de celui-ci (l'Intellect, *genitus*) que la procession s'est produite, mais parce que celui-ci (*genitus vero*) a procédé en s'engendrant lui-même (*procedit generatione*) à partir de dieu, et il a procédé non pas à partir d'un commencement temporel (*sed non primo*), car le temps n'existait pas encore (*ut non prius*) », Porphyre, *Histoire de la philosophie* IV, fr. 18, éd. Nauck, p. 15, 3-6 ; traduction et corrections Segonds, p. 194.

5. ut] *L* natura *cett.*

6. *non recipit variationem ut medii* : voir ἐν ταυτότητι μένων τῆς ἑαυτοῦ αἰωνίας ὑποστάσεως, « <l'Intellect> demeurant dans l'identité de sa réalité éternelle », Porphyre, *Hist. de la philosophie* IV, fr. 18, éd. Nauck, p. 15, 13-14, traduction Segonds (un peu modifiée), p. 194.

## VII

## DIEU EST LE PREMIER SANS PRIMAUTÉ, LA PROCESSION SANS MODIFICATION, ET LA FIN SANS FIN

Cette définition a été donnée d'après le concept de centre de la sphère[a]. On l'a dit[b], « le géniteur prend le premier rang en raison de sa progéniture[c], mais non pas à partir d'un commencement temporel, comme il n'y a pas d'avant[d]. L'engendré, de son côté, s'avance en s'engendrant[e] » pour aller vers la fin[f], mais sans recevoir de modification de la part du moyen terme[g]. L'auteur[h] veut dire en effet que la fin est identique qu'il s'agisse de l'engendrant comme de l'engendré, puisque la vie divine n'est seulement que l'unique moyen terme[i]. Mais ce n'est pas la fin par rapport à une activité, comme la cessation d'un mouvement.

a. Voir *supra*, n. 2.

b. Ceci pour annoncer la citation qui vient abruptement en latin.

c. C'est l'exemple de la quatorzième sorte de définition du *Liber de definitionibus* de Victorinus : « Quarta decima species est definitionis κατὰ τὸ πρός τι, id est ad aliquid, ut 'pater est cui est filius' », La quatorzième sorte de définition est κατὰ τὸ πρός τι, c'est-à-dire par rapport à quelque chose, par exemple 'est père celui qui a un fils', Victorinus, *Liber de definitionibus*, éd. Stangl, p. 28, 9-10. Voir *supra*, n. 3.

d. Voir « Quae igitur generatio est... ? Primum autem, si oportet istud dicere, ne quis enfasin accipiat temporis, primum secundum intelligentiam dico », Quelle est donc cette génération... ? Premièrement, s'il faut parler ainsi, et pour que l'on ne saisisse pas le sens temporel apparent, je précise : premièrement dans l'ordre de la pensée, Victorinus, *Ad Candidum* 21, 1-3, traduction Hadot (un peu modifiée).

e. Voir « Λόγος ergo, qui est in Deo ipse Deus, ... ex se genito motu (αὐτογόνως), ab eo quod est esse (= ἐκ θεοῦ) processit (προελθόντος) in esse suum proprium », Ainsi donc le Logos, qui en Dieu est Dieu lui-même... s'est avancé, d'un mouvement engendré de lui-même, à partir de ce qui est l'être vers son être propre, Victorinus, *Ad Candidum* 22, 10-13, traduction Hadot (modifiée), grec ajouté. Voir *supra*, n. 4.

f. Ou plutôt son terme, mais à cause de l'ambivalence du mot fin, il faut le garder. C'est le terme du concept de sphère : la sphère naît à partir de son centre, prend sa forme par extension et retourne par retrait au centre. Voir *supra*, n. 2. La fin dont il s'agit ici, à travers l'image de la sphère, est la réunion de l'Un et de l'Intellect, après la sortie de l'Intellect, selon le processus décrit dans l'*In Parmenidem* de Turin, attribué à Porphyre, XIV, 16-21, voir *supra*, p. 43-44.

g. Voir « quiescente quod est esse patricum (οὐ γὰρ ἐκείνου κινουμένου), <hoc quod est vitam esse, l. 18>, eo quod est esse vitae secundum identitatem (= ἐν ταυτότητι μένων τῆς ἑαυτοῦ αἰωνίας ὑποστάσεως), motum est ex sua potentia (αὐτογόνως), a patrica potentia dependens (ἐκ θεοῦ) », Tandis que ce qui est l'être paternel demeure en repos, ce qui est 'être la vie', du fait qu'il est l'être de la vie selon l'identité, s'est mû par sa propre puissance, dans la dépendance de la puissance paternelle, Victorinus, *Adv. Ar.* I 52, 20-22, traduction Hadot (modifiée), grec ajouté. Cf. *supra*, n. 4 et n. 6.

h. L'auteur des affirmations précédentes, c'est-à-dire probablement Porphyre. Cf. *supra*, n. 4.

i. Remarquer l'insistance de l'auteur latin à écarter de la vie divine toute autre détermination que celle de moyen terme, identique dans l'engendrant et l'engendré. Voir « Ut pater, ita filius vita est et ex se vita. Ipsa est enim vita quae sibi et aliis est vis vivendi, non aliunde », Comme le Père, le Fils aussi est la vie et la vie par elle-même. Car cette vie-même est pour soi et pour les autres force de vivre, sans venir d'ailleurs, Victorinus, *Adv. Ar.* III 3, 8-10, traduction Hadot (un peu modifiée). – Et aussi « Comme le Père possède la vie en lui-même, ainsi a-t-il donné au Fils de posséder la vie en lui-même », Ioh. 5, 26.

## VIII

### DEUS EST AMOR QUI PLUS HABITUS[1] MAGIS LATET[2]

Haec definitio est per effectum.

In prima causa id a quo vita et sperma quo vita tota[3] : igitur id ipsum est fons <vitae>[4] ; fons amoris in illo[5]. Quod si, rei creatae, Illius[6] generantis et geniti ad illam penitus se inclinat[7], revertendo per viam regressionis, tunc est id ipsum amor creaturae, prout ordinata est creatura ab ipsa <prima

1. *Deus est amor habitus* : voir Ἐκεῖ δὲ τὸ ἀληθινὸν ἐρώμενον, ᾧ ἔστι καὶ συνεῖναι μεταλαβόντα αὐτοῦ καὶ ὄντως ἔχοντα, « Mais c'est là-bas qu'est le véritable bien-aimé, avec qui il est possible de s'unir en participant à lui et en le possédant réellement (= *habitus*) », Plotin, *Enn*. VI, 9 [9], 9, 45-46, traduction Hadot.

2. *Deus est amor qui plus habitus magis latet* : voir δηλοῖ δὲ ὅτι τὸ ἀγαθὸν ἐκεῖ καὶ ὁ ἔρως ὁ τῆς ψυχῆς ὁ σύμφυτος, καθ' ὃ καὶ συνέζευκται Ἔρως ταῖς ψυχαῖς καὶ ἐν γραφαῖς καὶ ἐν μύθοις, « Et il est évident que le Bien là-bas est aussi l'amour connaturel de l'âme : c'est pourquoi aussi Erôs est intimement uni aux âmes dans les peintures comme dans les histoires », Plotin, *Enn*. VI, 9 [9], 9, 24-26. Allusion au conte d'Erôs et Psyché, chez Apulée, *Métamorphoses* ou *l'Âne d'or*, IV, 28 - VI, 24.

3. *In prima causa – sperma quo vita tota* : voir Ὁ μέν γε ὢν σπέρμα πάσης ψυχῆς σπείρει εἰς τὰ μεταλαγχάνοντα αὐτοῦ χρήματα σύμπαντα, « Celui qui en vérité est (?) sème la semence de la vie entière (*sperma quo vita tota*) dans l'ensemble des êtres qui participent de lui », Numénius, fr. 13, éd. Des Places, p. 55. Le début du texte n'est pas sûr, voir M. Zambon, *Porphyre et le moyen-platonisme*, p. 198-199.

4. *igitur id ipsum est fons <vitae>* : voir Οὐκοῦν ὁ θεός ἐστιν ἡ πρεσβυτάτη <πηγή> ... ζωῆς ἐστιν ἥδε ἡ πηγή· μόνος γὰρ ὁ θεὸς ψυχῆς καὶ ζωῆς ... αἴτιος, « Dieu est donc la source la plus vénérable... cette source est celle de la vie : Dieu seul en effet est... cause de l'âme et de la vie », Philon, *De fuga et inventione* 198, éd. Starobinski-Safran, p. 252-253 ; et πηγὴν ζωῆς, Plotin, *Enn*. VI, 9 [9], 9, 1.

5. *fons amoris in illo* : voir Ἔργα νοήσας γὰρ πατρικὸς νόος αὐτογένεθλος πᾶσιν ἐνέσπειρεν δεσμὸν πυριβριθῆ ἔρωτος, « Quand en effet il eut conçu ses œuvres, l'Intellect paternel, engendré de lui-même, sema en toutes le lien lourd de feu de l'amour », *Oracles chaldaïques*, fr. 39, 1-2, éd. Des Places, p. 77.

6. Illius] *L* unitas *cett.*

7. *Quod si, rei creatae, Illius generantis et geniti ad illam penitus se inclinat* : voir αὐτὸ <τὸ ἀσώματον> δεῖ ὑποστῆσαι δυνάμεις ῥεπούσας ἀπὸ τῆς πρὸς αὐτὸ ἑνώσεως εἰς τὸ ἔξω, αἷς δὴ κατιὸν συμπλέκεται τῷ σώματι, « Il faut que l'incorporel fasse venir à l'existence des puissances (= *fons vitae, fons amoris*) qui, à partir de leur union avec lui (= *quod Illius generantis et geniti*), s'inclinent vers l'extérieur (*ad illam penitus se inclinat*), lui permettant précisément, dans sa descente, de se conjoindre au corps (= *rei creatae*) », Porphyre, *Sententiae* 28, éd. Lamberz, p. 17, 4-6 et *Sentences* 28, 4-6.

## VIII

### DIEU EST L'AMOUR QUI PLUS ON LE POSSÈDE, PLUS IL SE CACHE

Cette définition passe par l'effet.

Dans la cause première, il y a ce d'où vient la vie et le germe de la vie totale : c'est donc cela même qui est la source de vie[a]. La source d'amour, elle est en lui, l'Intellect. Or, si ce qui relève de Celui-là, engendrant et engendré, se penche complètement vers la chose créée[b], en revenant par voie de retour, cela même[c] est alors l'objet d'amour de la créature, dans la mesure où la créature a été disposée par la cause première

a. Voir : « … Deum qui vita est et vera vita est ac fons vitae », … Dieu qui est vie, qui est vraie vie et source de vie, Victorinus, *Adv. Ar.* III 8, 20-21 ; « Quae quidem prima potentia vita est », Et la première puissance en vérité, c'est la vie, Victorinus, *Adv. Ar.* I 32, 50-51 etc., et *Adv. Ar.* IV 11, 32-12, 17. – Voir « Quoniam apud te est fons vitae », Ps. 35, 10.

b. C'est-à-dire le corps. La *res creata*, ayant reçu vie et amour, devient *creatura*.

c. Cet *id ipsum*, représentant la source de vie, est à rapprocher, semble-t-il, de l'*id ipsum* chez s. Augustin, ainsi dans *Conf.* IX, X, 24 : « erigentes nos ardentiore affectu in id ipsum, perambulavimus gradatim… Et adhuc ascendebamus interius… », Nous élevant d'un sentiment plus ardent vers Cela même, nous parcourûmes degré par degré… Et nous montions encore au-dedans de nous-mêmes… Voir J.-L. Marion, *Au lieu de soi. L'approche de saint Augustin*, p. 389-414.

causa>[8], cui quanto te magis vivificaveris[9], tanto exaltaberis[10] et tanto elevabitur[11]. Et hoc est eius latere.

8. *amor creaturae prout ordinata est creatura ab ipsa* : voir Ἐπεὶ γὰρ ἕτερον θεοῦ ἐκείνη, ἐξ ἐκείνου δέ, ἐρᾷ αὐτοῦ ἐξ ἀνάγκης, « Car puisque <l'âme> (= *creaturae*) est quelque chose de différent de Dieu, mais qu'elle vient de lui (*ab ipsa*), elle l'aime nécessairement (= *amor prout ordinata est creatura*) », Plotin, *Enn*. VI, 9 [9], 9, 26-28, traduction Hadot.

9. *cui quanto te magis vivificaveris* : voir Ὅταν λάβῃς ἀένναον οὐσίαν ἐν ἑαυτῇ κατὰ δύναμιν ἄπειρον καὶ νοεῖν ἄρξῃ ὑπόστασιν ... ὑπερεξαίρουσαν δὲ τῇ ζωῇ τῇ ἀκραιφνεστάτῃ, « Quand tu prends une essence inépuisable, illimitée en elle-même selon la puissance (= *cui*), et que tu commences à concevoir une réalité... suréminente de la vie la plus pure (= *te magis vivificaveris*) », Porphyre, *Sententiae* 40, éd. Lamberz, p. 47, 10-48, 2 et *Sentences* 40, 1-4.

10. *exaltaberis* : voir αἴρεται <ἡ ψυχὴ> φύσει ἄνω αἰρουμένη ὑπὸ τοῦ δόντος τὸν ἔρωτα, « l'âme s'élève par sa nature vers le haut, emportée par celui qui donne l'amour », Plotin, *Enn*. VI, 7 [38], 22, 18-19, traduction F. Fronterotta, Brisson et Pradeau (dir.).

11. *tanto ... et tanto elevabitur* : voir Οὐ γὰρ δὴ ὑπερβήσῃ παρελθὼν τὴν τοιαύτην οὐδ' αὖ στήσεις, « Car bien sûr, ayant côtoyé une telle réalité, tu ne la dépasseras pas ni non plus ne l'arrêteras », Porphyre, *Sententiae* 40, éd. Lamberz, p. 48, 8-9 et *Sentences* 40, 10-11 (traduction un peu modifiée).

elle-même. Et plus tu te seras vivifié auprès d'elle[d], plus tu seras grandi, et plus elle sera élevée[e]. Et c'est là pour elle se cacher[f].

d. Voir : « <anima> potentia vivificandi fit, vivere quae faciat et mundum et ea quae in mundo », l'âme devient puissance de vivification, pour faire vivre le monde et ce qui est dans le monde, Victorinus, *Adv. Ar.* I 61, 15-17, traduction Hadot (un peu modifiée).

e. Voir : « … manet anima iuxta substantiam custodiens in semine motionis potentiam vitae et intelligentiae, qua semper manente vita et intelligentia accenditur ; magis autem erigit, si in fontanam vitam, hoc est in Christum, et fontanam intelligentiam, hoc est in Sanctum Spiritum, resurgit resuscitata anima », … l'âme, en vertu de sa substance, ne cesse de garder en germe de mouvement la puissance de vie et d'intelligence, dont la permanence maintient la flamme de la vie et de l'intelligence ; mais celle-ci s'élève davantage, si l'âme, réveillée à la vie, se relève vers la source de la vie, c'est-à-dire le Christ, et la source de l'intelligence, c'est-à-dire l'Esprit-Saint, Victorinus, *Adv. Ar.* I 32, 73-78.

f. À rapprocher de l'épisode des pélerins d'Emmaüs : « <le Christ> prit le pain, prononça la bénédiction, le rompit et le leur donna. Alors leurs yeux furent ouverts et ils le reconnurent, puis il leur devint invisible. Et ils se dirent l'un à l'autre : Notre cœur ne brûlait-il pas en nous tandis qu'il nous parlait en chemin et nous ouvrait les Écritures ? », Lc 24, 30-32.

## IX

### DEUS EST SOLI[1] PRAESENS QUICQUID CUIUS TEMPORIS EST[2]

Haec definitio est secundum formam.

Totum quidem uno aspectu omnes partes videt, pars vero totum non videt nisi diversis respectibus et successivis[3]. Propter hoc deitas[4] successivorum totalitas[5]. Unde eius intuitus unicus est et non consequenter factus[6].

1. soli] *L* cui soli *cett.*

2. *Deus ... temporis est* : voir ὁ νοῦς αἰώνιος, μόνος καὶ ἀχρόνως ὑποστάς, καὶ τῶν ἐν χρόνῳ αὐτος χρόνος ἐστίν, « l'Intellect éternel, seul (*soli*) et venu à l'être hors du temps, est aussi lui-même le temps (*est praesens*) de ce qui est dans le temps (*quicquid cuius temporis est*) », Porphyre, *Hist. philos.*, IV, fr. 18, éd. Nauck, p. 15, 12-13 et traduction Segonds (modifiée), p. 194 avec la correction n. 6. *Quicquid cuius* supplée le génitif inusité du pronom indéfini.

3. *Totum...non videt, nisi diversis respectibus et sucessivis* : l'auteur oppose, semble-t-il, l'image de l'âme τὸ ὄμμα φερούσης εἰς ἃ ἔχει κατὰ μέρος, « qui porte son œil partie par partie sur ce qu'elle a », chez Porphyre, *Sententiae* 44, éd. Lamberz, p. 58, 19-20 et *Sentences* 44, 41-42 à un passage de Plotin décrivant l'éternité : ζωὴν μένουσαν ἐν τῷ αὐτῷ, ἀεὶ παρὸν τὸ πᾶν ἔχουσαν, ἀλλ' οὐ νῦν μὲν τόδε, αὖθις δ' ἕτερον, ἀλλ' ἅμα τὰ πάντα, καὶ οὐ νῦν μὲν ἕτερα, αὖθις δ' ἕτερα, « une vie qui persiste dans son identité, qui est toujours présente à elle-même dans sa totalité, qui n'est pas ceci, puis cela, mais qui est tout à la fois, qui n'est pas une chose puis une autre », Plotin, *Enn.* III, 7 [45], 3, 16-19, traduction Bréhier.

4. Sur *deitas*, voir *supra*, IV, note b.

5. *Propter hoc deitas successivorum totalitas* : voir ὥστε τὸ ὁμοῦ κατά τε τὸ πλῆθος κατά τε τὸ χρονικὸν διάστημα ἐπ' αὐτοῦ, le voici (l'Intellect) dans une condition inétendue du fait de ce maintenant atemporel, « en sorte que (*propter hoc*) c'est l'ensemble (*totalitas*), à la fois sous l'angle de la pluralité et sous l'angle de l'étendue temporelle (*successivorum*), qui s'applique à lui <l'Intellect> (*deitas*) », Porphyre, *Sententiae* 44, éd. Lamberz, p. 58, 1-3 et *Sentences* 44, 23-25 (traduction un peu modifiée).

6. *unicus et non consequenter factus* : voir suite du texte de Plotin (n. 3), toujours appliqué ici au regard : τέλος ἀμερές ... μένοντος ἐν τῷ αὐτῷ, ἐν αὐτῷ καὶ οὐ μὴ μεταβάλλοντος, ὄντος δὲ ἐν τῷ παρόντι ἀεί, « une perfection indivisible... persistant en lui-même dans son identité (= *unicus*); il n'éprouve aucune modification (= *non consequenter factus*); il est toujours dans le présent », Plotin, *Enn.* III, 7 [45], 3, 19, 20-22, traduction Bréhier. Cf. *infra*, note a.

## IX

## DIEU EST, POUR LUI SEUL, LE PRÉSENT DE TOUT CE QUI APPARTIENT AU TEMPS

Cette définition est selon la forme.

Le tout en vérité voit toutes les parties d'un seul coup d'œil, mais la partie ne voit le tout que sous des aspects successifs et divers. C'est pourquoi la nature divine est la totalité des éléments successifs. Par conséquent, elle a un regard unique, et non façonné en allant d'une chose à l'autre[a].

a. Voir « Dictus est et sedere quasi in centro τῶν πάντων ὄντων, id est omnium quae sunt, unde universali oculo – id est lumine substantiae suae, qua vel esse est vel vivere vel intellegere – ideas τῶν ὄντων non versabili aspectu videt, quia et quies est et a centro simul in omnia unus est visus. Haec Deus », On a dit aussi qu'il siège comme au centre de tous les étants, c'est-à-dire de tout ce qui est, d'où, de son œil universel – c'est-à-dire par la lumière de sa substance, grâce à laquelle il est être ou vivre ou penser – il voit d'un regard immuable les idées des étants, parce qu'il est le repos et que, du centre, un seul regard se dirige sur toutes choses en même temps. C'est cela Dieu, Victorinus, *Adv. Ar.* IV 24, 34-39, éd. Henry et Hadot, *Marii Victorini Opera* I, CSEL 83/1, p. 262, 34-39 (texte de SC 68 revu, *cf.* Hadot, *Porphyre et Victorinus*, I, p. 431, n. 1). L'image de la vision vient, chez Victorinus, de *Timée* 39e : νοῦς ἐνούσας ἰδέας … καθορᾷ, « l'Intellect voit… les idées qui sont à l'intérieur » et se trouve combinée avec ce texte de Plotin : τέλος ἀμερές, οἷον ἐν σημείῳ ὁμοῦ πάντων ὄντων καὶ οὔποτε εἰς ῥύσιν προιόντων, ἀλλὰ μένοντος ἐν τῷ αὐτῷ, ἐν αὐτῷ, καὶ οὐ μὴ μεταβάλλοντος, ὄντος δὲ ἐν τῷ παρόντι ἀεί, « une perfection indivisible. Tel un point où s'unissent tous les êtres (*quasi in centro τῶν πάντων ὄντων*), sans qu'ils s'épandent jamais au-dehors (= *ideas τῶν ὄντων*) ; ce point persiste en lui-même dans son identité (*quia et quies est et a centro*) ; il n'éprouve aucune modification (= *non versabili aspectu*) ; il est toujours dans le présent », Plotin, *Enn.* III, 7 [45], 3, 19-22, traduction Bréhier (un peu modifiée). Voir *supra*, n. 3 et Hadot, *Porphyre et Victorinus*, I, p. 430-431 et II, p. 51, § 81.

## X

### DEUS EST CUIUS POSSE NON NUMERATUR, CUIUS ESSE NON CLAUDITUR, CUIUS BONITAS NON TERMINATUR

Haec definitio patet per quartam et septimam.

In posse[1], et caro et primo[2] inventus est numerus, secundum plura aut pauciora opera educentia possibile ad accidentia[3], quia, si sint infinita, impossibile dicitur[4].

Eius quod fuit[5] ab eo actu sunt infinita opera : subito operatur[6]. Ubi enim est infinitus numerus ordinatus ad actum et vincitur resistens, non poterit enuntiari[7] : « Omne esse dicit clausionem finitatis alicuius[8] ; unde a centro ad esse et esse eius[9] sunt operationis futurae[10] ». Non sic autem est in divino

1. *posse* : cette section semble répondre à cette remarque de Plotin : καίτοι καὶ τὸ δύνασθαι τοῦτο σκεπτέον πῶς ποτε λέγεται, μή ποτε οὕτως τὸ μὲν δύναμιν, τὸ δ' ἐνέργειαν φήσομεν, καὶ ἐνέργειαν μέλλουσαν, « Et l'on doit également examiner en quel sens on emploie ce terme de 'pouvoir', afin d'éviter que nous n'exprimions par là ce qui est tantôt puissance et tantôt acte, c'est-à-dire un acte à venir », Plotin, *Enn.* VI, 8 [39], 1, 11-13, éd. Leroux, p. 132 et traduction L. Lavaud, dir. Brisson et Pradeau, p. 203.

2. *et caro et primo* : κυρίως τε καὶ πρώτως, « au sens propre et premier », expression fréquente chez Porphyre, *In Categ. Aristote*, éd. Busse, p. 89, 13 ; *Hist. philos.* IV, fr. 20, traduction Segonds citée, p. 196 et n. 2. Cf. *caro*, s. Augustin, *Conf.* XI, II, 2.

3. *et caro et primo inventus est numerus … ad accidentia* : voir Καὶ μὴν οὐδὲ τὰ ὄντα, ὅτε ἐγένετο, ἠριθμήθη, ἀλλ' ὅσα δεῖ γενέσθαι δῆλον ἦν, ὅτε ἔδει. Πᾶς ἄρα ὁ ἀριθμὸς ἦν πρὸ αὐτῶν τῶν ὄντων, « Ce n'est pas non plus quand ils sont venus à l'existence que les êtres ont été nombrés ; il en est évidemment venu à l'existence autant qu'il le fallait. Donc le nombre total des êtres existait avant les êtres eux-mêmes », Plotin, *Enn.* VI, 6 [34], 9, 22-24, éd. Bertier, Brisson *et alii*, p. 108 et traduction L. Brisson, dir. Brisson et Pradeau, p. 308.

4. *si sint infinita impossibile dicitur* : voir τὸ ἀνάριθμον ἀδύνατον· τὸ γὰρ ἀνάριθμον πλῆθος ἄτακτον, « ce qui est sans nombre est impossible, car ce qui est sans nombre est une multitude sans ordre », Porphyre, *In Tim. … fragm.*, fr. 69, éd. Sodano, p. 61, 4-5.

5. *Eius quod fuit* : voir construction similaire dans « Sunt quaedam *eius quod sit* natura manifesta », De ce qui peut être, il y a certaines choses qui sont manifestes par nature, Victorinus, *Ad Candidum* 7, 1-2.

6. *subito operatur* : voir ἅμα γὰρ πάντα δρᾶν εἰκὸς θεόν, « car il est vraisemblable que Dieu fait tout d'un seul coup », Philon, *De opificio mundi* 13, éd. R. Arnaldez, p. 148 ; *ibid.* 28, p. 158. – Aristote, *Categ.* 13, 15a11-12 : ἁπλῶς δὲ ἅμα, ὧν ἡ γένεσις ἐν τῷ αὐτῷ χρόνῳ, « et au sens absolu ἅμα, c'est ce dont la naissance est en même temps ».

7. enuntiari] enunciare *L*.

8. *omne esse dicit clausionem finitatis alicuius* : voir ἡ οὐσία ἡ ἑκάστου καὶ τὸ τί ἦν εἶναι ἑκάστῳ, τῆς γνώσεως γὰρ τοῦτο πέρας, εἰ δὲ τῆς γνώσεως, καὶ τοῦ πράγματος, Limite se dit encore de « la substance de chaque chose et de l'être ce que c'est de chaque chose (= *omne esse*), car (= *dicit*) ils sont une limite de la connaissance et, s'ils sont une limite de la connaissance, ils sont aussi une limite de la chose (= *clausionem finitatis alicuius*) », Aristote, *Metaph.* Δ 17, 1022a8-10, traduction M.-P. Duminil et A. Jaulin, p. 210.

9. *a centro ad esse et esse eius* : dans le texte cité à la note précédente, *a centro ad esse* correspondrait à τὸ τί ἦν εἶναι, l'être ce que c'est de chaque chose, qui vient du centre, figure de la cause première ; *esse eius* serait sa substance, ἡ οὐσία. Voir la distinction entre *esse aliquid* et *esse suum* chez Victorinus, *infra*, note b.

10. operationis futurae] *L* operationes finite *cett.* – Voir καὶ ἐνέργειαν μέλλουσαν, « c'est-à-dire un acte à venir », Plotin, *Enn.* VI, 8 [39], 1, 13, cité n. 1. *Futurae* s'oppose à *subito*.

## X
## DIEU EST CELUI DONT LE POUVOIR N'EST PAS NOMBRÉ, DONT L'ÊTRE N'EST PAS FERMÉ, DONT LA BONTÉ N'EST PAS BORNÉE

Cette définition est évidente grâce à la quatrième et à la septième[a].

Dans la notion de pouvoir, ce qui est à la fois principal et premier, a-t-on trouvé, c'est le nombre, qui détermine la quantité d'œuvres qui font passer le possible dans les faits, parce que, si elles étaient en nombre infini, on devrait parler d'impossible.

Or, ce qui advint par son acte de création, ce sont des œuvres en nombre infini : Dieu agit dans l'instant. Là, en effet, où l'on a fait passer en ordre un nombre infini à l'acte, là où toute résistance se trouve vaincue, on ne pourra formuler : « Tout être dit le caractère clos d'une limite[b] ; par conséquent aller du centre à l'être et à un être déterminé[c] relèvent d'un acte futur ». Or, il n'en est pas ainsi dans l'être divin, mais des œuvres

a. Les sentences IV « Dieu est l'esprit qui engendre la raison et qui garde continuité avec elle » et VII « Dieu est le premier sans primauté, la procession sans modification, et la fin sans fin » posent la continuité atemporelle, tant interne qu'externe, entre l'engendrant et l'engendré. Cette continuité entre le créateur et son Verbe s'exprime à la fois par la création en nombre infini dans l'instant, l'être divin sans limitation et la bonté sans borne qui garde le lien avec la création.

b. Voir, chez Victorinus, la description de la venue à l'être des choses à partir de la matière conçue comme une force indéterminée : « Fluendi enim ac refluendi naturam incondite, subsistendi non, recipit vis lubrica inconstans nec formam recipit ut aliquid esse dicatur. Unde, carens eo quod est aliquid esse, etiam esse suum non tenet, ut recte nullo modo esse dicatur. At nunc, conprehensa et, tota atque in partibus, circumsistens et formata et hoc corporata et ad aliquid esse specie aliqua capta, et *esse creditur, quia, motu vitali et ab infinito certis lineamentis septa*, in sensus certissimos promovetur ».

Car c'est une nature capable de fluer et refluer de manière désordonnée, non de s'arrêter, que reçoit une force fuyante et changeante, sans recevoir de forme qui permette de dire qu'elle est quelque chose. Par suite, manquant de ce qui est l'être quelque chose (τὸ τί ἦν εἶναι), elle ne possède pas non plus son être propre (ἡ οὐσία), en sorte qu'il est juste de dire qu'en aucune manière elle n'est. Par contre, dès l'instant où, saisie, circonscrite en tout et en parties et formée, elle est par là devenue corps et s'est trouvée prise par une forme pour être quelque chose, *on considère aussi qu'elle est, parce que, enclose grâce au mouvement vital en des limites définies qui la séparent de l'indéterminé*, elle s'offre aux sens les plus avertis, Victorinus, *Adv. Ar.* IV 10, 48-11, 7, trad. Hadot modifiée, grec et italique ajoutés.

c. Voir *supra*, n. 8-9.

esse, sed opera infinita ad ostium[11] et actum. Unde sua clausio est infinita et actu, non possibilis[12], nisi quia necessario existens[13]. Unde sequitur quod etiam redeundo interminata bonitas via securior ab esse in unione<m> centri[14].

11. *ad ostium* : voir θύραζε, fréquent chez Aristote, s'agissant en particulier de la mise au monde des animaux, *De generatione animalium* I 8, 718b29, 33 etc.

12. possibilis] impossibilis *L*. – *actu, non possibilis* : voir τὰ μὲν ἄνευ δυνάμεως ἐνέργειαί εἰσιν, οἷον αἱ πρῶται οὐσίαι, « et dans certains cas, on a des actes (*actu*) sans en-puissance (*non possibilis*), ainsi pour les substances premières (= *divinum esse*) », Aristote, *De interpret*. 13, 23a23-24, traduction Dalimier (un peu modifiée). L'auteur a détourné le sens aristotélicien de la substance première.

13. *nisi quia necessario existens* : voir τὸ ἐξ ἀνάγκης ὂν κατ' ἐνέργειάν ἐστιν, « ce qui est par nécessité est en acte », Aristote, *De interpret*. 13, 23a21-22, traduction Dalimier.

14. *interminata bonitas via securior ab esse in unionem centri* : renvoie à la « sphaera infinita » de la sentence II, c'est-à-dire à « l'Intellect total qui subsiste en lui-même, dans lequel se trouvent tous les êtres réellement être et toute la substance des étants », Porphyre, *Histoire de la philosophie* IV, fr. 18, éd. Nauck, p. 14, 21-24, traduction Segonds, p. 193, c'est-à-dire au substrat métaphysique du monde.

en nombre infini sont produites au-dehors et viennent en acte. Par conséquent, son caractère clos est sans limite et en acte, sans en-puissance[d] – indépendamment du fait qu'il existe nécessairement[e]. D'où il suit en retour que c'est aussi la bonté sans borne qui est la voie la plus sûre pour aller de l'être vers l'union avec le centre[f].

d. Voir « Et quoniam diximus confici ab actu potentiam – sic enim se prima habent ut, cum sint omnia divina, *energeia*, id est actus et operationes (*cf.* Aristote, *De interpret.* 13, 23a23-24, *supra*, n. 12) – necessarium est ut, a deo principio, omnium potentiarum universaliter universalium fons et origo nascatur. Iste namque rerum progressus est ut, cum omnia a deo, et potentiae et actus, a deo, qui supra potentias et actus accipitur, orta haec esse credantur »,

Et puisque nous avons dit que la puissance est constituée d'acte – les réalités premières en effet, comme elles sont toutes divines, se comportent comme ἐνέργεια, c'est-à-dire actes et opérations (*cf.* Aristote, *De interpret.* 13, 23a23-24) – il est nécessaire que de ce principe qu'est Dieu naisse la source originelle de toutes les puissances universellement universelles. Car le développement des choses exige que, puisque tout vient de Dieu, les puissances aussi bien que les actes, on les considère comme sortis de Dieu, qui lui-même est tenu pour au-dessus des puissances et des actes, Victorinus, *Adv. Ar.* IV 22, 20-27, traduction Hadot modifiée. Voir Introduction, p. 54-55.

e. Voir « Exsistentia principalis est deus, vivens necessario », Dieu est l'existence première, qui nécessairement vit, Victorinus, *Adv. Ar.* IV 18, 52-53.

f. Voir *supra*, p. 55.

# XI

## DEUS EST SUPER[1] ENS, NECESSE, SOLUS[2], SIBI ABUNDANTER, SUFFICIENTER[3]

Haec definitio formalis est, et etiam a quo[4] materia relata : « Esse omne dicit clausionem... »[5]. Superest[6] igitur qui non clauditur. Est necesse quia malum non habet[7], quia non clauditur sed infinita possibilitate[8] nec sic distrahitur suum et esse, cum redeat <a> se in se[9], et non totum indigenter, sed exabundanter[10].

1. super] *cett.* semper *LEM* (CCCM 143A, p. 18).

2. *Deus est super ens, necesse, solus* : voir δεῖ κρείττονα εἶναι τὴν ἀρχὴν ἁπάντων τῶν μετ' αὐτήν, ... τὸ δὲ μοναχὸν τοῦτο παρ' αὐτοῦ. τοῦτο οὖν καὶ οὐκ ἄλλο ἀλλ' ὅπερ ἐχρῆν εἶναι, « Il faut que le principe soit supérieur à tout ce qui vient après lui (= *super ens*). ... Mais le fait d'être seul (*solus*), <le Bien> le tient de lui-même. Il est donc cela qu'il lui fallait être (= *necesse*), et rien d'autre », Plotin, *Enn.* VI, 8 [39], 9, 9-10 et 13-14, éd. Leroux, p. 156 et traduction L. Lavaud, dir. Brisson et Pradeau, p. 218.

3. *sibi abundanter, sufficienter* : αὐτὸς ἑαυτοῦ πλήρης καὶ ἱκανὸς αὐτὸς ἑαυτῷ ὁ θεός, « Dieu est en lui-même rempli par lui-même et se suffit à lui-même », Philon, *Legum allegoriae* I, 44, éd. Mondésert, p. 62-63. Voir l'usage de l'adverbe pour l'adjectif chez Victorinus, dans *In Eph.*, prol., éd. F. Gori, CSEL 83/2, p. 1, 11.

4. *a quo* représente *ab eo cuius*.

5. *Esse omne dicit clausionem finitatis alicuius* : cf. *supra*, X, n. 8.

6. *superest* : voir καὶ γὰρ πρώτως αὐτὸς καὶ ὑπερόντως αὐτός, « car il est lui-même à la fois à titre premier et sur le mode supérieur de l'être », Plotin, *Enn.* VI, 8 [39], 14, 42, éd. Leroux, p. 174 et traduction L. Lavaud, Brisson et Pradeau (dir.), p. 230, modifiée d'après le sens du préfixe ὑπερ- dégagé par J.-M. Narbonne, *Plotin. Les deux matières* [Ennéade, *II 4 (12)*], p. 32, n. 32. Voir Introduction, p. 67.

7. *est necesse quia malum non habet* : voir τὸ θεῖον ἀμετάβλητον ἀναγκαῖον εἶναι πᾶν τὸ πρῶτον καὶ ἀκρότατον... Οὔτε γὰρ ... ἔχει φαῦλον οὐδέν, il apparaît que « le divin immuable nécessaire est tout ce qui est premier et le plus élevé... En effet... il n'a rien de mal », Aristote, *De caelo* I 9, 279a32-35.

8. *infinita possibilitate* : possibilitate] impossibilitate *L*. Voir ce qui est dit de l'âme : Ἀπειροδύναμος γὰρ ἡ τῆς ψυχῆς φύσις, « En effet, la nature de l'âme est d'une puissance infinie », Porphyre, *Sententiae* 37, éd. Lamberz, p. 43, 9 et *Sentences* 37, 13. La suite du texte se retrouve dans la sentence III, ci-dessus.

9. *nec sic distrahitur suum et esse cum redeat a se in se* : voir Αἱ ἀσώματοι ὑποστάσεις ... μερίζονται ... ὑφέσει δυνάμεως, εἰς τὸ ὁμοῦ ἀντιχωροῦσι (ἀναχωροῦσι?) δυνάμεως περιουσίᾳ, « Les réalités incorporelles... se divisent (*distrahitur suum et esse*)... par relâchement de puissance ..., et font retour vers leur rassemblement (= *cum redeat a se in se*) par surabondance (*exabundanter*) de puissance », Porphyre, *Sententiae* 11, éd. Lamberz, p. 5, 1-4 ; *Sentences* 11, 1-4 et t. II, p. 405. Voir *supra*, comm. III, n. 6.

10. *non totum indigenter, sed exabundanter* : voir οὐδαμῇ ἐλλείπουσαν, ἐν αὐτῇ οἷον ὑπερζέουσαν ζωῇ, une puissance « pas du tout en manque, en elle-même comme bouillonnante de vie », Plotin, *Enn.* VI, 5 [23], 12, 8-9, *sed* étant ajouté d'après οὐδαμῇ μὲν ἐλλείπουσαν, ὑπερεξαίρουσαν δὲ τῇ ζωῇ τῇ ἀκραιφνεστάτῃ, une essence illimitée selon la puissance « pas du tout en manque, mais suréminente de la vie la plus pure », Porphyre, *Sententiae* 40, éd. Lamberz, p. 48, 1-2, et *Sentences* 40, 3-4. Voir Introduction, p. 95-96.

## XI

### DIEU EST AU-DESSUS DE L'ÉTANT[a], NÉCESSAIRE, SEUL, À LUI-MÊME EN ABONDANCE, EN SUFFISANCE

Cette définition touche à la forme et se rapporte aussi au thème évoqué : « Tout être dit le caractère clos... »[b]. Il 'est' donc sur le mode supérieur[c] celui qui n'est pas clos[d]. Il est nécessaire parce qu'il ne connaît pas le mal, parce qu'il n'est pas clos mais qu'il est d'une potentialité sans limite[e], et que son être même n'en est pas divisé, puisqu'il fait retour de soi sur soi, et non du tout par manque, mais par surabondance de puissance[f].

a. Voir « Causa enim prior est ab his quorum causa est. Supra ὄν igitur Deus est », Car la cause est antérieure à ce dont elle est cause. Dieu est donc au-dessus de l'étant, Victorinus, *Ad Candidum* 4, 10-12, traduction Hadot (un peu modifiée) et « Deus ... est autem quod supra id est quod est vere ὄν », Dieu ... est par contre ce qui est au-dessus du véritablement existant, Victorinus, *Ad Candidum* 2, 24-25, traduction Hadot, et 14, 6 ; 14, 15-16 et 23-24.

b. Voir *supra*, commentaire X.

c. Voir « Ante ὄν et ante λόγον, vis et potentia exsistendi illa est quae significatur hoc verbo quod est esse, graece quod est τὸ εἶναι. Hoc ipsum esse duobus accipiendum modis, unum ut universale sit et principaliter principale, unde in ceteris esse sit, alioque esse est ceteris quod est omnium post vel generum vel specierum atque huiusmodi ceterorum »,

Avant l'étant et avant le Logos, il y a cette force et cette puissance d'exister que l'on désigne par le mot 'être', en grec τὸ εἶναι. Cet 'être' même doit se prendre sous deux modes, l'un qui est tel que l'être soit universel et originellement originel, et que de lui vienne l'être en tous les autres ; et selon l'autre mode, 'être' est pour tous les autres ce qui appartient à tout ce qui suit, genres, espèces et tout le reste de cette sorte, Victorinus, *Adv. Ar.* IV 19, 4-9 (traduction Hadot un peu modifiée). Victorinus ajoute aux deux modes d'être la notion de puissance d'exister qui se trouve exprimée ici dans le *Liber*.

d. Dieu, que ne cerne aucune forme, ne peut être désigné par un substantif. Son mode d'être n'admet qu'une forme verbale. À Moïse qui lui demande son nom, il répond : *Ego sum qui sum* (Ex. 3, 14), « C'est moi qui suis », comme l'on dit « C'est moi Un tel ». Et il ajoute : *Sic dices filiis Israel : Qui est misit me ad vos* (*ibid.*), « Ainsi, tu diras aux fils d'Israël : Celui qui est m'a envoyé vers vous ».

e. Voir « Potentia Deus est, id est quod primum exsistentiae universale est esse (cf. *supra*, n. 6 : πρώτως αὐτὸς καὶ ὑπερόντως αὐτός) », Dieu est puissance, c'est-à-dire qu'il est l'acte d'être premier universel de l'existence, Victorinus, *Adv. Ar.* III 2, 12-13, traduction Hadot (un peu modifiée).

f. Il s'agit de la puissance de vie, voir *supra*, n. 10.

## XII

### DEUS EST CUIUS VOLUNTAS[1] DEIFICAE[2] ET POTENTIAE ET SAPIENTIAE[3] ADAEQUATUR

Voluntas, scire et posse sunt prius actionis[4] in creaturis. Non aequalia sunt, quia voluntas est deiformior[5] quam scire et posse, ut quidem natura coartavit posse, correptio vero scire, si remanet voluntas non coacta[6] usque ad clangationem[7] perpetuam.

1. *Deus est cuius voluntas deificae... adaequatur* : voir αἱ δὲ ἐνέργειαι ἡ οἷον οὐσία αὐτοῦ, ἡ βούλησις αὐτοῦ καὶ ἡ οὐσία ταὐτὸν ἔσται, « ces actes sont pour ainsi dire son essence et alors sa volonté sera identique à son essence », Plotin, *Enn.* VI, 8 [39], 13, 6-8, éd. et trad. Leroux, p. 166-167.

2. *deificae* : mot de Victorinus, voir *Adv. Ar.* II 11, 10 et *In Eph.* 4, 8.

3. *et potentiae et sapientiae* : δύναμιν τε αὐτῷ διδόασι καὶ νοῦν ἐν τῇ ἁπλότητι αὐτοῦ συνηνῶσθαι, (les *Oracles chaldaïques*) « lui accordent (au dieu) que puissance et intellect sont co-unifiés en sa simplicité », <Porphyre>, *In Parm.* IX, 3-5, éd. Hadot, *Porphyre et Victorinus*, II, p. 90. Voir *supra*, comm. III : « secundum consignificationem essentiae divinitatis ».

4. *Voluntas, scire... sunt prius actionis in creaturis* : voir ἆρ' οὖν ... τὴν δὲ βούλησιν τὴν πρὸ τῶν πράξεων καὶ τὸν λόγον οὐκ ἠναγκασμένον φήσομεν· « est-ce que nous dirons... que la volonté, celle qui précède les actes (*prius actionis*), et la raison (= *scire*) ne sont pas contraintes (cf. *voluntas non coacta*) ? », Plotin, *Enn.* VI, 8 [39], 5, 22-24, éd. Leroux, p. 144-145.

5. *voluntas est deiformior* : voir αὕτη ἡ βούλησις ἡ κυρία καὶ ἐφ' ἑαυτῆς οὖσα, « la volonté elle-même, souveraine et disposant d'elle-même », Plotin, *Enn.* VI, 8 [39], 6, 27-28, éd. Leroux, p. 148-149. – *deiformior* : voir θεοειδέστερος, Platon, *Epinomis* 980d, à propos de l'âme par rapport au corps.

6. *voluntas non coacta* : voir *supra*, n. 4 et 5.

7. *clangatio* : voir ἡ γὰρ ἀντίληψις ἐτύγχανεν οὖσα ἡ φθέγξις, « car la conscience sensible se trouve être la résonance », Porphyre, *De abstinentia* I, 43, 1, éd. Bouffartigue et Patillon, I, p. 76, et *ibid.* : « Mais l'âme ne peut résonner si elle n'est pas entièrement tournée du côté du son », comme la *voluntas deiformior non coacta* ?

## XII

### DIEU EST CELUI DONT LA VOLONTÉ EST ÉGALE TANT À LA PUISSANCE QU'À LA SAGESSE DIVINE[a]

La volonté, le savoir et le pouvoir sont antérieurs à l'action dans les créatures[b]. Ils ne sont pas égaux, parce que la volonté est de forme plus divine que le savoir et le pouvoir, car en vérité la nature a restreint le pouvoir et le déclin de la vie le savoir, s'il est vrai qu'une volonté qui ne connaît pas la contrainte dure autant qu'une résonance sans fin[c].

a. Voir « Λόγος ergo, qui est in Deo ipse Deus, qui est ipse et voluntas, ipse intelligentia et actio... », Ainsi donc le Logos, qui en Dieu est Dieu lui-même, qui est lui-même volonté aussi, lui-même intelligence et acte..., Victorinus, *Ad Candidum* 22, 10-11 ; et « Est igitur Dei voluntas λόγος, cum ipso qui semper est et ad ipsum. Ipsa voluntas filietas est », Donc la volonté de Dieu est le Logos, qui toujours est avec lui et auprès de lui (*cf.* Sg. 9, 9 et Ioh. 1, 2). La volonté elle-même est filiation, Victorinus, *Adv. Ar.* I 31, 28-30. – Voir « ... il est Christ, puissance de Dieu et sagesse de Dieu », 1 Cor. 1, 24.

b. Sur le rapport analogique entre la conscience humaine et la nature divine, voir Porphyre, *De abstinentia*, III, 6, 7, éd. Bouffartigue et Patillon, III, p. 160 : « Beaucoup pensent même que le passage des dieux à nous marque un changement, sans que cette différence soit une différence d'essence ».

c. Voir « <Anima> neque pure vox neque verbum, sed sicut ἠχώ, audit ut loquatur, imago magis vocis quam vox », <L'âme> n'est pas une voix ou une parole purement et simplement, mais comme Écho, elle écoute pour pouvoir parler, image de la voix plutôt que voix, Victorinus, *Adv. Ar.* I 56, 6-7, traduction Hadot.

## XIII

### DEUS EST SEMPITERNITAS AGENS IN SE[1], SINE DIVISIONE ET HABITU[2]

Agunt creata et acquirunt habitum. Agunt et deficiunt continuatione[3] quia inveniunt resistens, unde fatigatio scindit vim.

Sic non est in creatore : non tamen transmutatur in acquirendo habitum[4], ut indiget obumbratione ut quiescat fatigatus.

1. *Deus est sempiternitas agens in se* : voir Τὸ δέ γε πρῶτον κινοῦν ἀΐδιον κινεῖ κίνησιν καὶ ἄπειρον χρόνον, « Or, assurément, le Premier Moteur meut (= *est agens*) d'un mouvement éternel (= *in se*) pendant un temps infini (*sempiternitas*) », Aristote, *Phys.* VIII 10, 267b24-25, traduction Pellegrin.

2. *sine divisione et habitu* : voir <τὸ ἀκίνητον> πρὸς τὸ κινούμενον ὁμοίως ἕξει καὶ συνεχῶς, « <l'immobile> sera dans la même disposition (= *sine habitu*) et continûment (= *sine divisione*) par rapport au mû », Aristote, *Phys.* VIII 10, 267b17, traduction Pellegrin.

3. *Agunt creata et acquirunt habitum; agunt et deficiunt continuatione* : voir ... τι ἄλλο τοιοῦτον ὃ πέφυκε κινεῖν καὶ κινεῖσθαι. Ἀλλ᾽ οὐχ ἅμα παύεται κινοῦν καὶ κινούμενον· ἀλλὰ κινούμενον μὲν ἅμα ὅταν ὁ κινῶν παύσεται κινῶν, κινοῦν δὲ ἔτι ἐστίν, διὸ καὶ κινεῖ τι ἄλλο ἐχόμενον .... Παύεται δέ ὅταν ἐλάττων ἡ δύναμις τοῦ κινεῖν ἐγγένηται τῷ ἐχομένῳ, « ... à une autre chose de ce genre qui peut naturellement mouvoir et être mue (= *Agunt creata*). Mais ce n'est pas en même temps que <cet intermédiaire> cesse de mouvoir et d'être mû, mais <il cesse> d'être mû en même temps que ce qui le meut cesse de le mouvoir, alors qu'il est encore moteur (= *et acquirunt habitum*), c'est pourquoi aussi il meut autre chose de contigu (= *Agunt*)... Il cesse cependant quand la puissance de mouvoir (*vis*) devient sans cesse plus petite pour la chose contiguë (= *et deficiunt continuatione*) », Aristote, *Phys.* VIII 10, 267a4-9, traduction Pellegrin.

4. *non tamen transmutatur ... fatigatus* : voir τοῦτο γὰρ οὐκ ἀνάγκη συμμεταβάλλειν, ἀλλ᾽ ἀεί δυνήσεται κινεῖν· ἄπονον γὰρ τὸ οὕτω κινεῖν, « En effet, il n'est pas nécessaire que ce <moteur>-ci (cf. *in creatore*) change en même temps <que ce qu'il meut> (= *non tamen transmutatur in acquirendo habitum*), mais il pourra toujours mouvoir, car mouvoir de cette manière ne donne pas de peine (cf. *ut indiget... fatigatus*) », Aristote, *Phys.* VIII 10, 267b2-3, traduction Pellegrin.

# XIII

## DIEU EST EN SOI PERPÉTUITÉ AGISSANTE[a], SANS DISCONTINUITÉ NI DISPOSITION ACQUISE

Les choses créées agissent et acquièrent une disposition. Elles agissent et manquent de continuité parce qu'elles rencontrent de la résistance, et que par suite la fatigue coupe l'élan.

Il n'en va pas de même pour le créateur: il n'est pas de ce fait transformé par l'acquisition d'une disposition, comme celui qui est fatigué a besoin d'ombre pour se reposer.

a. Voir « Agens enim <Deus> et semper agens, et, nullo principio agens, non ab actione agens est », Dieu est en effet agissant et toujours agissant, et, agissant sans commencement, ce n'est pas à partir d'une action qu'il est agissant, Victorinus, *Adv. Ar.* IV 6, 12-14.

# XIV

## DEUS EST OPPOSITA UT MEDIATIO ENTIS[1]

Haec definitio facit Deum imaginari esse sphaeram, in cuius centro[2] ut incarceretur[3]. Et est continue agens[4] sphaera divina opus divinum[5], quo detinet ut nihil in suo esse aeternaliter, a quo per exuberantiam suae bonitatis[6] vocavit in esse[7]. Cum inest quasi citra centrum[8], aut si ad esse actum attrahitur, stabit sphaera; si ad esse possibile, redibit ad nihilum.

1. *Deus est opposita ut mediatio entis* : voir a) πάντα τὰ ὄντα καὶ μὴ ὄντα ἐκ τοῦ θεοῦ καὶ ἐν θεῷ, « tous les étants et tous les non-étants viennent de Dieu et sont en Dieu », Porphyre, *Sententiae* 31, éd. Lamberz, p. 21, 16-22, 1 et *Sentences* 31, 8-9 ; b) τὰς τῶν ἐναντίων ἀπειλὰς <...> μεσιτεύοντος, « <Le Logos divin> se posant en médiateur entre les menaces des parties opposées », Philon, *De plantatione* 10, éd. et trad. Pouilloux, p. 28-29.

2. *facit imaginari esse sphaeram in cuius centro* : Dieu étant à la fois les opposés et le milieu est analogue à la définition du centre de la sphère : « car <le centre> est le commencement et le milieu de la grandeur, ainsi que sa fin », Aristote, *Phys.* VIII 9, 265b3-4, trad. Pellegrin. Voir *supra*, sentence II.

3. *ut incarceretur* : voir οὐ γὰρ ἐς ὕλην πῦρ ἐπέκεινα τὸ πρῶτον ἑὴν δύναμιν κατακλείει ἔργοις ἀλλὰ νόῳ, « car dans la matière, ce n'est pas au moyen d'ouvrages que le feu premier transcendantal emprisonne sa puissance, mais au moyen d'un intellect », *Oracles chaldaïques*, fr. 5, 1-3, éd. Des Places, p. 67 (traduction modifiée). L'auteur semble avoir repris à ce texte l'image de l'emprisonnement, bien que l'idée d'un emprisonnement dans la matière soit tout à fait inadéquate.

4. *est continue agens* : rappel de la sentence XIII, *supra*.

5. *agens sphaera divina opus divinum* : voir τίς αὐτῆς τῶν ὄντων μᾶλλον ἐστιν τεχνῖτις, « qui plus qu'elle <la Sagesse> est artisan de ce qui est ? », Sg. 8, 6.

6. *per exuberantiam suae bonitatis* : voir εἴ τίς μ' ἔροιτο τίς αἰτία γενέσεως κόσμου, ... ὅτι ἡ τοῦ ὄντος ἀγαθότης, ἥτις ἐστι πρεσβυτάτη τῶν†, χαρίτων οὖσα πηγή, « si l'on me demandait quelle est la cause de la création du monde, <je répondrais> que c'est la bonté de l'Être, la plus ancienne des <puissances>, puisqu'elle est source des grâces », Philon, *Quod Deus* 108, éd. et trad. Mosès, p. 116-117. *Exuberantia* semble amené par le terme πηγή, source.

7. *vocavit in esse* : voir θεοῦ ... καλοῦντος τὰ μὴ ὄντα ὡς ὄντα, « Dieu... qui appelle à l'existence ce qui n'existe pas », Rom. 4, 17.

8. *cum inest quasi citra centrum* : d'après la définition du centre de la sphère, citée *supra* n. 2, Dieu, cause première, qui est vie, se trouve au milieu de ce centre ; voir Introduction p. 36-37.

## XIV

### DIEU EST LES OPPOSÉS ÊTRE ET NON-ÊTRE EN TANT QUE MÉDIATION DE CE QUI EST[a]

Cette définition suscite l'image que Dieu est une sphère au centre de laquelle il serait comme emprisonné. Et la sphère divine est sans cesse en train d'accomplir l'ouvrage divin[b], en vue duquel[c] Dieu retient éternellement en son être un « comme rien »[d], d'où par surabondance de sa bonté Il a appelé les créatures à l'être. Comme lui est à l'intérieur de la sphère[e], au cœur de son centre en quelque sorte, <il n'y a que deux possibilités> : ou bien la sphère, si elle est amenée à l'être en acte, se maintiendra[f] dans l'être ; si c'est à l'être possible, elle retournera au rien[g].

a. Voir « ... quod non intelligatur ut ὂν neque ut μὴ ὄν, ... quoniam ὂν et quoniam non ὄν, quod sua ipsius potentia τὸ ὂν in manifestationem adduxit et genuit », ... <Dieu est tel> qu'il n'est compris ni comme étant ni comme non étant, ... puisqu'il est à la fois étant et non-étant, qui de sa propre puissance a mené l'étant vers sa manifestation et l'a produit, Victorinus, *Ad Cand.* 14, 2-5, trad. Hadot (modifiée).

b. Voir « ... quare ὁ λόγος circa Deum erat? Necessario circa istud ipsum, ut per istum λόγον gignerentur omnia et sine illo nihil (*cf.* Ioh. 1, 1-3). Operatur ergo Deus per λόγον et semper operatur », ... pourquoi le Logos était-il 'autour' de Dieu ? Nécessairement au sujet de ceci : pour que grâce à ce Logos soient produites toutes choses et rien sans lui. Dieu agit donc à travers le Logos et il agit toujours, Victorinus, *Ad Cand.* 17, 4-7, trad. modifiée. – Voir « Mon Père est à l'œuvre encore maintenant (ἕως ἄρτι), et moi aussi je suis à l'œuvre », Ioh. 5, 17.

c. *quo* ici a le sens final de *ad quod*.

d. Voir « Quod vere nichil est, non incidit in Deum neque in excogitationem Dei », Ce qui véritablement n'est rien, ne se rencontre ni en Dieu, ni en sa pensée, Victorinus, *Ad Cand.* 24, 4-5, trad. Hadot.

e. Voir Victorinus sur la sphère divine de l'être : « Summus νοῦς et sapientia perfecta, hoc est λόγος universalis – idem ipsum enim in aeterno motu – circularis motus erat, a σημείῳ primo et in summo vertice, circularis exsistens iuxta ipsum σημεῖον, cyclica causa inseparabiliter conversa, ut a Patre et in Patrem et cum Patre exiens, incedens, simul exsistens, et in Patre erat Filius et in Filio Pater, prima substantia, et in subsistentia iam substantia, spiritalis substantia, secundum νοῦν substantia, generatrix et effectrix substantia, praeprincipium universae substantiae, intelligibilis et intellectualis et animae et hylicae et universae substantiae in hyle ». Le *Noûs* suprême et la Sagesse parfaite, c'est-à-dire le Logos universel – car ils sont identiques en un éternel mouvement – étaient le mouvement circulaire, partant du point premier et suprême, déjà circulaire en ce point même, qui est la cause du mouvement circulaire indéfectiblement tournée vers soi ; ainsi, sortant du Père, s'avançant vers le Père, coexistant avec le Père, le Fils était dans le Père et le Père dans le Fils : substance première, substance déjà subsistante, substance spirituelle, substance selon le *Noûs*, substance engendrante et créatrice, principe antérieur de la totalité de la substance, de la substance intelligible comme de la substance intellectuelle, de celle de l'âme comme de celle de la matière et de toute la substance dans la matière », Victorinus, *Adv. Ar.* I 60, 1-12, éd. et trad. Hadot modifiée.

f. Voir « Λόγος igitur activa potentia est et in motu et quae constituat ut sit actione quod fuit potentia », le Logos est donc la puissance actuante et en mouvement, telle qu'elle fonde en acte ce qui était en puissance, Victorinus, *Ad Cand.* 17, 7-9, trad. modifiée. – Voir « l'Esprit du Seigneur ... maintient la cohésion de l'univers », Sg. 1, 7 et « Tout est créé par lui ... tout est maintenu en lui <le Christ> », Col. 1, 16-17.

g. Par resserrement sur son centre. *Nihilum* n'est pas ici le néant, car « Nihilum non est sub Deo τῶν ὄντων », Il n'y a pas de néant chez le Dieu des étants, Victorinus, *Adv. Ar.* IV 21, 2-3.

## XV

### DEUS EST VITA CUIUS VIA IN FORMAM[1] EST UNITAS[2], IN UNITATEM BONITAS

« Est[3] motus a medio et ad medium »[4] : prius dat esse, secundo dat vivere. In Deo prius magnus est : via generantis ad genitum cum esse ; secundo, in via conversa, est bonitas[5].

1. in formam] *cett., om. in lac. L.*

2. *Deus est vita cuius via in formam est unitas* : voir τῆς ἰδικῆς ἀσωμάτου ζωῆς, ἐφ᾽ ἧς … οὐδὲν ὑπόκειται ἀλλοῖον παρὰ τὸ εἶδος, ἀφ᾽ ἧς καὶ τοῖς σώμασιν ἡ ἑνότης, que faut-il dire et supposer dans le cas de « la vie incorporelle propre, chez laquelle … rien n'est sous-jacent qui soit différent de la forme, et de laquelle vient l'unité, même pour les corps », Porphyre, *Sententiae* 37, éd. Lamberz, p. 44, 6-8, corrigé d'après *Sentences* 37, 25-28.

3. Est] bonitas *praem. iteratum e sententia L.*

4. *Est motus a medio et ad medium* : τὴν μὲν <κίνησιν> ἀπὸ τοῦ μέσου, τὴν δ᾽ ἐπὶ τὸ μέσον, … le mouvement rectiligne … se divisant en deux, « celui qui part du milieu et celui qui va vers le milieu », Aristote, *De caelo* I 3, 270b30. D'après le comm. VII, *medium* désigne ici la vie divine.

5. *in via conversa est bonitas* : voir *supra* comm. X.

# XV

## DIEU EST LA VIE DONT LA VOIE VERS LA FORME EST L'UNITÉ[a], ET VERS L'UNITÉ LA BONTÉ

« Il y a un mouvement qui part du milieu et un mouvement qui va vers le milieu »[b] : d'abord il donne l'être, en second lieu il donne le vivre.

En Dieu, d'abord le mouvement est grand : c'est la voie de l'engendrant à l'engendré[c] avec l'être[d] ; en second lieu, en retour, c'est la bonté.

a. Voir « Forma enim, eo quod est esse, vita est », Car la forme, du fait qu'elle est l'être, est vie, Victorinus, *Adv. Ar.* I 32, 51-52. – Voir ὃς ἐν μορφῇ θεοῦ ὑπάρχων οὐχ ἁρπαγμὸν ἡγήσατο τὸ εἶναι ἴσα θεῷ, « <le Christ Jésus> qui, se trouvant dans la forme de Dieu, n'a pas jugé usurpé le fait d'être à égalité avec Dieu », Phil. 2, 6, traduction littérale, différente des versions françaises actuelles, mais qui s'appuie sur la traduction du XVIIe s. de Isaac Lemaistre de Sacy (*cf.* bibliographie *infra*).

b. Voir *supra*, n. 4.

c. Voir « Vita, iuxta quod motio est, Filius est factus », La vie, en tant qu'elle est mouvement, est devenue le Fils, Victorinus, *Adv. Ar.* I 52, 44, traduction Hadot.

d. Voir « Est enim esse et in patre, quod est potentia, quod prius est ab eo quod est forma. Est item rursus et in filio esse, sed istud quod est esse proprium a patre habet, ut sit illi formam esse. Alter ergo in altero, et ambo unum », Car l'être est à la fois dans le Père, être qui est puissance, qui est antérieur à ce qui est forme. L'être est également encore aussi dans le Fils, mais ce qui est son être propre, il le tient du Père, pour que ce soit pour lui 'être forme'. Ils sont donc l'un en l'autre, et tous deux sont un, Victorinus, *Adv. Ar.* II 4, 26-29, traduction (modifiée) Hadot. – Voir « Croyez-moi, je suis dans le Père et le Père est en moi », Ioh. 14, 11.

## XVI

### DEUS EST QUOD SOLUM VOCIS[1] NON SIGNIFICAT[2] PROPTER EXCELLENTIAM, UT MENTES[3] NON INTELLIGUNT PROPTER DISSIMILITUDINEM[4]

Officium vocis est significare intellectus mentis[5] et non aliud[6]. Anima non invenit in se speciem[7] ut exemplar Dei[8], quia ipsa[9] sunt penitus Ipse[10], non secundum quod sit in rebus. Ergo est ei dissimilis[11] secundum se totum, et non intellectum nec igitur significatum[12].

1. *solum* + génitif : voir Victorinus, « risibile hominis solum est et singulorum utique hominum », Le rire est le propre de l'homme et de chacun d'eux en général, *Isagoges fragmenta M. Victorino interprete*, ed. L. Minio-Paluello, B. G. Dod, A.L. I, 6-7, Bruges-Paris, 1966, p. 64 et *Liber de definitionibus*, éd. Stangl, p. 8, 23.

2. significat] significavit *L* – *Deus est quod solum vocis non significat* : voir οὐδὲ λόγος τούτῳ ὁ κατὰ φωνὴν οἰκεῖος, « le langage de la voix ne lui <au dieu suprême> est pas non plus approprié », Porphyre, *De abstinentia* II, 34, 2, éd. Bouffartigue et Patillon, II, p. 101.

3. mentes] mentis *L*.

4. *propter excellenciam... dissimilitudinem* : voir Ἆρ' οὖν ἀνόμοιος ὁ θεὸς τῷ νῷ καὶ ἕτερος ; καὶ εἰ μὴ ἑτερότη<το>ς μετουσίᾳ, ἀλλ' αὐτῷ γε τῷ μὴ εἶναι ὁ νοῦς. Ἢ ῥητέον ὅτι οὔτε ὁμοιότητος οὔτε ἀνομοιότητος πεῖραν ἔχει τὸ ἕν, ὅτι ὄντων τε καὶ μὴ ὄντων τῶν ἀπ' αὐτοῦ καὶ δι' αὐτὸν ὑποστάντων ἀεὶ <ὁ> αὐτὸς τὴν ἀσύμβλητον ἔχων ὑπεροχὴν πρὸς πᾶν ὁτιοῦν, « Est-ce que le dieu n'est pas dissemblable de l'esprit et tout autre ? Et sinon par participation à une altérité, du moins par le fait même de ne pas être l'esprit. Ou bien faut-il dire que l'Un n'a d'expérience ni de ressemblance ni de dissemblance parce que, que soient ou ne soient pas les êtres qui de lui et par lui tiennent leur existence, il est toujours le même, possédant la précellence incomparable sur toute chose, quelle qu'elle soit ? », <Porphyre>, *In Parm.* III, 1-8, éd. et traduction (modifiée) Hadot, *Porphyre et Victorinus*, II, p. 72-73.

5. *Officium vocis est significare intellectus mentis* : voir λέγειν γάρ ἐστι ... τὸ τὴν νοουμένου πράγματος σημαντικὴν προφέρεσθαι φωνήν, « dire, en effet, c'est proférer le vocable qui signifie l'objet pensé », Sextus Empiricus, *Adv. Math.*, VIII, 80. Pour l'expression, voir Victorinus, *In Cicer. Rhetor.* II, 3, éd. Halm, p. 259, 31-32 : « officium eius artis (eloquentiae) est dicere... » et I, 2, p. 163, 36-37 : « plenae sapientiae officium est invenire ».

6. aliud] *cett.*, *om. L*.

7. *Anima non invenit in se speciem... Dei* : voir Ἐπεὶ δ' οὐδὲν εὕρισκεν, ἀλλ' οὐδὲ ἐμφερῆ τινα ἰδέαν τῷ ἐλπιζομένῳ, « Mais comme <Moïse, *i. e.* l'âme> ne trouvait rien, mais pas même une idée ressemblant à ce qu'il espérait », Philon, *De mutatione nominum* 8, éd. Arnaldez, p. 34-35.

8. *anima non invenit in se exemplar Dei* : voir <ἡ ψυχὴ> οὐκ ἔχει δὲ κριτήριον εἰς τὴν γνῶσιν αὐτοῦ, « l'âme n'a pas de critère pour la connaissance du dieu », <Porphyre>, *In Parm.* X, 25-26, éd. Hadot, p. 96. Voir *infra*, sent. XXIII.

9. *ipsa* : ce sont les abstractions intrinsèques à Dieu distinguées dans <Porphyre>, *In Parm.* XIV, 15-16 : οὐχ ἓν δὲ οὐδὲ ἁπλοῦν κατὰ τὴν ὕπαρξιν καὶ ζωὴν καὶ τὴν νόησιν, « mais il n'est ni Un ni simple selon l'existence, la vie et la pensée », éd. Hadot, *Porphyre et Victorinus*, II, p. 110.

10. *Ipse* : voir 'τὸ αὐτὸ τοῦτο', « Lui-même », <Porphyre>, *In Parm.* XIV, 5, éd. Hadot, p. 110-111 ; Linguiti, CPF, p. 132-133 et 200-201.

11. *Ergo est ei dissimilis* : c'est la réponse à la question posée Ἆρ' οὖν ἀνόμοιος ὁ θεὸς τῷ νῷ καὶ ἕτερος ; « Est-ce que le dieu n'est pas dissemblable de l'esprit et tout autre ? », <Porphyre>, *In Parm.* III, 1, cité *supra*, n. 4.

12. *secundum se totum, et non intellectum nec igitur significatum* : voir Ἓν μὲν οὖν ἐστιν καὶ ἁπλοῦν κατὰ τὴν πρώτην καὶ 'αὐτὸ τοῦτο' αὐτοῦ τούτου ἰδέαν, ... ἄρρητον οὖσαν καὶ ἀνεννόητον, « Il est donc Un et simple selon l'idée première du « Lui-même » pris en lui-même (*secundum se totum*)..., idée qui est indicible et inconcevable (= *et non intellectum nec significatum*) », <Porphyre>, *In Parm.* XIV, 10-12, 14-15, éd. Hadot, p. 110-111.

## XVI

### DIEU EST CE QUE LE PROPRE DU LANGAGE NE SIGNIFIE PAS À CAUSE DE SON EXCELLENCE[a], COMME LES ESPRITS NE LE SAISISSENT PAS À CAUSE DE SA DISSEMBLANCE

La fonction du langage[b] est de signifier ce que comprend l'esprit et pas autre chose[c]. Or, l'âme ne trouve pas en elle d'idée qui soit le modèle de Dieu, puisque ces distinctions mêmes (l'existence, la vie et la pensée)[d] sont fondamentalement lui-même et ne dépendent pas de ce qui pourrait exister dans la réalité concrète. C'est donc pris en lui-même comme un tout, qui à la fois n'est ni saisi ni par conséquent signifié, qu'il se trouve dissemblable de l'esprit.

a. Voir « Omnia enim quae voces nominant post Ipsum sunt », Car toutes les choses que désignent les vocables sont après lui, Victorinus, *Adv. Ar.* IV 23, 26-27, traduction Hadot (un peu modifiée).

b. Le mot latin *vox* n'a pas à proprement parler le sens de 'langage', mais il traduit ici le grec φωνή, qui peut avoir par extension ce sens, cf. *supra*, n. 2.

c. Faut-il voir là un rejet de la position d'Aristote, pour qui le langage est l'expression des affections de l'âme (*De interpretatione* 1, 16a3-4) ?

d. Ce sont les abstractions induites de la nature de Dieu et exprimées dans le texte-source sous-jacent ici, <Porphyre>, *In Parm.* XIV, 15-16, voir *supra*, n. 9 et Introduction, p. 71-73.

## XVII

### DEUS EST INTELLECTUS SUI[1], SOLUM PRAEDICATIONIS NON RECIPIENS[2]

Non cognoscitur nodus per relationem[3] nodi, sed ideo in rebus <fit> ut diversis rationibus explicetur quod unica includitur.

Igitur, cum in Deo non sint rationes secundum prius et posterius[4], perficientes[5] quid ei secundum magis et minus[6], non recipit praedicationem[7]. Sed seipsum specie intelligit, quia ipsum ad ipsum generat[8].

1. *Deus est intellectus sui* : voir ... ὥστε ταὐτὸν νοῦς καὶ νοητόν, « de sorte que l'intellect est la même chose que l'intelligible », Aristote, *Metaph.* Λ 7, 1072b21, traduction M.-P. Duminil et A. Jaulin, p. 393 ; voir début du texte *infra*, n. 8.

2. *solum praedicationis non recipiens* : voir τὰς δὲ λεγομένας προσηγορίας ἀπο τῶν ὑστέρων καταχρηστικῶς αὐτοῦ κατηγορεῖν, « ce que l'on appelle ses dénominations est prédiqué de lui <le dieu Un> d'une manière impropre à partir des êtres inférieurs », Porphyre, *Hist. philos.* IV, fr. 15, éd. Nauck, p. 13, 12-14, traduction Segonds, p. 189. – Sur *solum* + génitif, voir *supra*, sentence XVI.

3. *relatio* a ici le sens rhétorique d''épanaphore' ou répétition d'un mot, *cf.* Martianus Capella, *De nuptiis Philologiae et Mercurii*, V (De rhetorica), 534, éd. J. Willis, Teubner, 1983, p. 187, 13-14.

4. *secundum prius et posterius* : voir « iuxta prius et posterius », Victorinus, *Ad Candidum* 22, 2.

5. rationes ... perficientes] *cett.* rationis ... perficientis *L*

6. *rationes... et minus* : voir οὐδὲ γὰρ ἄνθρωπος μᾶλλον νῦν ἄνθρωπος ἢ πρότερον λέγεται, οὐδὲ τῶν ἄλλων οὐδέν, ὅσα ἐστὶν οὐσία, « car on ne dit pas d'un homme qu'il est plus (= *secundum magis et minus*) homme maintenant qu'auparavant (= *secundum prius et posterius*), ni de rien d'autre, autant qu'il s'agit d'une substance », Aristote, *Categ.* 5, 4a6-8.

7. *non recipit praedicationem* : voir ἀπὸ τῆς πρώτης οὐσίας οὐδεμία ἐστὶ κατηγορία, « tiré de la substance première, il n'existe aucun prédicat », Aristote, *Categ.* 5, 3a36-37.

8. *seipsum specie intelligit, quia ipsum ad ipsum generat* : voir αὐτὸν δὲ νοεῖ ὁ νοῦς κατὰ μετάληψιν τοῦ νοητοῦ· νοητὸς γὰρ γίγνεται θιγγάνων καὶ νοῶν, « l'intellect a l'intellection de lui-même (*seipsum intelligit*) par une saisie de l'intelligible (*specie*), car il devient intelligible en touchant et en pensant l'intelligible (= *quia ipsum ad ipsum generat*), Aristote, *Metaph.* Λ 7, 1072b19-21, traduction Duminil et Jaulin, p. 393.

## XVII

### DIEU EST INTELLECT DE LUI-MÊME, SANS RECEVOIR LE PROPRE DU PRÉDICAT[a]

On ne connaît pas le nœud d'une question en le répétant; c'est pourquoi, dans la réalité, il se fait que l'on développe au moyen de raisons différentes ce qui est contenu en une seule.

Par conséquent, comme il n'y a pas en lui de raisons selon l'avant et l'après qui lui donneraient une détermination selon le plus et le moins, Dieu ne reçoit pas de prédicat. Mais c'est lui-même qu'il saisit comme en une idée[b], puisqu'il s'engendre lui-même à lui-même[c].

a. Voir « Nomina (τὰς προσηγορίας) ab his quae posterius sunt (ἀπο τῶν ὑστέρων), ab his quae post Deum, et inventa sunt et adsumpta. Et quoniam non est invenire dignum nomen Deo, ab his quae scimus nominamus Deum, habentes in intellectu quoniam non proprie appellamus (καταχρηστικῶς αὐτοῦ κατηγορεῖν) », Les appellations ont été trouvées et tirées des choses qui sont postérieures, des choses qui sont après Dieu. Et puisqu'il n'y a pas à trouver d'appellation digne de Dieu, nous le nommons d'après ce que nous connaissons, tout en ayant à l'esprit que nous n'employons pas de termes propres, Victorinus, *Ad Candidum* 28, 2-6, traduction Hadot (modifiée), et Hadot II, SC 69, p. 728. – Ce passage de Victorinus montre que la phrase grecque citée *supra*, n. 2, appartient bien au texte de Porphyre transmis par Cyrille d'Alexandrie (Vᵉ s.), contrairement à l'éd. Smith 220F, p. 241, qui repousse au-delà le début de la citation.

b. Voir « Et idcirco dicitur : tu te ipsum intellegis », Et c'est pourquoi l'on dit : tu te penses toi-même, Victorinus, *Adv. Ar.* I 31, 20; et « Cum intellegit Deus, se ipsum intellegit », Lorsque Dieu pense, il se pense lui-même, Victorinus, *Adv. Ar.* IV 27, 6-7.

c. Voir « Filius, id est intelligentiam intelligendo se genita intelligentia, intellexit Deum », le Fils, c'est-à-dire la pensée engendrée en se pensant comme pensée, a pensé Dieu, Victorinus, *Adv. Ar.* IV 29, 9-10, traduction Hadot.

## XVIII

### Deus est sphaera cuius tot sunt circumferentiae quot puncta [1]

Ista sequitur ex secunda quia, cum sit totus, sine dimensione[2] – et etiam dimensionis infinitae[3] – non erit in sphaera suae essentiae extentio. Ergo non est punctum[4] quin exterius sit circuli[5] circumferentia[6].

1. *tot sunt circumferentiae quot puncta* : à rapprocher pour l'expression de καὶ τοσαῦτα <κέντρα> ὅσαι αἱ γραμμαί, « et il y aura autant de centres que de lignes », Plotin, *Enn.* VI, 5 [23], 5, 15, à propos des rayons de la sphère.

2. *totus, sine dimensione* : ἐστι καὶ ἀμερὲς καὶ οὐδὲν ἔχον μέγεθος, le Premier Moteur « est à la fois sans partie (*totus*) et n'ayant aucune grandeur (*sine dimensione*) », Aristote, *Phys.*, VIII 10, 267b25-26.

3. *et etiam dimensionis infinitae* : rappel du commentaire de la définition II.

4. punctum] *correxi* punctus *codd.*

5. circuli] *L om. cett.*

6. *exterius sit circuli circumferentia* : voir καὶ γὰρ ἀρχὴ καὶ μέσον τοῦ μεγέθους καὶ τέλος ἐστίν, ὥστε διὰ τὸ ἔξω εἶναι τοῦτο τῆς περιφερείας, οὐκ ἔστιν ὅπου τὸ φερόμενον ἠρεμήσει ὡς διεληλυθός· ἀεὶ γὰρ φέρεται περὶ τὸ μέσον, ἀλλ' οὐ πρὸς τὸ ἔσχατον, « car <le centre> est le commencement et le milieu de la grandeur (*i.e.* la sphère), ainsi que sa fin, de sorte que, du fait qu'il est hors de la surface sphérique (*exterius sit circuli circumferentia*), il n'y a nulle part où la chose transportée sera en repos après avoir achevé sa course, car elle est toujours transportée autour du centre, et non pas vers un extrême », Aristote, *Phys.*, VIII 9, 265b3-7, traduction Pellegrin. La version commune du *Liber* dit *extremum* au lieu de *extentio* (CCCM 143A, p. 25), ce qui est cohérent avec le texte d'Aristote mais, s'agissant de l'essence divine, le rejet de toute *extentio* paraît plus adapté.

## XVIII

### DIEU EST UNE SPHÈRE QUI A AUTANT DE CIRCONFÉRENCES QUE DE POINTS [a]

Cette définition est une suite de la deuxième définition [b] parce que, comme Dieu est entier, sans dimension – et même, de dimension sans limite –, dans la sphère de son essence il n'y aura pas d'extension. Par conséquent, elle n'a pas de point qui ne soit extérieur à la circonférence d'un cercle [c].

a. C'est-à-dire que tout point de cette sphère est le centre d'une circonférence.

b. C'est un corollaire de la sentence II, « Dieu est une sphère sans limite dont le centre est partout et la circonférence nulle part ».

c. C'est-à-dire qui ne soit au centre d'une circonférence (voir *supra*, n. 6).

## XIX

### Deus est semper movens immobilis[1]

Haec definitio sic manifestatur : « Immobilis dicitur Deus quia est semper secundum unam dispositionem, et hoc est cum in quiete movens semper est »[2], quia vivens in se[3].

Sine etiam alteratione intelligit se[4] intellectu simplici[5], et hoc est quod intellectum est forma intelligentis[6] et Intellectus etiam perficit intellectum[7].

1. *Deus est semper movens immobilis* : voir Τὸ μὲν ἀκίνητον … ἀεὶ κινήσει, « Le <Moteur> immobile mouvra toujours », Aristote, *Phys.* VIII 6, 260a3-4.

2. *immobilis… semper est* : voir Τὸ δ' ἀκίνητον, ὥσπερ εἴρηται, ἅτε ἁπλῶς καὶ ὡσαύτως καὶ ἐν τῷ αὐτῷ διαμένον, μίαν καὶ ἁπλῆν κινήσει κίνησιν, « Quant au <Moteur> immobile, comme on l'a dit (*immobilis dicitur Deus*), attendu qu'il demeure simplement de la même manière (*quia est semper secundum unam dispositionem*) et dans le même état (*in quiete*), il mouvra d'un mouvement unique et simple (= *movens semper est*) », Aristote, *Phys.* VIII 6, 260a17-19, traduction Pellegrin.

3. *quia vivens in se* : voir Ὁρῶμεν δὲ καὶ φανερῶς ὄντα τοιαῦτα ἃ κινεῖ αὐτὰ ἑαυτά, οἷον τὸ τῶν ἐμψύχων … γένος, « Et nous voyons manifestement aussi des étants de ce genre qui se meuvent eux-mêmes, telle la famille des êtres vivants », Aristote, *Phys.* VIII 6, 259b1-3, traduction Pellegrin.

4. *Sine etiam alteratione intelligit se* : voir ἐν τῷ νῷ οὐδὲ κίνησις ἄρα, ἀλλὰ ἐνέργεια καθ' ἓν ἐν ἑνὶ ... ἀφῃρημένη… μεταβολῆς… πάσης, « dans l'Intellect il n'y a donc pas de mouvement, mais une activité sur le mode de l'unité dans l'unité, soustraite à… tout changement », Porphyre, *Sententiae* 44, éd. Lamberz, p. 58, 4-6 et *Sentences* 44, 26-28.

5. *intellectu simplici* : voir ἀμερὴς γὰρ καὶ νοητὸς ὅλος ὅλῳ καὶ νοῦς δι' ὅλου, « car <l'Intellect> est sans parties, intelligible tout entier pour lui-même tout entier et Intellect de bout en bout », Porphyre, *Sententiae* 44, éd. Lamberz, p. 57, 13 et *Sentences* 44, 13.

6. *intellectum est forma intelligentis* : voir ὁ αὐτὸς ἄρα νοῶν καὶ νοούμενον, « celui qui intellige est bien le même que ce qui est intelligé », Porphyre, *Sententiae* 44, éd. Lamberz, p. 57, 10-11 et *Sentences* 44, 10-11.

7. *et intellectus perficit intellectum* : εἰ δὲ νοητὸν τῷ νῷ ὁ νοῦς, ἑαυτῷ ἂν εἴη νοητὸν ὁ νοῦς, « or si l'Intellect est objet intelligible pour l'Intellect, c'est pour soi-même que l'Intellect doit être objet intelligible », Porphyre, *Sententiae* 44, éd. Lamberz, p. 57, 7-8 et *Sentences* 44, 7-8.

## XIX

### DIEU EST IMMOBILE ET MEUT TOUJOURS[a]

Cette définition s'explique ainsi : « Dieu est dit immobile parce qu'il est toujours dans une seule disposition ; et cela, parce que c'est en restant au repos qu'il meut toujours », puisqu'en lui-même il est vivant[b].

C'est aussi sans altération qu'il se pense d'un acte d'intellection simple[c], et cela, parce que l'intelligible est la forme de celui qui « intellige » et que, de plus, c'est l'Intellect qui constitue l'objet intelligible[d].

a. Voir « Hic est Deus ... inmobili motione semet ipsum custodiens », C'est Dieu... se gardant lui-même dans un mouvement immobile, Victorinus, *Adv. Ar.* I 50, 1-3, traduction Hadot.

b. Voir « illud esse primum... quanquam dicatur quies, movetur ; movetur autem intus motu, unde vivit sibi et intellegit semet ipsum », cet être premier... bien qu'on le dise repos, se meut ; mais il se meut d'un mouvement interne, grâce auquel il est vie pour lui-même et se pense lui-même, Victorinus, *Adv. Ar.* IV 16, 30-17, 2, traduction Hadot (un peu modifiée).

c. Voir « Et haec est ut intus intelligentia quae sine aliquo motu se intelligit ... », Et c'est comme une intelligence intérieure qui se pense sans aucun mouvement, Victorinus, *Adv. Ar.* IV 27, 13-15, traduction Hadot (un peu modifiée).

d. Voir « Cum autem intelligit se Deus, per formam se intelligit. Sed et ipsa forma intelligat necesse est. ... Unde est haec foris intelligentia. Et hic est Filius, hic est λόγος », Or, quand Dieu se pense, c'est par une forme qu'il se pense. Mais il est nécessaire que la forme elle-même pense. ... C'est pourquoi elle est l'Intelligence au-dehors. Et c'est le Fils, c'est le Logos, Victorinus, *Adv. Ar.* IV 28, 7-9, 15-16, traduction Hadot (un peu modifiée).

## XX

### Deus est qui solus sui intellectu vivit[1]

Non vivit[2] sicut corpora, quae recipiunt aliena intra se[3] ideo <ut> convertant ea in sui naturam. Non vivit sicut corpora supracaelestia[4], quae a spiritibus habent motum. Ut intelligentiae non, quae ab ipsius unitate sustentantur. A se ipso vivit et in se ipsum intelligendo vivit[5], et est superessentialiter[6].

1. *Deus est qui sui intellectu vivit* : voir ἡ νοῦ ἐνέργεια ζωή, ἐκεῖνος δὲ ἡ ἐνέργεια, « l'acte de l'intellect est vie, et l'acte est le dieu », Aristote, *Metaph.* Λ 7, 1072b26-27, traduction M.-P. Duminil et A. Jaulin, p. 393-394 ; voir *infra*, n. 5.

2. *Non vivit… non vivit… non* : ces trois étages correspondent à la division du monde des *Oracles chaldaïques* : monde de la matière (*corpora*) ; monde éthéré des corps célestes (*corpora supracaelestia*) ; monde intelligible ou empyrée (*intelligentiae*), que domine et régit l'Éternité, voir H. Lewy, *Chaldean Oracles*, p. 137 et 141.

3. *quae recipiunt aliena intra se* : voir ἐκ τῆς ἐμφορήσεως τῶν ἀλλοτρίων σωμάτων, « par l'absorption de corps étrangers », Porphyre, *De abstinentia* I, 34, 4, éd. Bouffartigue et Patillon, I, p. 69.

4. *supracaelestis*, mot rare, attesté chez Victorinus, voir P. Hadot, *Porphyre et Victorinus*, I, p. 180-181, n. 1.

5. *A se ipso vivit et in se ipsum intelligendo vivit* : voir ἡ νοῦ ἐνέργεια ζωή, ἐκεῖνος δὲ ἡ ἐνέργεια· ἐνέργεια δὲ ἡ καθ' αὑτὴν ἐκείνου ζωὴ ἀρίστη καὶ ἀΐδιος, « l'acte de l'intellect est vie et l'acte est le dieu (*in se ipsum intelligendo vivit*). La vie du dieu en elle-même, excellente et éternelle, est acte (= *a se ipso vivit*) », Aristote, *Metaph.* Λ 7, 1072b26-28, traduction Duminil et Jaulin (un peu modifiée), p. 393-394.

6. superessentialiter] *cett.* semper essentialiter *L;* voir ἐν δὲ τῷ ἐπέκεινα … ὑπερουσίως, « et dans l'au-delà (les choses sont) … sur le mode suressentiel », Porphyre, *Sententiae* 10, éd. Lamberz, p. 4, 9-10 et *Sentences* 10, 3-4.

# XX

## DIEU EST LE SEUL QUI VIT DE LA PENSÉE DE LUI-MÊME [a]

Il ne vit pas comme les corps, eux qui reçoivent à l'intérieur d'eux-mêmes des substances étrangères pour les convertir en leur propre nature [b]. Il ne vit pas comme les corps supracélestes, auxquels des esprits donnent le mouvement. Il ne vit pas comme les intelligences non plus, elles qui sont soutenues par sa propre unité. C'est par soi-même qu'il vit [c] et c'est en se pensant lui-même qu'il vit [d], et il 'est' [e] sur un mode supérieur à l'essence/substance [f].

a. Voir « vivit ex sese... et hoc Deus est.... immo Ipse, in eo quod est ei esse, hoc est illud quod dicimus vivere et hoc quod intelligere, et hoc Deus est », il vit de lui-même... et c'est cela Dieu.... bien plus lui-même, en ce qu'il possède l'être, c'est-à-dire ce que nous appelons vivre et ce que nous appelons penser, et c'est cela Dieu, Victorinus, *Adv. Ar.* IV 8, 9-10, 12-13, éd. Hadot.

b. Dans la méditation qui prolonge sa lecture des *quidam libri platonicorum*, Augustin a le sentiment d'avoir entendu Dieu lui dire : « Je suis la nourriture des grands; grandis et tu me mangeras. Et ce n'est pas toi qui me changeras en toi à la façon de la nourriture de ta chair, mais c'est toi qui seras changé en moi (*cibus sum grandium : cresce et manducabis me. Nec tu me in te mutabis sicut cibum carnis tuae, sed tu mutaberis in me*), s. Augustin, *Conf.* VII, X, 16.

c. Voir « Vivunt ergo cuncta, terrena, humida, aeria, ignea, aetheria, caelestia .... Vivunt supracaelestia. Et magis vivunt quae ab hyle et a corporeis nexibus recesserunt, ut puriores animae ... atque ipsi spiritus. Alii ut in alio, id est in sua substantia vitam habentes, alii ipsa vita sunt.... Vivunt et a se vivunt »,

Donc toutes choses vivent, terrestres, humides, aériennes, ignées, éthérées, célestes.... Vivent aussi les réalités supracélestes. Et vivent plus pleinement les êtres qui se sont dégagés de la matière et des liens corporels, telles les âmes purifiées... et les esprits eux-mêmes. Les uns ont la vie comme en un sujet différent, c'est-à-dire qu'ils ont la vie dans leur substance, les autres sont la vie.... Ils vivent et vivent par eux-mêmes, Victorinus, *Adv. Ar.* IV 11, 20-30, traduction Hadot (un peu modifiée); et encore Victorinus, *Hymnus* II, 12-14.

d. Voir « Et haec est ut intus intellegentia quae, sine aliquo motu, se intellegit quippe quae, cum intellegit, exsistit, et cum exsistit, intellegit. Et hoc est Deus (*cf.* Καὶ τὸ νοοῦν καὶ τὸ νοούμενον ὑπάρξει, ... Selon l'existence, le pensant est aussi le pensé, ... <Porphyre>, *In Parm.*, XIV, 16-17) »,

Et cette pensée est comme une pensée à l'intérieur qui, sans aucun mouvement, se pense elle-même puisqu'elle existe lorsqu'elle pense, et qu'elle pense lorsqu'elle existe. Et c'est cela, Dieu, Victorinus, *Adv. Ar.* IV 27, 13-16, traduction Hadot (un peu modifiée).

e. Voir « magis autem ipsum quod est esse, hoc est quod vita atque intelligentia motu interiore et in se converso », ou plutôt cela même qui est l'être, c'est ce qui est vie et intelligence par un mouvement intérieur et tourné vers soi-même, Victorinus, *Adv. Ar.* III 2, 14-16, traduction Hadot (un peu modifiée).

f. Il faut préciser ici essence comme synonyme de substance, puisque tout le texte parle par ailleurs de l'essence divine. On trouve le mot ὑπερούσιον chez Victorinus, *Adv. Ar.* II 1, 27.

## XXI

### DEUS TENEBRA EST IN ANIMA POST OMNEM LUCEM RELICTA [1]

Species rerum quae apud animam quae detegunt quod in ipsa est gratia cuius Deus[2] quodammodo est anima[3], Ipse illuminat animae[4].

Sed, post abiectionem communium formarum ipsarum[5], contemplatur divinitatem abnegando et removendo. Removendo omnes rerum species ab ipsa[6], convertit se ad supra se[7] et vult causam primam videre : et obtenebratur intellectus animae[8], quia non est aptus ad illam lucem increatam[9].

1. *tenebra est in anima post omnem lucem relicta* : voir ψυχὴ ἀφελοῦσα ὅσα ἐπὶ τοῖς αἰσθητοῖς οἷον φῶς, τὸ λοιπὸν οὐκέτι ἔχουσα ὁρίσαι, ὁμοιοῦται τῇ ὄψει τῇ ἐν σκότῳ, « l'âme, ayant enlevé tout ce qui détermine les sensibles à la façon d'une lumière (= *post omnem lucem*), ne pouvant plus définir le reste, s'assimile à la vue dans l'obscurité (= *tenebra est in anima relicta*) », Plotin, *Enn*. II, 4 [12], 10, 15-17, éd. et traduction Narbonne (un peu modifiée), p. 290-291. Plotin décrit ici la pensée que l'âme a de la matière sensible brute. Voir Introduction, p. 75-77.

2. *Species rerum quae apud animam quae detegunt quod in ipsa est gratia cuius Deus* : voir Ὁ θεῖος <νόμος> ὑπὸ μὲν τοῦ νοῦ … ταῖς λογικαῖς ψυχαῖς κατὰ τὰς ἐννοίας διετάχθη, δι᾽ ἀληθείας δὲ τῶν ἐν αὐταῖς πεφασμένων εὑρίσκεται, « La loi divine a été distribuée par l'Intellect aux âmes raisonnables… selon leurs notions propres (= *species rerum quae apud animam*), et on la découvre grâce à la vérité de celles qui s'y trouvent apparues (= *quae detegunt quod in ipsa est gratia cuius Deus…*) », Porphyre, *Ad Marcellam* 25, 15-17, éd. Des Places, p. 120 (variante πεφασμένων, p. 160, n. 4). – *species rerum quae apud animam* : voir τὴν ψυχὴν εἶναι τόπον εἰδῶν, « l'âme est le lieu des formes », Aristote, *De anima* III 4, 429a27-28.

3. *quodammodo est anima* : même formule dans ἡ ψυχὴ τὰ ὄντα πώς ἐστι πάντα, « l'âme est d'une certaine façon les étants en totalité », Aristote, *De anima* III 8, 431b21.

4. *Species rerum quae apud animam – Ipse illuminat animae* : voir ψυχὴν λογικὴν… ἣν τρέφει ὁ νοῦς, τὰς ἐν αὐτῇ ἐννοίας, ἃς ἐνετύπωσε καὶ ἐνεχάραξεν ἐκ τῆς τοῦ θείου νόμου ἀληθείας, εἰς ἀναγνώρισιν ἄγων διὰ τοῦ παρ᾽ αὐτῷ φωτός, « l'âme raisonnable que nourrit l'Intellect (*Ipse*), en lui faisant reconnaître (= *animae*), grâce à la lumière qui est en lui (= *illuminat*), les notions (*species rerum*) qui s'y trouvent (*quae apud animam*), notions qu'Il y a imprimées et gravées à partir de la vérité de la loi divine », Porphyre, *Ad Marcellam* 26, 8-11, éd. Des Places, p. 121 ; Hadot, *Porphyre et Victorinus*, I, p. 194, n. 3.

5. *communium formarum ipsarum* : les ἐννοίαι.

6. *Removendo omnes rerum species ab ipsa* : voir παραιτούμενον πᾶν εἶδος, la représentation de l'ignorance qu'elle <l'âme> a de Lui lui suffit, « écartant toute forme », <Porphyre>, *In Parm*. X, 28-29, éd. Hadot, *Porphyre et Victorinus*, II, p. 96. Voir *infra*, XXIII, n. 1.

7. *convertit se ad supra se* : voir <les actes de ces âmes sont de deux sortes> ἡ μὲν γὰρ πρὸς τὸ ἄνω, νοῦς, « l'une vers le haut, l'intellect », Plotin, *Enn*. VI, 2 [43], 22, 29-30.

8. *vult causam primam videre et obtenebratur intellectus animae* : voir <ὁ λογισμὸς> τἀκεῖ πάντα γλιχόμενος ἰδεῖν, … ὡς τὸ τῆς ψυχῆς ὄμμα … σκοτοδινιᾶν, « <la pensée> souhaitant ardemment voir toutes les réalités de là-bas, … au point que l'œil de l'âme se brouille », Philon, *De specialibus legibus* I, 37, éd. Daniel, p. 32. – *intellectus animae*, Aristote, *De anima* III 4, 429a23.

9. *non est aptus ad illam lucem increatam* : voir Philon, *De specialibus legibus* I, 43-44, où Dieu s'adresse à Moïse, par ex. : χαρίζομαι δ᾽ ἐγὼ τὰ οἰκεῖα τῷ ληψομένῳ, « Les faveurs que j'accorde sont appropriées à celui qui doit les recevoir » (43), éd. et traduction Daniel, p. 34-35. – *lucem increatam* : τὸ ἀγένητον φῶς, Philon, *De ebrietate* 208, éd. Gorez, p. 108. Voir *infra*, comm. XXIV.

## XXI

### DIEU EST TÉNÈBRE DANS L'ÂME, CELLE QUI RESTE APRÈS TOUTE LUMIÈRE

Les idées des choses dans l'âme révèlent en elle ce qui fait que Dieu d'une certaine façon est l'âme[a]; et c'est Dieu lui-même qui les illumine pour elle[b].

Mais, après avoir rejeté les notions communes elles-mêmes, par ce refus et cette mise à l'écart l'âme contemple la divinité. En écartant loin d'elle toutes les idées des choses, elle se tourne vers ce qui est au-dessus d'elle et veut voir la cause première[c] : et l'intellect de l'âme s'enténèbre[d], parce qu'il n'est pas apte à recevoir cette lumière incréée.

a. Voir « quoniamsi inditus est animae nostrae νοῦς πατρικός et spiritus desuper missus figurationes intelligentiarum inscriptas ex aeterno in nostra anima movet » (*cf.* ὁ νοῦς, τὰς ἐν αὐτῇ <ψυχῇ> ἐννοίας, ἃς ἐνετύπωσε καὶ ἐνεχάραξεν… ἐν αὐτῇ τετυπωμένον ἐξ ἀϊδίου, Porphyre, *Ad Marcellam* 26, 8-15, éd. Des Places, p. 121), si en notre âme a été introduit le Noûs paternel, si, envoyé d'en-haut, l'esprit émeut les symboles imprimés de toute éternité dans l'âme que sont les notions intellectuelles…, Victorinus, *Ad Candidum* 1, 6-8, traduction Hadot et II, SC 69, p. 690-691.

b. Voir « Excitatus enim in anima ὁ νοῦς intellectualem potentiam animae inlustrat et inluminat », car lorsque l'Intellect a été provoqué dans l'âme, il éclaire la puissance intellectuelle de l'âme, il l'illumine, Victorinus, *Ad Candidum* 7, 17-18, traduction Hadot (modifiée). – Voir « le Verbe était la vraie lumière qui illumine tout homme venant dans le monde », Ioh. 1, 9.

c. Voir « ineffabiles res et investigabilia mysteria Dei voluntatum aut operationum quasi quaedam mentis elatio animae nostrae vult quidem videre », Notre âme, en une sorte de transport spirituel, veut voir les substances ineffables, les inexplorables mystères des volontés ou des actes de Dieu, Victorinus, *Ad Candidum* 1, 8-11, traduction Hadot.

d. Voir « Tenebrata autem <anima> deorsum ducitur », Mais si <l'âme> est prise de vertige, elle est entraînée vers le bas, Victorinus, *Adv. Ar.* I 61, 23-24, traduction Hadot.

# XXII

## DEUS EST EX QUO EST QUICQUID EST, NON PARTITIONE, PER QUEM EST, NON VARIATIONE, IN QUO EST QUOD EST, NON COMMIXTIONE [1]

Ad applicationem [2] vero suae essentiae triformis [3] ad nihil iusta<m>, illas res quae sunt ad esse producit [4] : ut est ex generato generator [5], suum initium suae essentiae perciperent per genitum, in esse starent, in uniformitate permanerent [6].

Sed sic ex generante ipso non dividitur aliquid de sui essentia [7] : eis adhaerentiam tribueret, ne species divina [8], rebus speciem dans per se,

1. *Deus est ex... non commixtione* : voir ἱκανῶς γὰρ ἀφίστησιν ἀπ' αὐτοῦ (θεοῦ) <ἡ τοῦ ἑνὸς ἔννοια> πᾶν πλῆθος καὶ σύνθεσιν καὶ ποικιλίαν, καὶ τὸ ἁπλοῦν ἐννοεῖν δίδωσι καὶ τὸ μηδὲν πρὸ αὐτοῦ καὶ τὸ ἀρχὴν εἶναι τῶν ἄλλων τὸ ἕν πως, « De manière adéquate en effet, <la notion d'Un> écarte de lui (le dieu) toute multiplicité (=*partitio*), composition (*commixtio*) et variété (*variatio*), et donne à entendre que l'Un est en quelque sorte à la fois ce qui est simple (=*in quo est quod est, non commixtione*), ce qui n'a rien avant lui (=*per quem est, non variatione*) et ce qui est principe des autres choses (=*ex quo est quicquid est, non partitione*) », <Porphyre>, *In Parm.* I, 6-10, éd. et traduction Hadot (un peu modifiée), *Porphyre et Victorinus*, II, p. 64-65 ; *cf.* Introduction, p. 65 et 94.

2. *Ad applicationem iustam* : reprend, en le transposant à la création, ἱκανῶς, « de manière adéquate », au début du texte de la n. 1, *In Parm.* I, 6, *ibid.*

3. *triformis* : voir τρίμορφος, épithète traditionnelle d'Hécate ou la Lune, in Liddell-Scott, *s. v.* et *triformis* par ex. dans Horace, *Odes*, III, 22, 4.

4. *illas res quae sunt ad esse producit* : voir εἰς οὐσίωσιν ὁ θεὸς τὰ πάντα παρήγαγεν, « le dieu a amené toutes les choses à l'existence », Porphyre, *In Tim.... fragm.*, fr. 36, éd. Sodano, p. 24, 4-5. Voir *supra*, comm. XIV.

5. *ut est ex generato generator* : voir Οἷον ὁ πατὴρ σὺν τῷ υἱῷ ἐστι πατήρ, « Comme le père est père avec le fils », Porphyre, *In Categ. Aristote*, éd. Busse, p. 118, 8 et *supra*, comm. VII – *generator, generatus* : voir τὸ γεννῆσαν et τὸ γεγεννημένον, Plotin, *Enn.* V, 1 [10], 6, 51-52.

6. Voir : a) Διὸ καὶ οὐσίαι ταῦτα· ὥρισται γὰρ ἤδη, « c'est pourquoi elles sont aussi essences ces choses <dans l'Intellect> : car les essences sont déjà définies (=*suum initium suae essentiae*) », Plotin, *Enn.* V, 1 [10], 7, 22-23; b) ὁ νοῦς οὗτος ἄξιος ... γενόμενον δὲ ἤδη τὰ ὄντα πάντα σύν αὑτῷ γεννῆσαι, « cet Intellect est digne... une fois engendré (=*per genitum*) d'avoir déjà engendré avec lui tous les êtres (=*suum initium suae essentiae perciperent*) », Plotin, *Enn.* V, 1 [10], 7, 26-29 ; c) στάσις δὲ τοῖς νοητοῖς ὁρισμὸς καὶ μορφή, οἷς καὶ τὴν ὑπόστασιν <τὸ ὄν> λαμβάνει, « l'état stable pour les intelligibles, c'est la définition et la forme (=*in uniformitate permanerent*), par lesquelles l'être reçoit aussi sa réalité (=*in esse starent*) », Plotin, *Enn.* V, 1 [10], 7, 25-26.

7. *sic ex generante ipso non dividitur aliquid de sui essentia* : voir Ἐπὶ τῶν ζωῶν τῶν ἀσωμάτων αἱ πρόοδοι μενόντων τῶν προτέρων ... γίνονται ... οὐ φθειρόντων τι αὐτῶν εἰς τὴν τῶν ὑπ' αὐτὰ ὑπόστασιν, « Dans le cas des vies incorporelles les processions ont lieu alors que les réalités qui viennent avant (=*ex generante ipso*) demeurent... sans détruire quelque chose d'elles-mêmes (=*non dividitur aliquid de sui essentia*) pour faire subsister les êtres inférieurs à elles », Porphyre, *Sententiae* 24, éd. Lamberz, p. 14, 5-7 et *Sentences* 24, 1-3.

8. *species divina* : voir Ἓν μὲν οὖν ἐστιν καὶ ἁπλοῦν κατὰ τὴν πρώτην καὶ ʽαὐτὸ τοῦτοʼ αὐτοῦ τούτου ἰδέαν, « Il est donc Un et simple selon l'idée première du Lui-même pris en lui-même », <Porphyre>, *In Parm.* XIV, 10-12, éd. et traduction Hadot (un peu modifiée), p. 110-111. Cf. *supra*, XVI, n. 12.

## XXII

### DIEU EST CELUI DE QUI EST TOUT CE QUI EST, SANS DIVISION, GRÂCE À QUI CELA EST, SANS MODIFICATION, EN QUI EST CE QUI EST, SANS COMPOSITION

Or, pour une juste application de sa triple essence au rien, Dieu amène à l'être les choses qui sont[a] : de même que parce qu'il y a un engendré, il y a un engendreur, c'est grâce à l'engendré[b] que les choses peuvent recevoir l'origine de leur essence[c], peuvent être stables dans l'être, peuvent demeurer dans une même forme.

Mais, de cette façon, rien n'est retranché de l'essence propre[d] de l'engendrant lui-même : Il accorderait aux idées d'être rattachées à lui[e], de peur que l'idée divine, si elle donnait par elle-même, et

a. Voir « quod honoratius et antiquius et secundum fontem universitatis, verum quod est esse, quod praestat Deus his quae sunt ut unumquodque sit », Ce qui est plus noble, plus ancien et selon la source de l'univers, ce qui est l'être véritable que Dieu donne aux choses qui sont pour que chacune soit, Victorinus, *Adv. Ar.* II 4, 39-42, éd. Hadot.

b. Voir πάντα δι' αὐτοῦ ἐγένετο, καὶ χωρὶς αὐτοῦ ἐγένετο οὐδὲ ἓν ὃ γέγονεν, « Tout fut par lui <le Verbe>, et rien de ce qui fut, ne fut sans lui », Ioh. 1, 3 et « Tout est créé par lui et pour lui (le Christ) », Col. 1, 16.

c. Voir « Non enim λόγος locutio quaedam est (οὐ γὰρ ἐστιν ὁ λόγος αὐτῷ γεγωνὸς ἀέρος πλῆξις, Philon, *Quod Deus* 83), sed potentia ad creandum aliquid, confabulans his quibus futurum est esse, secundum ὀντότητος virtutem, unicuique propriam substantiam », Car le *Logos* n'est pas une quelconque émission de voix ; mais il est puissance de créer quelque chose, définissant, pour ceux qui viendront à l'être, selon la puissance de l'essentialité, à chacun sa propre substance, Victorinus, *Adv. Ar.* I 31, 32-35, traduction Hadot.

d. Voir « potentia potens praestandi quod est esse omnibus, non ab eo quod est esse ut partem dans et paternam, et effectrice potentia unicuique quod est esse ei proprium consistens, hoc autem per ministantem λόγον », C'est la puissance qui a le pouvoir de procurer l'être à toutes choses – mais sans le donner comme une partie même paternelle de celui qui est l'être – et qui, par sa puissance créatrice, constitue pour chaque chose son être propre, mais cela par le ministère du Logos, Victorinus, *Adv. Ar.* I 52, 11-14, traduction Hadot (un peu modifiée).

e. Voir « Τριδύναμος est Deus, id est tres potentias habens, esse, vivere, intellegere… Ista vero tria progressu suo… omnium quae sunt quaeque esse possunt aut esse potuerunt exsistentiam, vitam intelligentiamque, pro rerum ac substantiarum captu – et participationes praestant – sortita sunt… ut sint ista umbra vel imago trium omnium superiorum », Dieu est τριδύναμος, c'est-à-dire qu'il a trois puissances, l'être, le vivre, le penser… Mais ces trois, en leur avancée… ont réparti, de tout ce qui est et qui peut ou pourra être, l'existence, la vie et la pensée, selon ce qu'en saisissent les réalités et les substances – c'est-à-dire qu'ils accordent une participation –… en sorte que ce soit l'ombre ou l'image des trois ensemble qui sont en haut », Victorinus, *Adv. Ar.* IV 21, 26-27, 31 – 22, 4, 5-6, éd. Henry (apparat) et traduction Hadot (modifiée). Voir aussi *Adv. Ar.* IV 31, 9-16.

non per alium, se Ipsum variaret, nec unitor[9], ipsa <exemplaria> in se colligens[10], commixtionem ex interpretatione aut impuritatem[11] attraheret.

9. *unitor* est un mot de Victorinus, traduisant sans doute ἑνωτικός, unificateur, assez fréquent chez Philon, par ex. *De opificio mundi* 131. Voir *infra*, note f.

10. *ipsa exemplaria in se colligens* : voir ἐν τῷ νῷ το παράδειγμα τίθεται τῶν γιγνομένων, « <Porphyre> place dans l'Intellect le modèle des choses qui adviennent », Porphyre, *In Tim. ...fragm.*, fr. 53, éd. Sodano, p. 40, 15.

11. *commixtionem, impuritatem* : voir τὸ μὲν δραστήριον, ὁ τῶν ὅλων νοῦς, ἐστιν εἱλικρινέστατος καὶ ἀκραιφνέστατος, « la cause active <de la création>, l'Intellect universel, est absolument pur et sans mélange », Philon, *De opificio mundi* 8, éd. Arnaldez, p. 146-147.

non par l'intermédiaire d'un autre, aux choses leur idée propre, ne le modifie lui-même, et pour éviter que l'Unificateur[f], qui rassemble en lui ces modèles mêmes[g], n'attire sur lui composition ou impureté par suite de leur transposition dans la matière[h].

f. Voir « Unus, alter unus, ex uno unus, idem unus et omnia/Unus, unitor omnium, virtus unius operans unum ut fiant omnia » L'Un, l'autre Un, l'Un de l'Un, à la fois Un et tout/L'Un, unificateur de toutes choses, puissance de l'Un œuvrant pour que toutes choses deviennent une, Victorinus, *Hymnus* III, 97-99, éd. Henry et Hadot, *Marii Victorini Opera* I, CSEL 83/1, p.298. – Voir Eph. 1, 10 : « récapituler toutes choses en Christ, ce qui est dans les cieux et ce qui est sur la terre ».

g. Voir « Et hic λόγος, ... continens universaliter omnium res et praestans ad exsistentiam unicuique sua et propria. Ergo quia sua unicuique et propria praestat, definit et determinat », Et ce Logos, ... contenant en lui-même sous un mode universel les réalités de tout, et fournissant à chacune, pour son existence, ce qui lui appartient et lui est propre. Donc, puisqu'il fournit à chaque chose ce qui lui appartient et lui est propre, il définit et il délimite, Victorinus, *Adv. Ar.* IV 19, 26-30, traduction Hadot (un peu modifiée).

h. Voir « Caelum etenim et omnia in eo, et universus mundus, ex ὕλη consistens et specie, in conmixtione est », Car le ciel et tout ce qui est en lui, et le monde entier, fait de matière et de forme, est en composition, Victorinus, *Ad Candidum* 9, 15-17, traduction Hadot (un peu modifiée).

## XXIII

### DEUS EST QUI SOLA IGNORANTIA MENTE COGNOSCITUR[1]

Haec definitio cognoscitur per XXI, secundum <quam> nihil cognoscitur ab anima nisi cuius speciem secundum habitum recipere potest et ad exemplar eius quod est in ipsa comparare[2]. Vi Illius enim habet species cum anima exemplar, quod in ipsa a prima causa fluxit in esse[3]. Igitur eius qui super ipsam est non habebit cognitionem[4], igitur non primae causae.

Sed cum omnem aliorum contemplata et animam ipsam[5], extrahendo causam primam a rebus et supponendo oppositum et nihil[6], quantum poterit acquirere sic habebit cognitionem. Et hoc est ut ignorare, scilicet scire quid non est et nesciendo quid est[7].

1. *Deus est... cognoscitur* : voir αὔταρκες αὐτῇ τὸ τῆς ἀγνωσίας αὐτοῦ εἰκόνισμα ... τῷ γνωρίζοντι, « la représentation de l'ignorance que <l'âme> a de Lui lui suffit (= *Deus est qui sola ignorantia*)... pour celui qui cherche à connaître (= *mente cognoscitur*) », <Porphyre>, *In Parm.* X, 27-29, éd. Hadot, *Porphyre et Victorinus*, II, p. 96. Voir *supra*, sentence XXI, n. 6.

2. Voir : « Species rerum quae apud animam quae detegunt quod in ipsa est gratia cuius Deus quodammodo est anima », Les idées des choses qui sont dans l'âme, qui révèlent ce qu'il y a en elle grâce à quoi Dieu d'une certaine façon est l'âme, *supra*, comm. XXI.

3. *a prima causa fluxit in esse* : voir ἀρχεγόνους ἰδέας, πρώτη πατρὸς ἔβλυσε τάσδε αὐτοτελὴς πηγή, « les idées primordiales, c'est la source originelle du Père, parfaite en elle-même, qui en a lancé le flux », *Oracles chaldaïques*, fr. 37, 15-16, éd. Des Places, p. 76.

4. *eius qui super... cognitionem* : voir ἐκείνου ὑπερ πάντα λόγον καὶ πᾶσαν νόησιν ἐν τῇ αὐτοῦ περὶ ἡμᾶς ἀγνωσίᾳ καταμένοντος, « Celui-là demeurant au-dessus de tout discours et de toute pensée (= *eius qui super ipsam est*), dans l'ignorance de lui qui se trouve en nous (= *non habebit cognitionem*) », <Porphyre>, *In Parm.* IX, 24-26, éd. et traduction (un peu modifiée) Hadot, p. 94-95 ; Linguiti, CPF, p. 120-121 et comm. p. 173.

5. et animam ipsam] *L* fuerit scientiam *cett.* L'expression *alius et (ac)*, au sens de autre que, renvoie à Cicéron, *Verr.* 2, par. 52, et semble perdue au Moyen Âge.

6. *cum omnem aliorum... et nihil* : voir νοεῖν πάντα τὰ παρ' αὐτοῦ καὶ δι' αὐτόν, ἡγεῖσθαι <δὲ> ὅτι αἴτιος μὲν αὐτὸς καὶ τοῦ πλήθους καὶ τοῦ εἶναι αὐτῶν, « <Il faut> s'attacher par la pensée (= *contemplata*) à toutes les choses qui viennent de lui et par lui (= *omnem aliorum*), et considérer qu'il est cause aussi bien de leur multitude (= *extrahendo causam primam a rebus*) que de leur être (= *supponendo oppositum et nihil*) », <Porphyre>, *In Parm.* II, 8-10, éd. et traduction Hadot, p. 68-69.

7. *scire quid non est et nesciendo quid est* : voir suite du texte cité n. 4 : ἀμείνους οἱ τὸ τί οὐκ ἔστι πρεσβεύσαντες ἐν τῇ γνώσει αὐτου τῶν τί ἔστι, κἂν λέγηται ἀληθῶς, μὴ οἵων τε ὄντων ἀκούειν ὡς λέγεται, « Mieux vaut ceux qui privilégient dans la connaissance de Dieu (*scire*) ce qu'Il n'est pas (*quid non est*) que ceux qui privilégient ce qu'Il est (*quid est*), même si ce qui est dit l'est en vérité, incapables qu'ils sont d'entendre en quel sens c'est dit (= *et nesciendo*) », <Porphyre>, *In Parm.* IX, 27-30, éd. Hadot, traduction revue, p. 94 ; Linguiti, CPF, p. 120-121 et comm. p. 173-174.

## XXIII

## DIEU EST CELUI QUE L'ESPRIT APPREND À CONNAÎTRE DE SA SEULE IGNORANCE[a]

Cette définition est connue grâce à la vingt-et-unième, selon laquelle l'âme ne connaît rien que ce dont elle peut recevoir l'idée en vertu d'une disposition acquise et la comparer au modèle qui est en elle. Car c'est par la force de Celui-là <l'Intellect[b]>, que l'idée a en correspondance dans l'âme un modèle des choses, qui y a pris cours à partir de la cause première[c]. Elle n'aura donc pas connaissance de celui qui est au-dessus d'elle ni donc de la cause première.

Mais, lorsqu'elle aura considéré attentivement toute la connaissance des choses autres que l'âme elle-même, en extrayant des réalités la cause première et en y mettant sous-jacent le contraire du rien même[d], elle aura de la sorte toute la connaissance de Dieu qu'elle pourra acquérir[e]. Et c'est autant dire ignorer que de savoir ce qu'il n'est pas sans même savoir ce qu'il est.

a. Voir « omnigenus autem, ignorationem de te habentes (= ἐν τῇ αὐτοῦ περὶ ἡμᾶς ἀγνωσίᾳ, *supra*, n. 4), cognoscentiam de te habemus », une connaissance en général de toi, nous l'avons en ayant l'ignorance de toi, Victorinus, *Ad Candidum* 32, 6-7, éd. Hadot, traduction modifiée.

b. Voir « Vis potentiaque vitalis quae defluens a λόγῳ illo qui vita est », La force et puissance vitale qui, découlant de ce Logos qui est la vie, Victorinus, *Adv. Ar.* IV 11, 8, traduction Hadot.

c. Voir « Imagines dico potentias per omnia lineis animae defluentes », J'appelle images les puissances s'écoulant d'en-haut à travers tout par le réseau de l'âme, Victorinus, *Adv. Ar.* IV 25, 31-32, traduction Hadot (modifiée).

d. C'est-à-dire l'être.

e. Voir « ... ut in ignoratione intelligibile, quoniam ὄν et quoniam non ὄν », ... <Dieu est connu> en tant qu'intelligible dans l'ignorance, puisqu'il est à la fois étant et non-étant, Victorinus, *Ad Candidum* 14, 2-3, traduction Hadot (un peu modifiée).

## XXIV

### *DEEST*[1]

VEL SIC : DEUS EST QUI SOLA IGNORANTIA MENTE COGNOSCITUR

Haec definitio est ad essentiam data.

Sicut[2] lux creata cum cadit super rem tenebrosam ita quod fit tantae tenebrositatis ita quod non sit potens lux illa purgare tenebrosum propter sui vehementem densitatem, tunc frangitur lux in radiis, et sic cum sic, in maxime se multiplicantibus, pertransit illud densum medium, contrari<e>[3] infinitum in se[4] in ipsis creaturis respectu lucis divinae.

Cum enim non sit tanta possibilitas in creaturis, non in rebus creatis, quae frangat lucem divinam in sui actione, immo animam pertransit[5]. Sed cum sit in re aliqua deformitas, scilicet respectu sui creatoris[6], tunc in illa claritatem

1. Certains manuscrits ont comblé ce manque en façonnant diverses définitions XXIV, à partir soit du commentaire XXIV : « Deus est lux pervia quae fractione non clarescit, transit, sed sola deiformitas in re », soit du commentaire XXIII : « Deus est qui non est et nesciendo quid est », « Deus est qui verius cognoscitur quod (*sic*) non est quam quod est », soit à partir de s. Augustin : « Deus est lux quam non capit oculus, vox quam non capit tempus, odor quem non divellit satietas » (cf. *Conf.*, X, VI, 8). Voir CCCM 143A, p. 33.

2. *Sicut* est en corrélation inverse avec *contrarie*.

3. contrarie] contraria *L comm. XXIV multum alteratum est in cett. codd.* (*cf.* CCCM 143A, p. 33-34) – *contrarie infinitum in se* : voir τάχα δὲ ἀνάπαλιν ἡ ἐνταῦθα <ὕλη>, « la matière, ici, se comporte sans doute de manière inverse », Plotin, *Enn.* II, 4 [12], 3, 10-11, éd. et traduction Narbonne, p. 276-277, qui oppose la matière sensible à la matière intelligible.

4. *infinitum in se* : voir οὐ τοίνυν συμβεβηκὸς τῇ ὕλῃ τὸ ἄπειρον· αὐτὴ τοίνυν τὸ ἄπειρον, « alors, l'infini n'est pas un accident de la matière : l'infini, alors, c'est elle », Plotin, *Enn.* II, 4 [12], 15, 16-17 et ἄπειρον μὲν δὴ παρ' αὐτῆς τὴν ὕλην λεκτέον, « il faut dire que la matière est infinie par elle-même », *ibid.*, 33, éd. et traduction Narbonne (un peu modifiée), p. 304-305 et *cf.* p. 82-85.

5. *lucem divinam in sui actione, immo animam pertransit* : voir σοφία διήκει δὲ καὶ χωρεῖ διὰ πάντων … 'Απαύγασμα γάρ ἐστι φωτὸς ἀϊδίου καὶ ἔσοπτρον <…> τῆς τοῦ θεοῦ ἐνεργείας, « la Sagesse passe au travers et pénètre à travers tout… car elle est le reflet de la lumière éternelle, un miroir… de l'activité de Dieu (= *in sui actione*) », Sg. 7, 24 et 26.

6. *aliqua deformitas scilicet respectu sui creatoris* : voir Gen. 1, 26 : Ποιήσωμεν ἄνθρωπον κατ' εἰκόνα ἡμετέραν, « Faisons l'homme selon notre image » ; et σκιὰ θεοῦ δὲ ὁ λόγος αὐτοῦ ἐστιν <…> ὥσπερ γὰρ ὁ θεὸς παράδειγμα τῆς εἰκόνος, ἣν σκιὰν νυνὶ κέκληκεν, οὕτως ἡ εἰκὼν ἄλλων γίνεται παράδειγμα, « Or l'ombre de Dieu, c'est son Logos… car, de même que Dieu est le modèle de son image, qu'il a ici appelée ombre, de même l'image devient modèle du reste », Philon, *Legum allegoriae* III, 96, éd. et traduction Mondésert (un peu modifiée), p. 224-227.

# XXIV

## *MANQUE*

## OU BIEN[a] AINSI : DIEU EST CELUI QUE L'ESPRIT APPREND À CONNAÎTRE DE SA SEULE IGNORANCE

Cette définition se trouve donnée selon l'essence[b].

S'il est vrai que, lorsque la lumière créée tombe sur un objet opaque en sorte que son opacité devient si grande que la lumière soit impuissante à la dissiper à cause de sa forte densité, la lumière se brise alors en rayons, et d'une manière ou d'une autre, du fait que ces rayons se multiplient au maximum, elle traverse ce milieu dense ; il faut dire que c'est à l'inverse que se comporte l'indéterminé en soi[c] à l'intérieur même des créatures, face à la lumière divine.

Comme, en effet, il n'y a ni dans les créatures, ni dans les choses créées, de potentialité assez grande pour briser la lumière divine dans l'action de son être propre[d], cette lumière passe tout au contraire[e] au travers de l'âme. Mais comme il y a en l'âme une image déformée par rapport précisément à son créateur[f], la lumière engendre alors sur l'âme quelque clarté[g],

a. La fin du commentaire XXIV autorise la répétition de la sentence XXIII à la place de l'impossible définition XXIV.

b. « Est igitur prima definitio quae graece οὐσιώδης dicitur, latine substantialis appellari potest », La première définition est donc celle que l'on dit essentielle en grec, qu'en latin on peut appeler substantielle, Victorinus, *Liber de definitionibus*, éd. Stangl, p. 16, 18-19.

c. C'est-à-dire la matière sensible ; voir « Inponendo enim infinito terminum rebus, <λόγος> ad exsistentiam sui unicuique format rem et intelligentiae, infinitate sublata, subicit », En imposant en effet une borne à l'indéterminé par les réalités, le *Logos* forme pour chacune une réalité en vue de son existence propre et, ayant supprimé l'indétermination, la soumet à l'intelligence », Victorinus, *Adv. Ar.* IV 19, 30-33.

d. Voir ἐν αὐτῷ ζωὴ ἦν, καὶ ἡ ζωὴ ἦν τὸ φῶς τῶν ἀνθρώπων, καὶ τὸ φῶς ἐν τῇ σκοτίᾳ φαίνει, καὶ ἡ σκοτία αὐτὸ οὐ κατέλαβεν, « En lui <le Verbe> était la vie, et la vie était la lumière des hommes, et la lumière brille dans les ténèbres, et les ténèbres ne l'ont pas saisie », Ioh. 1, 4-5.

e. Au contraire de la lumière créée qui se heurte à la densité de la matière.

f. Voir « Etenim anima ad imaginem imaginis Dei facta : *Faciamus hominem ad imaginem et similitudinem nostram*. Ergo inferior, et a Deo atque λόγῳ magis orta et facta... », Et en effet l'âme a été faite à l'image de l'image de Dieu : *Faisons l'homme à notre image et à notre ressemblance* (Gen. 1, 26). Donc elle est inférieure, et elle a plutôt reçu origine et création de Dieu et du Logos... », Victorinus, *Adv. Ar.* III 12, 10-12, traduction Hadot (un peu modifiée).

g. Voir « Mox in animam fontemque animae gradatim veniens <a λόγῳ lux>, quia anima imago τοῦ λόγου est, quasi quadam cognatione maiorem defluendi accipit cursum », Descendant par degrés, <la lumière du *Logos*> arrive bientôt à l'âme, à la source de l'âme. Et parce que l'âme est image du *Logos*, cette sorte de parenté donne un rythme plus rapide au flot de sa descente, Victorinus, *Adv. Ar.* IV 11, 13-16.

aliquam generat, in se vero nullam[7]. Et sic ab intelligentia creata « sola ignorantia » etc.

Haec per Dei gratiam expleta sufficiant[8].

7. *in illa claritatem aliquam generat, in se vero nullam* : voir ἐν τῇ ψυχῇ … καὶ ἔστιν ὁ μὲν τοιοῦτος νοῦς τῷ πάντα γίνεσθαι, ὁ δὲ τῷ πάντα ποιεῖν, ὡς ἕξις τις οἷον τὸ φῶς … Καὶ οὗτος ὁ νοῦς χωριστὸς καὶ ἀμιγὴς καὶ ἀπαθής, τῇ οὐσίᾳ ὢν ἐνέργειᾳ, « Dans l'âme (*in illa*)… de fait il y a, d'une part l'intellect de nature à devenir toutes choses, d'autre part celui de nature à les produire toutes, comme une disposition pareille à la lumière (*claritatem aliquam*)… Et cet Intellect est séparé (cf. *in se vero nullam*), sans mélange, impassible, étant de par son essence en acte (cf. *in sui actione*) », Aristote, *De anima* III 5, 430a14-18.

8. *Haec sufficiant* : voir ἀρκείτω ταῦτα, Porphyre, *Isagoge*, VIII, éd. Busse, p. 15, 9.

mais aucune sur elle-même[h]. Et c'est ainsi qu'à partir de l'intelligence créée, « de sa seule ignorance[i] » etc.

Que cela, accompli à l'aide de la grâce de Dieu[j], suffise.

h. Voir « ... et privatione veri luminis, propter scintillam tenuem proprii τοῦ νοῦ rursum vocatur », ... et du fait de la privation de la vraie lumière, c'est en raison de la faible étincelle de son propre νοῦς qu'elle <l'âme> est rappelée à elle, Victorinus, *Adv. Ar.* I 61, 21-23, traduction Hadot (un peu modifiée).

i. « l'esprit apprend à connaître Dieu », voir sentence XXIII *supra*.

j. Voir « Quis autem modus ista generatione filietatis eius, sive iuxta significatos sive iuxta alios modos, confiteor Deo – Illius enim potentia factum est – dictum a nobis sufficienter in aliis libris », Mais quel est le mode de sa filiation par cette génération, si c'est selon les modes indiqués ou selon d'autres modes, je reconnais devant Dieu – car c'est par sa puissance que cela s'est fait – que nous l'avons dit suffisamment ailleurs, Victorinus, *Ad Cand.* 30, 35-31, 1, trad. Hadot (un peu modifiée).

# BIBLIOGRAPHIE SOMMAIRE[1]

## ÉDITIONS

BAEUMKER Cl., « Das pseudo-hermetische "Buch der vierundzwanzig Meister" (*Liber XXIV philosophorum*). Ein Beitrag zur Geschichte des Neupythagoreismus und Neuplatonismus im Mittelalter », in *Studien und Charakteristiken zur Geschichte der Philosophie insbesondere des Mittelalters. Gesammelte Vorträge und Aufsätze*, « BGPMA 25.1-2 », Münster 1927, p. 194-214.

*Le Livre des XXIV philosophes*, traduit du latin, édité et annoté par Françoise Hudry. Postface de Marc Richir, « Krisis », Grenoble, J. Millon, 1989.

*Liber viginti quattuor philosophorum*, cura et studio Françoise Hudry, CCCM 143A, « Hermes latinus III/1 », Turnhout, Brepols, 1997 (bibliographie, p. CXV-CXIX).

*Il libro dei ventiquattro filosofi*, a cura di Paolo Lucentini, « Piccola Biblioteca Adelphi 429 », Milano, Adelphi, 1999 (bibliographie, p. 47-50).

*Vom Einen zum Vielen. Der neue Aufbruch der Metaphysik im 12. Jahrhundert. Eine Auswahl zeitgenössischer Texte des Neoplatonismus.* Herausgegeben, eingeleitet, übersetzt und kommentiert von Alexander Fidora und Andreas Niederberger, Frankfurt-am-Main, Klostermann, 2002, p. 80-89 et 144-159 (éd. du prologue et des sent. I-IV, VII, IX-XI, XIV-XVI et XXII du *Liber XXIV philosophorum*, avec traduction et commentaire en allemand).

Compte-rendu de ce volume par Jeremy M. Schott, *Bryn Mawr Classical Review*, 2010-10.11.

## SOURCES

*Anonymous (The) Commentary on Plato's « Parmenides »*, ed. G. Bechtle, Bern-Stuttgart-Wien, 1999. Voir aussi « Commentarium » et Porphyre.

ARISTOTE, *Catégories. Sur l'interprétation. Organon I-II.* Introduction générale à l'*Organon* par Pierre Pellegrin. Introduction, traduction, notes et index des *Catégories* par Pierre Pellegrin et Michel Crubellier. Introduction, traduction, notes et index de *Sur l'interprétation* par Catherine Dalimier, Paris, GF-Flammarion, 2007. Avec le texte grec.

– *La Métaphysique*. Traduction, notes et index. Nouvelle traduction entièrement refondue avec commentaire par J. Tricot, 2 vol., Paris, Vrin, 1986 (1953).

1. Sur l'origine du *Liber XXIV philosophorum*. Pour une bibliographie sur l'ouvrage à l'époque médiévale, consulter les éditions citées de 1997 et 1999.

– *Métaphysique*. Introduction, traduction, notes, bibliographie et index par Marie-Paule Duminil et Annick Jaulin, Paris, GF-Flammarion, 2008.
– *Physique*. Traduction, présentation, notes, bibliographie et index par Pierre Pellegrin, Paris, GF-Flammarion, 2000.
– *Traité du ciel*. Traduction et notes par Catherine Dalimier et Pierre Pellegrin. Introduction de Pierre Pellegrin, Paris, GF-Flammarion, 2004. Avec le texte grec.
ARISTOTELES LATINUS, *Physica. Translatio vetus*, ed. F. Bossier et J. Brams, VII/1.2, Leiden, 1990.
ATHANASE (s.), *Athanasius Werke*, III/1, *Urkunden zur Geschichte des Arianischen Streites 318-328*, ed. Hans-Georg Opitz, Berlin-Leipzig, 1934, p. 12-13, document 6.
BOETIUS, *Aristotelis De interpretatione vel Periermenias*, ed. L. Minio-Paluello, « Aristoteles Latinus II/ 1-2 », Bruges-Paris, 1965.
« Commentarium in Platonis Parmenidem », ed. A. Linguiti, dans *Corpus dei papiri filosofici greci e latini*. Testi e lessico nei papiri di cultura greca e latina. Parte III : Commentari, 6, Firenze, 1995, p. 63-202 (Unione Accademica Nazionale. Accademia Toscana di Scienze e Lettere « La Colombaria »). Voir aussi ci-dessous Porphyre.
CPF = *Corpus dei papiri filosofici greci e latini*. Voir « Commentarium in Platonis Parmenidem ».
NUMÉNIUS, *Fragments*, éd. É. Des Places, CUF, Paris, 1973.
*Oracles (Les) chaldaïques*, avec un choix de commentaires anciens, texte établi et traduit par É. Des Places, CUF, Paris 1971, $1999^3$.
PHILON, *De ebrietate*, éd. J. Gorez, Paris, 1962.
– *De fuga et inventione*, éd. E. Starobinski-Safran, Paris, 1970.
– *De mutatione nominum*, éd. R. Arnaldez, Paris, 1964.
– *De opificio mundi*, éd. R. Arnaldez, Paris, 1961.
– *De plantatione*, éd. J. Pouilloux, Paris, 1963.
– *De somniis*, éd. P. Savinel, Paris, 1962.
– *De specialibus legibus* I-II, éd. S. Daniel, Paris, 1975.
– *De specialibus legibus* III-IV, éd. A. Mosès, Paris, 1970.
– *Legum allegoriae*, éd. C. Mondésert, Paris, 1962.
– *Quis rerum divinarum heres sit*, éd. M. Harl, Paris, 1966.
– *Quod Deus sit immutabilis*, éd. A. Mosès, Paris, 1963.
PLOTIN, *Ennéades*, texte établi et traduit par É. Bréhier, CUF, V, Paris, 1931 ; $VI^2$, Paris, 1938.
– *Les deux matières* [*Ennéade* II, 4 (12)]. Introduction, texte grec, traduction et commentaire par Jean-Marc Narbonne, « Histoire des doctrines de l'Antiquité classique, 17 », Paris, Vrin, 1993.
– *Sur les nombres* [*Ennéade* VI, 6 (34)]. Introduction, texte grec, traduction, commentaire et index grec par Janine Bertier, Luc Brisson, Annick Charles, Jean Pépin, H.-D. Saffrey, A.-Ph. Segonds, « Histoire des doctrines de l'Antiquité classique, 4 », seconde édition augmentée d'une bibliographie complémentaire, Paris, Vrin, 2005.
– *Traité sur la liberté et la volonté de l'Un* [*Ennéade* VI, 8 (39)]. Introduction, texte grec, traduction et commentaire par Georges Leroux, « Histoire des doctrines de l'Antiquité classique, 15 », Paris, Vrin, 1990.
– *Traité 9* (VI, 9). Introduction, traduction, commentaire et notes par Pierre Hadot, « Les Écrits de Plotin publiés dans l'ordre chronologique sous la direction de Pierre Hadot », Paris, Le Cerf, 1994.
– *Traités 22-26*. 22. et 23. *Sur la raison pour laquelle l'être, un et identique, est partout tout entier*. 24. *Sur le fait que ce qui est au-delà de l'être n'intellige pas, et sur ce que*

*sont les principes premier et second d'intellection.* 25. *Sur le sens de « en puissance » et « en acte ».* 26. *Sur l'impassibilité des incorporels.* Présentés, traduits et annotés par Richard Dufour, Jérôme Laurent et Laurent Lavaud. Sous la direction de L. Brisson et J.-F. Pradeau, Paris, GF-Flammarion, 2004.

– *Traités 30-37.* 30. *Sur la contemplation.* 31. *Sur la beauté intelligible.* 32. *Sur l'intellect et que les intelligibles ne sont pas hors de l'intellect, et sur le Bien.* 33. *Contre les gnostiques.* 34. *Sur les nombres.* 35. *Comment se fait-il que les objets vus de loin paraissent petits ?* 36. *Si le bonheur s'accroît avec le temps.* 37. *Sur le mélange total.* Présentés, traduits et annotés par Luc Brisson, Richard Dufour, Jérôme Laurent et Jean-François Pradeau. Sous la direction de L. Brisson et J.-F. Pradeau, Paris, GF-Flammarion, 2006.

– *Traités 38-41.* 38. *Comment la multiplicité des idées s'est établie et sur le Bien.* 39. *Sur le volontaire et sur la volonté de l'Un.* 40. *Sur le monde.* 41. *Sur la sensation et la mémoire.* Présentés, traduits et annotés par Richard Dufour, Francesco Fronterotta, Laurent Lavaud et Pierre-Marie Morel. Sous la direction de L. Brisson et J.-F. Pradeau, Paris, GF-Flammarion, 2007.

PORPHYRE, *Commentaire aux* Catégories *d'Aristote.* Édition critique, traduction française, introduction et notes par Richard Bodéüs, « Bibliothèque des Textes Philosophiques », Paris, Vrin, 2008.

– *De l'abstinence*, éd. J. Bouffartigue et M. Patillon, I-III, CUF, Paris, 1977, 1979, 1995.

– « Les fragments de l'*Histoire de la philosophie* », traduction A.-Ph. Segonds, dans Porphyre, *Vie de Pythagore. Lettre à Marcella*, CUF, Paris, 1982, p. 163-197. Voir *Porphyrii ... opuscula selecta*, ed. A. Nauck.

– *In Parmenidem*, éd. P. Hadot, dans P. Hadot, *Porphyre et Victorinus*, II, « Études Augustiniennes 33 », Paris, 1968, p. 59-165. Voir ci-dessus *The Anonymous Commentary* et « Commentarium ».

– *Isagoge.* Texte grec, *Translatio Boethii.* Traduction par Alain de Libera et Alain-Philippe Segonds. Introduction et notes par Alain de Libera, « Sic et Non », Paris, Vrin, 1998.

– *Isagoges Fragmenta M. Victorino interprete*, ed. L. Minio-Paluello, B. G. Dod, « Aristoteles Latinus I/ 6-7 », Bruges-Paris, 1966, rééd. 1995.

– *Sentences.* Études d'introduction, texte grec et traduction française, commentaire par l'Unité Propre de Recherche n°76 du Centre National de la Recherche Scientifique, avec une traduction anglaise de John Dillon. Travaux édités sous la responsabilité de Luc Brisson. Tomes I-II, « Histoire des doctrines de l'Antiquité classique, 33 », Paris, Vrin, 2005, 2 vol. Cité Porphyre, *Sentences* suivi du numéro de la sentence et des lignes concernées.

– *Vie de Pythagore. Lettre à Marcella*, éd. É. Des Places, CUF, Paris, 1982.

*Porphyrii ... opuscula selecta*, ed. A. Nauck, Teubner, 1886, repr. 1963.

*Porphyrii in Platonis Timaeum commentariorum fragmenta*, collegit et disposuit A. R. Sodano, Napoli, 1964.

*Porphyrii Isagoge et in Aristotelis Categorias commentarium*, ed. A. Busse, CAG IV, 1, Berlin, 1887.

*Porphyrii philosophi fragmenta; fragmenta arabica David Wasserstein interpretante*, ed. A. Smith, Stuttgart – Leipzig, Teubner, 1993.

*Porphyrii Sententiae ad intelligibilia ducentes*, ed. E. Lamberz, Leipzig, Teubner, 1975. Cité Porphyre, *Sententiae*.

SMITH = voir *Porphyrii philosophi fragmenta*

## LITTÉRATURE SECONDAIRE


ALAIN DE LILLE, *Règles de théologie suivi de Sermon sur la sphère intelligible.* Introduction, traduction et notes par F. Hudry, « Sagesses chrétiennes », Paris, Le Cerf, 1995.

AUBRY (G.), *Dieu sans la puissance.* Dunamis *et* energeia *chez Aristote et chez Plotin*, « Bibliothèque d'histoire de la philosophie », Paris, Vrin, 2006.

AUGUSTIN (s.), *Confessions*, éd. P. de Labriolle, CUF, 2 vol., Paris, 1977.

– *Les Confessions* précédées de *Dialogues philosophiques*, *Œuvres*, I, édition publiée sous la direction de L. Jerphagnon, Paris, 1998.

BALTES (M.), *Marius Victorinus. Zur Philosophie in seinen theologischen Schriften*, « Beiträge zur Altertumskunde Bd. 174 », München-Leipzig, 2002.

BOS (A. P.), *Cosmic and Meta-cosmic Theology in Aristotle's lost Dialogues*, « Brill's Studies in Intellectual History, 16 », Leiden–New York–København–Köln, 1989.

BRISSON (L.), « Le commentaire comme prière destinée à assurer le salut de l'âme. La place et le rôle des *Oracles chaldaïques* dans le commentaire sur le *Timée* de Platon par Proclus », dans *Le Commentaire entre tradition et innovation.* Actes du Colloque international de l'Institut des Traditions textuelles (Paris et Villejuif, 22-25 septembre 1999), publiés sous la direction de Marie-Odile Goulet-Cazé, avec la collaboration éditoriale de T. Dorandi, R. Goulet, H. Hugonnard-Roche, A. Le Boulluec, E. Ornato, « Bibliothèque d'histoire de la philosophie », Paris, Vrin, 2000, p. 329-353.

– « Le système philosophique de Porphyre dans les *Sentences.* B. Physique et éthique », dans Porphyre, *Sentences.* Études d'introduction, texte grec et traduction française, commentaire par l'Unité Propre de Recherche n°76 du Centre National de la Recherche Scientifique, avec une traduction anglaise de John Dillon. Travaux édités sous la responsabilité de Luc Brisson. « Histoire des doctrines de l'Antiquité classique, 33 », Paris, Vrin, 2005, I, p. 107-138.

CARRAUD (V.), « L'invention de l'existence. Note sur la christologie de Marius Victorinus », *Quaestio* 3/2003. *L'esistenza. L'existence. Die Existenz. Existence.* Atti del Colloquio Internazionale Caen 23/25 gennaio 2003, a cura di Costantino Esposito e Vincent Carraud, p. 3-25.

COURTINE (J.-F.), « Essenza, sostanza, sussistenza, esistenza », *Quaestio* 3/2003. *L'esistenza. L'existence. Die Existenz. Existence.* Atti del Colloquio Internazionale Caen 23/25 gennaio 2003, a cura di Costantino Esposito e Vincent Carraud, p. 27-59 (traduction italienne par F. Marrone tirée du *Vocabulaire européen des philosophies. Dictionnaire des intraduisibles,* sous la direction de Barbara Cassin, Paris, 2004).

CYRILLE D'ALEXANDRIE, *Contra Iulianum*, I-II, éd. P. Burguière et P. Evieux, « Sources Chrétiennes 322 », t. I, Paris, 1985.

D'ANCONA (C.), « Les *Sentences* de Porphyre entre les *Ennéades* de Plotin et les *Eléments de théologie* de Proclus », dans *Porphyre. Sentences*, éd. et traduction L. Brisson *et alii*, « Histoire des doctrines de l'Antiquité classique 33 », I, Paris, Vrin, 2005, p. 139-274.

DILLON (J. M.), « Logos and Trinity : Patterns of Platonist Influence on Early Christianity », dans J. M. Dillon, *The Great Tradition. Further Studies in the Development of Platonism and Early Christianity*, Ashgate, Variorum, 1997, VIII, 1-13.

– « Porphyry's Doctrine of the One », dans J. M. Dillon, *The Great Tradition. Further Studies in the Development of Platonism and Early Christianity*, Ashgate, Variorum, 1997, XVI, 356-366.

– « What Price the Father of the Noetic Triad ? Some Thoughts on Porphyry's Doctrine of the First Principle », dans *Studies on Porphyry*, ed. by George Karamanolis et Anne Sheppard, Institute of Classical Studies, School of Advanced Study, University of London, 2007, p. 51-59.

*DPhA* = *Dictionnaire des philosophes antiques*, publié sous la direction de Richard Goulet, Paris, CNRS, 1989-

GOULET-CAZÉ (M.-O.), « Le système philosophique de Porphyre dans les *Sentences*. A. Métaphysique », dans Porphyre, *Sentences*. Études d'introduction, texte grec et traduction française, commentaire par l'Unité Propre de Recherche n°76 du Centre National de la Recherche Scientifique, avec une traduction anglaise de John Dillon. Travaux édités sous la responsabilité de Luc Brisson. « Histoire des doctrines de l'Antiquité classique 33 », Paris, 2005, Vrin, I, p. 31-105.

HADOT (P.), *Marius Victorinus. Recherches sur sa vie et ses œuvres*, « Études Augustiniennes 44 », Paris, 1971.

– *Porphyre et Victorinus*, I-II, « Études Augustiniennes 32-33 », Paris, 1968, 2 vol.

HALM (C.), *Rhetores latini minores*, Leipzig, 1863.

HUDRY (F.), « Le *Liber XXIV philosophorum* et le *Liber de causis* dans les manuscrits », *Archives d'histoire doctrinale et littéraire du Moyen Âge*, 59 (1992), p. 63-88.

– « Le *Liber XXIV philosophorum* et la génération en Dieu », dans *Hermetism from Late Antiquity to Humanism. La tradizione ermetica dal mondo tardo-antico all'umanesimo.* Atti del Convegno internazionale di studi, Napoli, 20-24 novembre 2001, edited by P. Lucentini, I. Parri, V. Perrone Compagni, « Instrumenta Patristica et Mediaevalia 40 », Turnhout, Brepols, 2003, p. 81-97.

– « Métaphysique et théologie dans les *Regulae theologiae* d'Alain de Lille (†1202) », dans *Metaphysics in the Twelfth Century. On the Relationship among Philosophy, Science and Theology*, ed. M. Lutz-Bachmann, A. Fidora, A. Niederberger, « Fédération Internationale des Instituts d'Études Médiévales. Textes et Études du Moyen Âge 19 », Turnhout, Brepols, 2004, p. 201-215.

ILDEFONSE (F.), *La naissance de la grammaire dans l'Antiquité grecque*, « Histoire des doctrines de l'Antiquité classique 20 », Paris, Vrin, 1997.

KALUZA (Z.) rec., « Liber viginti quattuor philosophorum », *Mittellateinisches Jahrbuch*, 35/1 (2000), p. 161-166.

– « Comme une branche d'amandier en fleurs. Dieu dans le *Liber XXIV philosophorum* », dans *Hermetism from Late Antiquity to Humanism. La tradizione ermetica dal mondo tardo-antico all'umanesimo.* Atti del Convegno internazionale di studi, Napoli, 20-24 novembre 2001, edd. P. Lucentini, I. Parri, V. Perrone Compagni, « Instrumenta Patristica et Mediaevalia 40 », Turnhout, Brepols, 2003, p. 99-126.

KROLL (W.), *De oraculis chaldaicis*, « Breslauer philologische Abhandlungen 7.1 », Breslau, 1894, réimpr. Hildesheim, 1986.

LEMAISTRE DE SACY (I.), *Le Nouveau Testament de Notre Seigneur Jésus-Christ,* traduit sur la Vulgate par Le Maistre de Sacy, imprimé d'après le texte de l'édition publiée à Paris en 1759 …, Paris, 1826.

LEWY (H.), *Chaldean Oracles and Theurgy*, nouv. éd. par M. Tardieu, « Études Augustiniennes 77 », Paris, 1978.

« *Liber XXIV philosophorum* », dans *DphA*, publié sous la direction de R. GOULET, Supplément, Paris, 2003, p. 745-747 (F. Hudry).

LUCENTINI (P.), « Il *Liber vingiti quattuor philosophorum* nei poemi medievali : il *Roman de la Rose*, il *Granum sinapis*, la *Divina commedia* », dans J. Marenbon (ed.), *Poetry and Philosophy in the Middle Ages. A Festschrift for Peter Dronke*, Leiden-Boston-Köln, Brill, 2001, p. 131-153.

– *Platonismo, ermetismo, eresia nel medioevo*, « Textes et Études du Moyen Âge 41 », Turnhout, Brepols, 2007.

MARION (J.-L.), *Au lieu de soi. L'approche de Saint Augustin*, « Épiméthée », Paris, P.U.F., 2008.

– « Remarques sur l'usage de *tradition* en histoire de la philosophie », dans Ch. Erismann et A. Schniewind (éd.), *Compléments de substance. Études sur les propriétés accidentelles offertes à Alain de Libera*, Paris, Vrin, 2008, p. 1-18.

*Marii Victorini Opera*, I. *Opera theologica*, rec. P. Henry et P. Hadot, CSEL 83/1, Wien, 1971.

*Marii Victorini Opera*. II. *Opera exegetica*, rec. F. Gori, CSEL 83/2, Wien, 1986.

MARIUS VICTORINUS, *Traités théologiques sur la Trinité*, texte établi par Paul Henry. Introduction, traduction et notes par Pierre Hadot, I-II, « Sources Chrétiennes 68-69 », Paris, Le Cerf, 1960.

– *Liber de definitionibus*, éd. Th. Stangl, *Tulliana et Mario-Victoriniana*, Programm München, 1888, p. 12-48, reproduite avec sa pagination propre dans P. Hadot, *Marius Victorinus. Recherches sur sa vie et ses œuvres*, « Études Augustiniennes 44 », Paris, 1971, pp. 329-362.

MARIUS VICTORINUS (C.) : *Liber de definitionibus. Eine spätantike Theorie der Definition und des Definierens*. Mit Einleitung, Übersetzung und Kommentar, herausgegeben von Andreas Pronay, « Studien zur klassischen Philologie 103 », Frankfurt-am-Main, Peter Lang, 1997. Édition Th. Stangl, *Tulliana et Mario-Victoriniana*, Programm München, 1888, p. 12-48, reproduite avec sa pagination propre.

MONCEAUX (P.), *Histoire littéraire de l'Afrique chrétienne depuis les origines jusqu'à l'invasion arabe*, t. III, Paris, 1905 (réimpr. Bruxelles, 1966).

PÉPIN (J.), *Théologie cosmique et théologie chrétienne (Ambroise, Exam. I 1, 1-14)*, « Études Augustiniennes, hors série 3 », Paris, 1964.

ROUX (S.), *La recherche du principe chez Platon, Aristote et Plotin*, « Tradition de la pensée classique », Paris, Vrin, 2004.

SAFFREY (H.-D.), « Connaissance et inconnaissance de Dieu : Porphyre et la Théosophie de Tübingen », dans *Gonimos. Neoplatonic and Byzantine Studies presented to Leendert G. Westerink at 75*, Buffalo N.Y., 1988, p. 3-20, repr. dans *Recherches sur le néoplatonisme après Plotin*, « Histoire des doctrines de l'Antiquité classique 14 », Paris, Vrin, 1990, p. 11-30.

TOB = *La Traduction œcuménique de la Bible*, Paris, 1988.

VERMEULEN (A. J.), « Le développement sémasiologique d'ἐπιφάνεια et la fête de l'Épiphanie », dans *Graecitas et latinitas christianorum primaeva*, supplementa 1, Nimègue, 1964, p. 9-44.

ZAMBON (M.), *Porphyre et le moyen-platonisme*, « Histoire des doctrines de l'Antiquité classique 27 », Paris, Vrin, 2002.

## INDEX DES SOURCES

(sont indiqués successivement les lieux du texte et les pages de l'Introduction)

# INDEX BIBLIQUE

## TEXTES CITÉS DE MARIUS VICTORINUS

## INDEX DES AUTEURS CITÉS

(autres que ceux des sources)

# TABLE DES MATIÈRES

Achevé d'imprimer par Corlet Numérique - 14110 Condé-sur-Noireau
N° d'Imprimeur : 115185 - Dépôt légal : janvier 2015 - *Imprimé en France*